KB071559

［ 발달장애 이해 ］

| 김삼섭 · 나경은 · 김기룡 공저 |

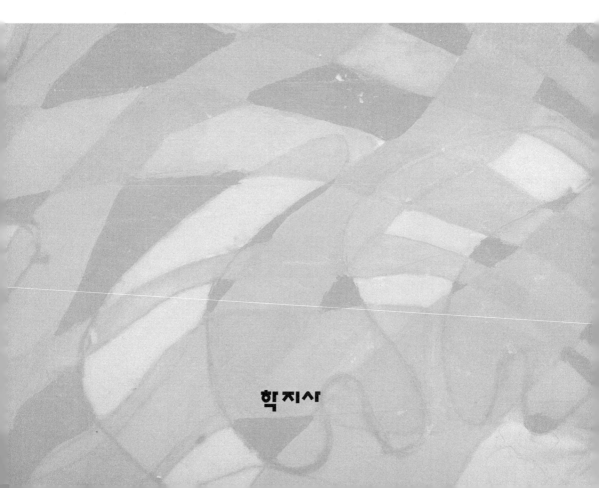

학지사

| 머리말 |

2014년 4월 「발달장애인 권리보장 및 지원에 관한 법률」(약칭 「발달장애인법」)이 국회를 통과하여 2015년 11월 21일부터 시행되었다. 이 법은 특정 장애인만을 위해 제정된 첫 법률로, 이 법에서 발달장애인은 지적 장애인과 자폐성장애인을 일컫는다. 그동안 발달장애라는 용어가 다양한 뜻과 범주를 지칭하여 혼란을 가중시켰는데, 이 법률로 말미암아 그 범주가 명확해진 셈이다.

발달장애인에게 전 생애에 걸쳐 지원하는 것을 목적으로 하는 이 법률은, 발달장애인지원센터, 행동발달증진센터 등의 설립·운영에서부터 발달장애인의 권리를 보호하기 위해 저소득층이거나 긴급한 후견이 필요한 발달장애인에게는 공공후견인 서비스를 제공하는 것에 이르기까지 그 지원 범주가 다양하다. 이처럼 지원 범주가 넓기 때문에 그에 따른 지원 인력도 다양할 수밖에 없고 전문성 또한 요구된다. 그럼에도 불구하고 아직은 국가 차원에서 「발달장애인법」 시행에 따른 전문 인력 양성에 대한 로드맵이 그려져 있지 않은 상태다. 이제 막 첫발을 뗀 셈이기 때문에 지금부터라도 철저히 준비할 필요가 있다. 그래야만 「발달장애인법」이 그 몫을 제대로 할 수 있기 때문이다.

이 책은 「발달장애인법」 시행에 따라 발달장애 관련 분야에서 종사하고 있거나 장차 종사하게 될 전문 인력들, 그리고 발달장애인 부모들의 발달장애에 대한 이해를 돕고자 쓴 개론서 성격을 띠고 있다. 이 책은 3부로 이루어졌는데, 제1부는 발달장애 이해를 주제로 장애와 발달장애를, 제2부는 발달장애 이해를 위한 심리적 접근을 주제로 성격발달, 인지발달 및 발달장애인 생애주기별 발달

특성 및 요구를, 그리고 제3부는 발달장애인 권리 보장 및 복지지원을 주제로 발달장애인법, 발달장애인 권리 보장, 발달장애인 자기권리 옹호를 다루고 있다. 공동 저자들의 전문성을 고려하여 1부는 나경은, 2부는 김삼섭, 3부는 김기룡이 맡아 기술하였다.

이 책이 나오기까지 많은 분의 도움이 있었다. 지금까지 가르쳐 주신 모든 은사님들께 감사드린다. 판로가 한정되어 있음을 잘 알면서도 이 책을 출판하여 주신 학지사 김진환 사장님과 편집부 직원 여러분께 감사드린다.

2016년 2월
만인산 자락의 연구실에서
대표 저자 김삼섭

| 차례 |

제2부 발달장애 이해를 위한 심리적 접근

제3부 발달장애인 권리 보장 및 복지지원

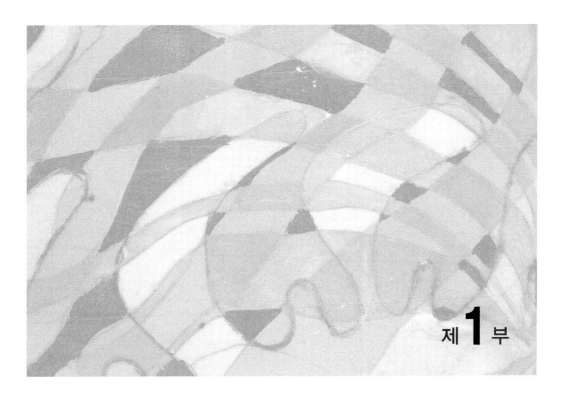

제 **1** 부

발달장애 이해

제**1**장
장애

1. 차별에 맞선 장애인 역사

오늘날 장애인을 어떻게 정의하고, 설명하는지는 이전 세대에서 이미 시행착오를 거쳐 그들에 대해 이해해 온 결과다. 소위 정상화 개념이 보편적 원리로 받아들여지고 있는 오늘날에 이르기까지 인류는 장애인에 대해 어떻게 생각해 왔으며, 또한 어떤 식으로 다루었는가에 관해 역사적 사실을 중심으로 살펴보고자 한다.[1]

---

[1] 이하 내용은 김삼섭 역(1996). 중증장애인의 교육과 재활(pp. 23-35). 서울: 이화여자대학교 출판부에서 부분 발췌 및 수정, 보완하였음.

1) 고대 사회: 악마론

고대 사람들은 삶과 죽음, 풍년과 기근 등의 모든 변화를 초자연적인 힘에 기인한다고 생각하였다. 그래서 장애인도 악령에 의해 생겨난 것으로 생각하였다. 고고학 연구 결과에 따르면, 구석기 시대 사람들은 소위 개두술(開頭術)이라 불리는 외과 수술을 통해 장애인의 두개골에 구멍을 뚫었는데, 이 구멍을 통해 악령이 빠져나간다고 생각하였다. 중국과 페루에서 발견된 두개골 중에는 관상(冠狀)톱을 이용하여 수술한 흔적이 발견되기도 하였다. 그러나 대부분의 원시 사회에서는 영아 살해가 인정되었기 때문에 장애 유아는 살아남지 못하였다(Hewett & Forness, 1977).

장애란 악령이 몸에 들어와 생긴 것이라는 생각은 여러 문화권에 걸쳐 오랜 세월 동안 지속되었다. 이와 같은 악령에 관한 문헌은 중국, 이집트, 그리스, 헤브루, 초기 기독교 등에 관한 고대 기록에서 발견된다.

2) 그리스: 이성론의 탄생

기원전 6세기경 그리스 사람들은 신화적 사상에서 벗어나 이성에 바탕을 둔 신념을 갖기 시작했다. 즉, 인간의 이성은 자연을 이해하는 일과 똑같다고 생각하게 되었다. 이 시기에는 역사상 처음으로 장애인에 관한 연구가 이루어졌는데, 장애를 초자연적 현상이 아닌 자연적 현상의 일부로 간주하기 시작했다. 이와 같은 혁신은 그리스 의사였던 히포크라테스에 의해 주로 이루어졌다.

히포크라테스는 장애의 원인이 물리학적 요

히포크라테스
(Hippokratēs, 460?~B.C. 377)
고대 그리스의 페리클레스 시대 의사.
의학의 아버지

인에 기인한다는 자연주의적, 기질적 이론을 최초로 발전시켰다. 그는 사례를 관찰하고 그 결과를 될 수 있는 한 객관적으로 기술하는 새로운 방법을 적용하였다. 또한 전에 비해 훨씬 더 인간적인 처치 방법을 고안하였다. 그의 노력으로 인하여 휴식, 운동, 음악 등을 활용한 치료 활동을 통해 장애인 재활을 위한 수용소가 설립되었다.

그러나 모든 그리스인이 히포크라테스의 장애인 처치법을 받아들인 것은 아니었다. 스파르타에서는 냉혹할 만큼 우생학을 적용하여 결함을 가지고 태어난 영아는 죽음의 계곡에 던져졌다(Durant, 1966). 히포크라테스 시기까지 아테네에서는 결함을 가지고 태어난 아이를 큰 질그릇 용기에 넣어 신전 근처에 버렸는데, 버려진 아이는 썩어 없어지거나 들짐승의 먹이가 되었다(Durant, 1944).

로마의 탄생과 더불어 히포크라테스의 방법은 수세기 동안 계속 이어졌지만, 5세기 로마 제국의 멸망과 함께 히포크라테스 철학은 고대 미신 사상의 부활로 주춤하게 되었다. 악마론이 다시 태동한 것이다. 그러나 새로운 기독교 교회에서는 장애인을 따뜻하게 받아들이고 있었다.

3) 중세와 문예부흥: 다시 살아난 악마론

중세에는 종교가 예술 활동에서부터 장애인 학대에 이르기까지 모든 행위의 기본이 되었다. 장애를 인간 삶의 순환으로 파악하였던 고대 그리스의 자연주의 철학은, 신에 의해 설명되는 모든 사상(事象)이 인간 이해를 뛰어넘는다고 믿는 기독교적 초자연주의 철학에 의해 밀려나게 되었다(Wallin, 1955). 악마론이 이성론을 대신하게 된 것이다. 그리하여 장애는 원죄에 대한 벌의 결과라는 생각, 그리고 장애인은 귀신이 씌었다는 생각이 퍼지게 되었다(Kirtley, 1975). 중세 초기 대부분의 장애인 치료는 푸닥거리(exorcisms)에 의존하였다. 시간이 지남에 따라 신학 교리가 점차 다듬어졌음에도 불구하고, 장애인에 대해서는 여전히 엄격하였다. 장애인은 굶어 죽기도 하고, 끓는 물에 던져지기도 하였으며, 쇠사슬에 묶

마녀사냥

마녀(魔女)사냥은 15세기 초부터 산 발적으로 시작되어 16세기 말~17세 기가 전성기였다. 당시 유럽 사회는 악마적 마법의 존재, 곧 마법의 집회 와 밀교가 존재한다고 믿고 있었다. 초기에는 희생자의 수도 적었고, 종 교재판소가 마녀사냥을 전담하였지 만 세속 법정이 마녀사냥을 주관하 게 되면서 광기에 휩싸이게 되었다.

중세의 마녀사냥

　이교도를 박해하기 위한 수단이었던 종교 재판은 악마의 주장을 따르고 다른 사람과 사회를 파괴한다는 마법사와 마녀를 처단하기 위한 지배 수단 으로 바뀌게 되었다. 17세기 말 마녀사냥의 중심지였던 북프랑스 지방에서 는 3백여 명이 기소되어 절반 정도가 처형되었다. 마녀사냥은 극적이고 교 훈적인 효과 덕분에 금방 번졌고, 사람들의 마음을 현혹시켰다.

　마녀사냥의 물결은 15세기 이후 이교도의 침입과 종교 개혁으로 분열되 었던 종교적 상황에서 비롯된 것이다. 공동체의 희생양으로 지목된 사람들 에 대해 심판관은 개인 간의 분쟁을 악마적 마법의 결과로 해석하고 자백 을 이끌어 냈다. 자백하지 않는 자에게는 공포심을 자극하는 심문과 혹독 한 고문이 가해졌다.

　수세기에 걸쳐 광란을 연출하였던 마녀 재판도 18세기에 들어서면서 점 차 그 모습을 감추기 시작하였다. 르네상스의 진전과 더불어 이성적 세계 관과 과학 정신의 대두는 불가피한 시대 정신이 되었고, 이것은 신학에 기 반한 과학의 해방을 의미하였다. 이로써 불합리의 극치인 마녀 재판도 존

> 립의 근거를 잃게 되었다.
>
> 악마와 마법 그리고 마녀가 공동체를 파괴한다는 신념은 지배 계급과 당시의 지식인인 신부와 법관들이 만들어 낸 문화적 산물이었다. 마녀사냥의 주된 공격 대상은 과부, 즉 여성이었다. 신학적 관점에서 볼 때, 여성이란 원죄로 각인되어 있는 존재이기 때문이다. 여성은 악마의 심부름꾼이라는 생각이 사람들에게 있었고, 여성의 육체 자체가 두려움을 자아낸 것이다.
>
> 18세기를 지나면서 마녀의 고문과 그에 따른 화형도 사라졌다. 마녀사냥은 그리스도교 이외의 어떤 사상과 움직임도 용납할 수 없었던 중세 사회에서 대다수 민중들의 체제에 대한 불만과 저항을 마녀라는 이름의 희생양을 통해 대리 해소하는 동시에 마녀를 따돌린 '우리 사회'는 안전하다는 만족감과 감사함을 느끼게 하는 하나의 사회적 배제·통합 기제로 사용되었던 것이다.

출처: 두산백과(2016. 1. 31.).

여 채찍질을 당하기도 하였다.

 1450년에서 1700년 사이에 마녀(魔女)의 수가 약 100,000명에 이르렀다. 1800년대 스코틀랜드에서는 약 20,000명의 마녀가 죽어 갔다. 유럽 전역에 걸친 마녀사냥은 일상적인 사회적·종교적 의무로 여겨졌다. 이웃 사람은 다른 이웃 사람에게, 부모는 자식에게, 자식은 부모에게 일러바쳤다. 모든 사람이 서로를 의심하는 상황이었다. 이 시기에는 다른 사람에게 자신이 열성적인 신앙심을 가지고 있음을 보여 주는 것만이 최선의 방어책이었다(Zilboorg & Henry, 1941).

4) 18~19세기: 합리주의로의 회귀

 18세기 후반 프랑스 혁명 중 프랑스 정신과 의사 필리프 피넬(Phillippe Pinel, 1745~1826)은 여러 장애인 병동을 둘러본 후, 장애인도 보통 사람이며 따라서 그들을 비인간적으로 대우하거나 학대해서는 안 된다는 믿음을 갖게 되었다. 피넬은 30~40일 동안 햇빛을 보지 못한 수많은 환자들에게 쇠사슬을 풀어 주는 것을 혁명 정부가 반대하지 않을 것으로 확신하였다. 그리하여 악취 나는 토굴 속에 갇혀 있던 장애인들을 공기 맑고 따사로운 햇살이 들어오는 방으로 옮겼다. 그는 장애인들을 정열적이면서도 인간적인 방법으로 치료하기 시작했다 (Zilboorg & Henry, 1941).

장애인 역사에서 중증장애인의 처치에 가장 큰 영향을 미친 사람은 이타르(J. Itard, 1774~1838)라 할 수 있다. 이타르의 이야기는 1799년 프랑스 남부 아베롱의 숲에서 11~12세 정도로 추정되는 '야생 소년'이 사냥꾼에게 잡히는 데에서 시작된다. 그 소년은 생의 대부분을 숲 속의 동물처럼 지낸 것이 틀림없었다. 그는 모양새나 행동이 마치 동물과 비슷했다. 벌거숭이로 지내고, 더럽고, 겁에 질려 있고, 말도 할 줄 몰랐으며, 냄새를 맡아 음식을 골랐다. 바로 뒤에서 총을 쏘아도 전혀 반응을 보이지 않았지만, 나무 열매가 떨어지는 소리는 금방 알아차렸다. 뜨거운 것과 차가운 것을 구별할 수 없을 정도로 촉각도 발달되지 않았다. 이 소년은 곧 파리에 있는 국립 농아연구소로 보내졌으며, 많은 사람들의 호기심을 불러일으켰다.[2]

이타르는 이 소년에게 적절한 훈련을 시키면 정상으로 돌아올 것이라 확신하고 그와 함께 생활하면서 빅토르(Victor)라는 이름을 지어 주었다. 5년여 동안 강도 높은 훈련을 시킨 결과 빅토르는 큰 진전이 있었지만, 사춘기에 접어들면서

---

[2] 이리에 의해 양육된 쌍둥이인 로물루스와 레무스(Romulus and Remus) 이후, 늑대 혹은 야생 아이들에 대해 큰 관심을 기울여 왔다. 이 아이들은 아주 어렸을 때 부모들이 버렸거나 잃어버린 것이 분명하고, 아마도 동물들이 자신의 새끼를 기르듯이 그 아이를 길렀을 것이며, 그 결과 야생동물들 가운데 살아남은 것으로 추정된다(Dennis, 1951). Rudyard Kipling은 『밀림의 서(The Jungle Book)』라는 책에서, 모글리(Mowgli)라는 야수인간에 대해 기록하고 있다. 그는 인도의 밀림에서 늑대 사냥을 업으로 하는 가족에 의해 잡혔다. 실제로 있었던 이야기 가운데 가장 유명한 늑대 아이는 타잔(Tarzan Clayton)일 것이다. 그와 그의 가족들은 아프리카 서해안 지방에서 폭도들에 의해 버려졌다. 그의 가족들이 죽은 후, 타잔은 커차크 부족의 칼라(Kala)라는 원숭이 여성(a she-ape)에게 붙잡혀 양육되었다.

그의 행동이 아주 격렬해져 통제하기 어려워졌다. 결국 그를 정상으로 만들지는 못했다. 그럼에도 불구하고 이타르의 실험은 유럽과 미국 전역에 걸쳐 장애아 교육을 고무시키는 데 큰 역할을 하였다. 이타르는 장애아도 배울 수 있으며, 그 결과 틀림없이 진전을 보일 수 있다고 굳게 믿었다(Doll, 1962). 이타르의 노력은 제자인 세강(E. Sequin, 1812~1880)과 몬테소리(M. Montessori, 1870~1952) 등에게 하나의 지침이 되었다(Kirk & Johnson, 1951).

5) 20세기: 개혁을 위한 투쟁

20세기에 접어들어 미국에서는 현행법에 바탕을 두고 장애인을 보호 시설에 수용하는 것이 보통이었다. 또한 그렇게 하는 것이 법적, 교육적 측면에서 볼 때 옳다는 인식이 널리 퍼져 있었다. 심지어 입학할 때부터 신체장애와 정신지체를 배제하도록 하는 법률로 정한 주들도 있었다. 장애아동은 위축되어 있기 때문에 그들에게 적절한 교수 프로그램이 없다고 생각하는 사람들이 많았다.

미국의 공립학교에서 장애아를 배제하는 것은 1950년대까지 지속되었다. 1950년대 공민권 운동은 흑인들이 교육의 기회균등, 동등한 대우, 공공장소의 동등한 출입 등을 요구하는 계기를 마련하였는데, 이러한 변화는 장애인관에도 영향을 미쳤다.

1960년대에는 많은 장애아 부모 단체들이 주나 연방 정부에 더욱 압력을 가하기 시작했다. 케네디(J. F. Kennedy)가 대통령에 당선됨으로써 이와 같은 지지 세력에 전문가들이 대거 참여하게 되었다(Gallagher, Forsythe, Ringelheim, & Weintraub, 1975). 케네디 대통령 재임 시, 연방 정부가 장애인에게 대폭적인 지원을 하도록 규정한 여러 법안들이 통과되었다. 그 밖의 다른 연방 정부 프로그램들도 장애인의 요구를 충족시켜 줄 수 있도록 수정되기도 하였다.

1970년대는 아동 옹호와 소송이라는 말로 특성 지을 수 있다. 아동 옹호 프로그램은 장애를 가진 성인과 아동의 인간적 · 시민적 권리를 보호한다는 차원을 뛰어넘었다(Gallagher, 1975). 이때까지만 하더라도 공립학교 내에 특수학급을 설치할 필요성이 점차 증가함에도 불구하고, 여전히 대부분의 장애아들은 필요한 서비스를 받지 못하고 있었다. 장애아를 배제하는 정책들이 여전히 남아 있어 공립학교에 입학하는 데는 제한이 따랐다. 그래서 장애아 부모, 보호자, 지지자들은 교육의 기회균등을 보장받기 위해 법원과 입법부에 도전하기로 하고 굳게 뭉쳤다.

장애아 부모 등의 노력에 힘입어 1975년 말경, 포드(G. R. Ford) 대통령은 「전장애인교육법」(PL 94-142: Education for All Handicapped Children Act of 1975)에 서명하였다. 이 법은 '교육은 기본 권리로서 모든 장애아동에게 확대되어야 한다는 명제를 국가 정책으로' 공포한 것이며, '모든' 장애아동에게 무상으로 적절한 공교육을 실시해야 함을 천명한 것이다. 이 법이 제정, 공포됨으로써 중증 장애아동에게 우선권이 주어지게 되었다.

6) 현재: 정상화

중증장애인을 위한 서비스에 대한 현재의 방향은 한마디로 **정상화**(normalization)라고 할 수 있다. 벵트 니리에(Bengt Nirje, 1969)는 정상화를 "정신지체인이 사회 주류의 규준이나 방식과 될 수 있는 한 가까운 일상생활의 조건과 방식 등을 언제든지 접할 수 있도록 갖추어 주는 것"이라 정의하였다(p. 181). 불과 수년 전만 하더라도 장애인에 대한 서비스는 일반인과의 차이에 초점을 맞추어 실시되었고, 그 결과 사회와 동떨어질 수밖에 없는 상황이었다. 이와 같은 맥락에서 정상화는 장애인 정책 변화의 출발점을 암시하고 있다.

정상화라는 개념은 덴마크 정신지체인 서비스 센터의 책임자였던 네일스 뱅크-미켈센(N. Bank-Mikkelsen)이 처음으로 제안하였다. 그는 "정신지체인에게 될 수 있는 한 일상적인 생활 환경과 가까운 환경"을 마련해 주고 싶었다(Bank-Mikkelsen, 1980)고 하였다. 그 후 스웨덴의 니리에(Bengt Nirje)가 처음으로 정상화라는 말을 체계적으로 기술하였다. 몇 년 후 울펜스버거(Wolf Wolfensberger, 1934~2011)는 『북미화(North Americanizing)』라는 책을 펴냈는데, 이 책은 미국의 서비스 방법이 스칸디나비아 방식과 다르다는 점을 역설하고 있다. 울펜스버거는 서비스, 기관, 프로그램 등이 적절하고도 바람직한가를 따질 때에는 장애인 자신이 살고 있는 지역사회의 규준과 관련하여 결론을 내려야 한다고 주장하였다(Wolfensberger, 1980).

　　탈수용화(deinstitutionalization)는 정상화의 한 예다. 이것은 장애인을 비인격적인 기관에서 나오게 하여 가정이 있는 지역사회로 돌려보내는 것을 의미한다. 정상화의 두 번째 예는 공교육에 있어서의 **주류화 운동**(mainstreaming movement)이다. 현재 주류에서 벗어나 특수학교에 배치된 많은 장애아동들은 같은 건물, 이상적으로는 생활 연령이 같은 또래들이 공부하고 있는 학급에서 특수교육 서비스를 받아야 한다. 탈수용화의 경향과 마찬가지로, 주류화 운동은 중증장애인도 보통 정상이라고 간주되는 사람들과 차이가 있다는 사고방식에서, 사실은 그렇게 차이가 있는 것이 아니라는 것을 강조하는 쪽으로 변화하고 있음을 말해 준다.

7) 오늘날 우리나라 사정은 어떠한가

　　장애인이 지역사회에 통합되어 인간답게 살 권리를 주장하는 시민운동은 우리나라도 예외가 아니었다. 그러나 1980년대 초반까지는 장애인 문제에 대한 대응이 특정 사건에 대해 일시적으로 대처하는 한시적 수준이었다. 1980년대 후반에 이르러서야 장애인이 자신의 권리를 자신의 목소리로 표현하기 시작하였다(김도현, 2007).

　　1982년 사법연수원을 졸업한 장애인 3명이 법관 임용에서 탈락한 사건, 1984년 지체장애인 김순석이 서울시 거리의 턱을 없애 달라며 자살한 사건 등은 당시 전국적인 반향을 불러일으키는 사건이었다(김도현, 2007). 이러한 사건을 계기로 장애인 단체들은 공동의 성명을 내고 관련 기관에 방문하여 항의를 하는 등 사회적 차별에 맞서는 운동을 전개하였다. 1987년 6월 항쟁 등 사회운동이 급격히 전개되면서, 보다 민주적이고 평등한 사회를 꿈꾸며 많은 시민사회 운동이 활발하게 진행되었다. 이러한 사회 분위기는 장애인 운동에도 영향을 미쳤다. 당시 설립된 장애인문제연구회 울림터, 전국지체부자유대학생연합회, 대학정립단 등의 장애인 청년 학생 조직을 비롯하여 장애우권익문제연구소, 장애인한가족협회와 같은 장애인 단체 등이 장애인 문제에 대한 국가와 사회 차원의 제도적 대책 마련을 촉구하는 활동을 하였다(곽정란, 김병하, 2004). 특히 1988년 서울장애인올림픽은 올림픽을 치르는 데 막대한 예산을 투자하면서 장애인의 복지에 대해서는 인색했던 정부의 한계를 보여 주었는데, 이를 계기로 여러 장애인 단체들이 연합하여 국가 차원의 장애인 복지에 대한 지원과 제도 마련을 요구하였다. 그 결과 「심신장애자복지법」이 「장애인복지법」으로 개정되고 「장애인고용촉진법」이 제정되는 성과를 거두기도 하였다. 또한 1988년 신망애복지관 건립과 1991년 천안 인애학교 건립을 지역 주민들이 반대한 사건 등 장애인 시설을 혐오 시설로 간주하며 지역사회로의 진입을 가로막는 문제에 대해 장애인 단체들이 연합하여 저항하기도 하였다(곽정란, 김병하, 2004).

1990년대 들어 장애인 운동은 더욱 활발하게 전개되었는데, 장애인의 생존권을 우리 사회에 알리는 활동, 건축물에 대한 장애인의 접근권 보장을 위한 편의시설 설치 요구, 장애여성의 권리를 알리는 활동 등이 전개되었다. 또한 시각장애인의 안마사와 침술 시술에 대한 권리를 지키기 위한 운동, 청각장애인의 수화통역 자격증 요구, 정신지체인 부모들의 그룹홈 확대 요구, 장애인 교육 단체의 「특수교육진흥법」 전면 개정 운동 등 장애 영역별 활동도 활발하게 진행되었다.

그동안 전국 규모의 장애인 조직에 의존했던 장애인 운동은 2000년대에 접어들어 풀뿌리 조직들이 전면에 나서 활동하기 시작했다. 사회운동 방식도 소송, 입법 청원, 단식, 점거, 서명 운동, 국토 순례, 공청회, 국제 세미나, 철로 점거, 쇠사슬 시위 등 다양한 방식으로 나타났다(유동철, 2004). 장애운동 주체도 경도장애인에서 중증장애인으로 이행하는 경향을 보임과 동시에 운동의 기치도 차별과 당사자주의를 표방하는 쪽으로 기울기 시작했다. 또한 장애인 부모들의 장애아동을 위한 교육권 보장, 발달장애자녀를 위한 생활권 보장 등을 요구하는 활동도 활발하게 이루어지게 되었다(김도현, 2007).

2000년대에는 장애인 권리보장을 위한 여러 가지 법률이 제정되었다. 「교통약자의 이동편의 증진법」(2004), 「장애인 차별금지 및 권리구제 등에 관한 법률」(2007), 「장애인복지법」(2007), 「장애인 등에 대한 특수교육법」(2007), 「장애인연금법」(2010), 「장애인활동지원법」(2010), 「장애아동복지지원법」(2011)에 이어 2014년에는 「발달장애인 권리구제 및 지원에 관한 법률」이 제정되기에 이르렀다.

장애인 권리보장을 위한 여러 가지 법률이 제정되었음에도 불구하고, 장애인의 삶은 많이 나아지지 않았다. 장애인의 실업률, 장애인의 사회 · 경제적 지위, 장애인의 월평균 소득 등 삶의 질 관련 통계 수치들은 좀처럼 개선되지 않고 있다. 물론 이것은 우리나라만의 문제는 아니다. 전 세계적으로 여전히 장애인들은 노동, 교육, 문화, 정치참여 등 다양한 사회 영역에서 장애를 이유로 차별받고 있거나 인권을 침해당하고 있는 것으로 보고되고 있다. 2006년에 제정된 「UN 장애인 권리협약」은 이러한 장애인의 사회적 차별을 UN에 가입한 모든 나라들이 앞장서서 해소하자고 결의한 최초의 국제조약이다. 이 조약의 제정은 여전히 장애인의 사회적 차별이 계속되고 있음을 반증해 주고 있다고 할 수 있는데, 마찬가지로 이러한 사회적 차별을 철폐하기 위한 장애인 및 관련단체들의 활동과 목소리 역시 앞으로도 계속될 것이다.

2. 세계보건기구의 장애 분류

장애에 대한 보편적 개념은 세계보건기구(WHO)에 의해 제시되고 있다. WHO

의 공식적인 장애 분류 체계는 1980년 이전까지는 없었다. 1970년대 이전까지는 「국제질병분류」(International Classification of Diseases: ICD)만 존재하였는데, 이는 의료적 분류에 따른 질병을 말하는 것이었다.

1980년 WHO는 「국제장애분류」(International Classification of Impairment, Disa-bilities, and Handicaps: ICIDH)를 제시하여 장애를 이해하는 새로운 접근을 채택하였고, 1997년에는 「국제장애분류-2」(ICIDH-2)를 제안하였으며, 2001년에는 「국제장애분류-2」(ICIDH-2)의 명칭을 「기능·장애·건강 국제분류」(International Classification of functioning, disability and health: ICF)로 수정하여 개정안을 제안하였다.

1) 국제장애분류(ICIDH, 1980)

1980년 WHO의 「국제장애분류」(ICIDH)는 손상, 장애, 불리의 세 가지 범주로 장애를 구분하고 있다.

손상(impairment)은 심리·해부학적 기능 상실 혹은 이상(異常)을 의미한다. 시각장애를 가지고 있는 사람은 시력에 영향을 주는 녹내장과 같은 신체적 상태 때문에 시력을 상실하거나 정상적인 형태를 갖추지 못한 눈을 가지고 있을 수 있다. 운동장애를 가지고 있는 사람은 운동 능력을 통제하는 뇌 영역의 손상으로 걷기가 어려워지는 뇌성마비 진단을 받은 상태일 수 있다.

장애(disabilities)는 손상으로 인한 기능의 제한이 장기간에 걸쳐 지속될 것이라는 의학적 판단과 더불어, 정상적인 활동 수행 능력이 제한 또는 결여된 상태를 말한다. 장애는 신체적인 부분에 발생할 수도 있고 인지적인 부분에 발생할 수도 있으며, 두 경우 모두 그로 인하여 기능이 제한된다. 의사소통장애를 가지고 있는 사람은 말을 하기 위한 구강근육 기능이나 언어를 처리하는 뇌기능이 떨어진 경우다. 인지장애를 가지고 있는 사람은 자신의 환경 내 정보를 처리하는 뇌기능이 떨어진 경우다. 이러한 뇌기능 저하는 다운증후군처럼 선천적

인 것일 수도 있지만 뇌손상처럼 후천적인 것일 수도 있고, 좋지 않은 사회경제
적 상태 때문에 발생하는 영양결핍과 같이 환경적 영향을 받아서 발생할 수도
있다.

핸디캡(handicaps)은 손상이나 장애를 가지고 있는 사람이 환경과의 상호작용
시 불편을 겪는 사회적 불리를 말한다. 즉, 사회적 불리는 부분적으로는 환경 내
접근이 가능한 편의시설 부족으로 발생할 수 있는 제한성이라고 할 수 있다. 예
를 들어, 운동장애나 지체장애를 가지고 있는 사람이 휠체어를 탄 상태에서 계
단을 이용하는 데는 어려움이 있지만, 학습과제를 수행하는 데는 별 어려움이
없을 수 있다.

2) 국제장애분류-2(ICIDH-2, 1997)

1997년 WHO는 장애의 개념과 범주에 대하여 새로운 제안을 하였다. 즉, 장애
를 손상, 활동, 참여의 3개 축으로 설명하여 장애의 개념을 크게 확장하였다. 손
상(impairment)은 신체 구조나 물리적 · 심리적 기능상의 상실이나 비정상성을 의
미하는 것으로 이러한 기능상의 제한, 신체 혹은 신체의 부분의 기본적인 기능
을 수행하는 데 따르는 불능을 말한다. 활동(activity)은 개인 수준에서 기능의 범
위와 본질로서 일상생활과 관련이 있는 개인 활동을 다룬다. 참여(participation)는
손상, 활동, 건강 조건, 생활 요인 등과 관련한 생활 상황에서 개인의 연관성 정
도와 본질로 정의한다.

1980년의 「국제장애분류」(ICIDH)에 비해 달라진 점은 중립적인 전문 용어를
사용하고 있다는 점, 장애(disabilities) 대신 활동(activity)을, 불리(handicaps) 대신
참여(participation)라는 용어를 사용하고 있다는 점, 그리고 개별적 모델과 사회적
모델 개념의 차이를 한 체계 안에 제시하고 있다는 점 등을 들 수 있다.[3]

---

3) 개인적 모델은 장애라는 현상을 질병, 종양, 건강조건 등에 의해 직접적으로 야기된 개인적인 문제로

3) 기능 · 장애 · 건강 국제분류(ICF, 2001)

2001년 WHO는 ICIDH-2(1997)를 근간으로 5년 동안의 현장 검증과 국제회의를 거쳐서 그 명칭을 「기능 · 장애 · 건강 국제분류」(International Classification of functioning, disability and health: ICF)로 수정하여 개정안을 제안하였다.

ICF는 건강과 건강관련 영역의 분류 체계다. 이 영역들은 신체의 기능과 구조 및 활동과 참여의 두 목록에 의해 신체 및 개인적 · 사회적 관점으로부터 분류된다. 개인적 기능과 장애는 같은 맥락에서 나타나기 때문에, ICF는 환경요소의 목록을 포함하고 있다(WHO, 2011). 이 분류체계는 일반 대중 등의 집단들 간에 의사소통을 증진시키기 위하여 공통적인 언어를 제공하는 것이 주요 목적 중의 하나다.

ICF는 장애에 대한 개별적 모델과 사회적 모델의 통합을 위한 시도를 하였다. 또한 국제질병분류 체계인 ICD-10과 병행해서 상호 보완적으로 사용하도록 만들어졌다. ICD-10은 질병의 진단에 초점을 두고 있다면, ICF는 기능(function)에 대한 풍부한 정보를 제공하도록 되어 있다.

ICF는 장애를 가지고 있는 사람들에게 제한되어 적용될 수 있는 것이 아니라, 모든 사람의 건강에 관련된 요소들을 설명해 줄 수 있는 보편적인 적용이 가능한 틀이다. ICF는 인간의 기능과 기능의 제한 요소들의 연관된 상황을 묘사할 수 있도록 해 준다.

ICF의 장애는 개인의 건강 상태와 개인 요인, 그리고 개인이 살고 있는 환경을 대변하는 외적 요소 간의 복잡한 상호작용의 결과로 설명될 수 있다. 그렇기 때문에 특정한 건강 상태에 있는 동일 인물이라 하더라도 환경이 다르면 그 영향

간주하여, 이러한 문제의 원인이 장애가 발생시키는 근본적인 제한 혹은 심리적인 상실에 기인된다고 보고 있다. 사회적 모델은 장애 현상을 장애를 가진 사람의 사회통합이라는 관점에서 사회적인 문제로 간주하여, 장애는 개인에게 귀속된 것이 아니고 사회적 환경에 의해 창조된 조건들의 복잡한 집합체로 보는 것이다.

도 달라질 수 있다. 방해 요소가 있거나 촉진 요소가 결여된 환경은 개인의 활동과 참여를 제약하게 된다. 반면 촉진 요인을 가진 환경은 개인의 활동과 참여를 강화시킨다. 만약 접근이 어려운 건물이 있거나 보완대체 · 의사소통체계를 제공하지 않으면 사회생활을 하는 데 제약을 받을 수 있다. 즉, 장애는 손상, 활동 제한, 참여 제약에 관한 사항을 모두 기술할 수 있어야 하고, 또한 손상 혹은 건강 상태에 의해서만 결정되는 것이 아니라 환경 요인에 따라 얼마든지 달라질 수 있는 것이다.

개인의 기능은 신체의 기능과 구조, 활동, 참여 등으로 표현된다. 이러한 세 가지 차원의 기능들은 건강 조건과 상황적 맥락에 속하는 환경 요소(사회의 인식, 건축물의 장애 요소 정도 등)와 개인 요소(성, 연령, 인종, 습관, 대처 양식 등)의 양 측면에서 영향을 받는다.

ICF는 현재 우리나라처럼 건강 조건, 즉 손상의 정도만 고려하여 장애 등급을 매기는 것이 아니라 환경 요소와 개인 요소 양 측면을 고려하여 결정한다. 즉, 신체 구조와 기능은 어떤 상태이고, 사회 참여는 어느 정도 가능한지를 기술하는 것이다. '시각장애 1등급'처럼 범주화되는 것이 아니라 여러 상황에서 다양하게 기술될 수 있는 것이다.

3. 법정장애인

우리나라의 법정장애인에 관해서는 「장애인복지법」(시행 2015. 12. 23.)은 장애인의 정의를, 「장애인복지법 시행령」(시행 2012. 8. 5.)은 장애인의 종류와 기준을, 「장애인복지법 시행규칙」(시행 2015. 8. 3.)은 장애 등급을 각각 규정하고 있다.

「장애인복지법」 제2조는 장애인과 신체적 · 정신적 장애 및 장애인 학대를 규정하고 있다.

① '장애인'이란 신체적·정신적 장애로 오랫동안 일상생활이나 사회생활에서 상당한 제약을 받는 자를 말한다.

② 이 법을 적용받는 장애인은 제1항에 따른 장애인 중 다음 각 호의 어느 하나에 해당하는 장애가 있는 자로서 대통령령으로 정하는 장애의 종류 및 기준에 해당하는 자를 말한다.

1. '신체적 장애'란 주요 외부 신체 기능의 장애, 내부기관의 장애 등을 말한다.

2. '정신적 장애'란 발달장애 또는 정신 질환으로 발생하는 장애를 말한다.

③ '장애인 학대'란 장애인에 대하여 신체적·정신적·정서적·언어적·성적 폭력이나 가혹행위, 경제적 착취, 유기 또는 방임을 하는 것을 말한다.

「장애인복지법 시행령」은 [별표 1](개정 2014. 6. 30.)에 장애인의 종류와 기준을 규정하고 있는데, 장애인의 종류는 ① 지체장애인 ② 뇌병변장애인 ③ 시각장애인 ④ 청각장애인 ⑤ 언어장애인 ⑥ 지적 장애인 ⑦ 자폐성장애인 ⑧ 정신장애인 ⑨ 신장장애인 ⑩ 심장장애인 ⑪ 호흡기장애인 ⑫ 간장애인 ⑬ 안면장애인 ⑭ 장루·요루장애인 ⑮ 뇌전증장애인으로 규정하고 있다.

① 지체장애인

가. 한 팔, 한 다리 또는 몸통의 기능에 영속적인 장애가 있는 사람

나. 한 손의 엄지손가락을 지골(指骨: 손가락 뼈) 관절 이상의 부위에서 잃은 사람 또는 한 손의 둘째 손가락을 포함한 두 개 이상의 손가락을 모두 제1지골 관절 이상의 부위에서 잃은 사람

다. 한 다리를 리스프랑(Lisfranc: 발등뼈와 발목을 이어 주는) 관절 이상의 부위에서 잃은 사람

라. 두 발의 발가락을 모두 잃은 사람

마. 한 손의 엄지손가락 기능을 잃은 사람 또는 한 손의 둘째 손가락을 포

함한 손가락 두 개 이상의 기능을 잃은 사람

바. 왜소증으로 키가 심하게 작거나 척추에 현저한 변형 또는 기형이 있는
   사람

사. 지체에 위 각 목의 어느 하나에 해당하는 장애 정도 이상의 장애가 있다
   고 인정되는 사람

② 뇌병변장애인

뇌성마비, 외상성 뇌손상, 뇌졸중(腦卒中) 등 뇌의 기질적 병변으로 인하여 발
생한 신체적 장애로 보행이나 일상생활의 동작 등에 상당한 제약을 받는 사람

③ 시각장애인

가. 나쁜 눈의 시력(만국식시력표에 따라 측정된 교정시력을 말한다. 이하 같다.)
   이 0.02 이하인 사람

나. 좋은 눈의 시력이 0.2 이하인 사람

다. 두 눈의 시야가 각각 주시점에서 10도 이하로 남은 사람

라. 두 눈의 시야 2분의 1 이상을 잃은 사람

④ 청각장애인

가. 두 귀의 청력 손실이 각각 60데시벨(dB) 이상인 사람

나. 한 귀의 청력 손실이 80데시벨 이상, 다른 귀의 청력 손실이 40데시벨
   이상인 사람

다. 두 귀에 들리는 보통 말소리의 명료도가 50% 이하인 사람

라. 평형 기능에 상당한 장애가 있는 사람

⑤ 언어장애인

음성 기능이나 언어 기능에 영속적으로 상당한 장애가 있는 사람

⑥ 지적 장애인

정신 발육이 항구적으로 지체되어 지적 능력의 발달이 불충분하거나 불완전하고 자신의 일을 처리하는 것과 사회생활에 적응하는 것이 상당히 곤란한 사람

⑦ 자폐성장애인

소아기 자폐증, 비전형적 자폐증에 따른 언어 · 신체표현 · 자기조절 · 사회적응 기능 및 능력의 장애로 인하여 일상생활이나 사회생활에 상당한 제약을 받아 다른 사람의 도움이 필요한 사람

⑧ 정신장애인

지속적인 정신분열병, 분열형 정동장애(情動障碍: 여러 현실 상황에서 부적절한 정서 반응을 보이는 장애), 양극성 정동장애 및 반복성 우울장애에 따른 감정 조절 · 행동 · 사고 기능 및 능력의 장애로 인하여 일상생활이나 사회생활에 상당한 제약을 받아 다른 사람의 도움이 필요한 사람

⑨ 신장장애인

신장의 기능부전으로 인하여 혈액투석이나 복막투석을 지속적으로 받아야 하거나 신장기능의 영속적인 장애로 인하여 일상생활에 상당한 제약을 받는 사람

⑩ 심장장애인

심장의 기능부전으로 인한 호흡곤란 등의 장애로 일상생활에 상당한 제약을 받는 사람

⑪ 호흡기장애인

폐나 기관지 등 호흡기관의 만성적 기능부전으로 인한 호흡기능의 장애로 일상생활에 상당한 제약을 받는 사람

⑫ 간장애인

간의 만성적 기능부전과 그에 따른 합병증 등으로 인한 간기능의 장애로 일상생활에 상당한 제약을 받는 사람

⑬ 안면장애인

안면 부위의 변형이나 기형으로 사회생활에 상당한 제약을 받는 사람

⑭ 장루·요루장애인(腸瘻·尿瘻障碍人)

배변기능이나 배뇨기능의 장애로 인하여 장루(腸瘻) 또는 요루(尿瘻)를 시술하여 일상생활에 상당한 제약을 받는 사람

⑮ 뇌전증장애인

뇌전증에 의한 뇌신경세포의 장애로 인하여 일상생활이나 사회생활에 상당한 제약을 받아 다른 사람의 도움이 필요한 사람

「장애인복지법 시행규칙」은 장애등급을 규정하고 있는데, 현재 우리나라에서는 의학적 진단에만 의존하고 있는 데 따른 여러 가지 문제점들이 지적됨에 따라 장애인 관련 단체 등에서 장애등급제 폐지를 주장하고 있는 실정이다.

한국인의 장애인관

다른 나라에 비해 한국인의 장애인관, 즉 장애인을 바라보는 안목이 부정적이라는 자조 섞인 말을 자주 한다. 실제로 우리나라 사람들이 장애인을 바라보는 눈이 그토록 부정적인가?

지금까지 장애인에 대한 사회적 인식이 부족하거나 바르지 못한 데 기인하여 볼썽사나운 일들이 많았다. 최근에는 서울시 동대문구 성일중학교 내에 발달장애학생 직업능력개발센터 설립을 반대하며 장애인을 폄하하는 말까지 내뱉고 있다. 그렇다고 "우리나라 사람들은 장애인에 대해 부정적이다." 혹은 "한국인은 장애인에 대한 편견이 심하다."고 단정하기는 어렵다. 어쩌면 장애인에 대한 태도가 부정적이라기보다는 관련 시설이 들어서게 됨에 따라 집값과 땅값이 떨어지지 않을까 하는 현실적 이유에서 그 이유를 찾을 수도 있을 것이다.

어떤 사람들은 서구 선진국 사람들은 장애인에 대한 인권사상이 매우 높고, 우리나라 사람들은 그렇지 못하다는 자괴적인 말을 하기도 한다. 그러나 이것도 다시 생각해 볼 문제다. 본래 우리나라 사람들은 정이 많은 민족일 뿐 아니라, 다른 사람의 처지를 먼저 생각하면서 더불어 살아왔다. 그와 더불어 인권사상도 어떤 나라들보다 못하지 않다. 우리나라에서는 태어난 지 1년이 되면 두 살이라고 한다. 어머니 뱃속에 있던 10개월을 한 살로 쳐 주고 있는 것인데, 이것은 태아도 인격을 지닌 엄연한 '사람'으로 간주하는 셈이다. 그런데 서구에서는 나이를 말할 때, 몇 년 몇 개월이라고 말한다. 태아를 '사람' 취급하지 않는 것이다.

그럼에도 불구하고 서구사회는 장애인의 천국으로 알려져 있고, 실제로 그런 측면이 많다. 그러나 그것은 장애인의 인권에 대한 존중이 높아서만은 아닐 것이고, 장애인에 대한 편견이 없어서도 아닐 것이며, 더욱이 본래 인권사상이 더 높기 때문도 아닐 것이다. 다만 법이 그렇게 할 수밖에 없도록 만들어져 있기 때문일 것이다.

우리나라 사람들의 장애인관이 부정적이라고 단정하는 것은 무리가 따른다. 또한 미국은 어떻고 일본은 어떻다는 식으로 말할 필요도 없다. 우리 민족의 마음속에는 본래 어려운 사람을 보면 참지 못하는, 우리 민족만이

지니고 있는 아름다운 정서가 가득 차 있다. 언젠가는 그 마음들이 밖으로
표출될 것으로 믿는다.

출처: 김삼섭(2016). 특수교육심리학. 서울: 시그마프레스.

제 **2** 장
발달장애

1. 발달장애의 정의

발달장애라는 개념은 1963년 미국 「정신지체 시설 및 지역사회 정신건강센터 건축법」(Mental Retardation Facilities and Community Mental Health Centers Construction Act of 1963)에서 처음으로 소개되었다. 이 법에서는 발달장애를 "정신지체, 뇌성마비, 간질 또는 18세 이전에 발생하는 기타 여러 신경학적 장애를 의미하는 것으로, 비교적 항구적으로 증상이 나타날 수 있다."고 정의하였다. 그러나 1984년 미국 「발달장애인법」(The Developmental Disabilities Act of 1984)에서는 발달장애에 특별히 정신지체, 뇌성마비 등의 특정 장애의 명칭을 표현하지 않았으며, 22세 이전에 발생하는 것으로 연령도 변경하였다. 또한 발달장애의 진단을 충족시키기 위해서 적어도 주요 일상생활에서 3가지 이상의 기능에 명백한 제한이 나타나야 한다고 규정하였다. 여기서 말하는 주요한 일상생활은 자기관리, 수용 및

표현 언어, 학습, 이동, 자기 지시, 독립생활 능력, 경제적 자족의 7가지 영역이
다. 이 정의에서 만성적인 것은 전 인생에 걸쳐서 그 상태가 지속적으로 유지될
것이라는 것을 뜻한다. 그러나 장애의 상태가 심각하여 중증(severe)이라는 의미
는 그 한계가 명확하지 않다. 예를 들어, 이 법률에 따르면 정신지체이면서 장애
의 정도가 매우 가벼운(mild) 수준은 발달장애의 범주에 포함시켜야 하는지 의문
을 제기할 수 있게 된다. 그리고 신체적, 정신적 또는 신체와 정신 양측 모두에서
장애를 나타내는 것을 어떻게 규정하느냐에 따라 학습장애, 자폐범주성장애, 뇌
성마비 등을 발달장애에 포함시키기도 하고 그렇게 하지 않는 사람들도 있다.
또한 발달장애는 통상 자폐범주성장애를 지칭하는 경우가 있다. 따라서 발달장
애는 단지 하나의 장애 명칭을 의미하는 것이 아니라 장애의 진단을 받은 사람
에게 법률적, 행·재정적, 교육적으로 유리한 지원을 할 수 있도록 하기 위해서
사용하는 용어로 인식하는 것이 필요하다(국립특수교육원, 2009).

아직까지 발달장애라는 용어는 학문적 관점에 따라 다르게 정의되고 있는 실
정이다. 발달장애란 "어느 특정 질환 또는 장애를 지칭하는 것이 아니라, 해당
하는 나이에 이루어져야 할 발달이 성취되지 않은 상태로, 발달 선별검사에서
해당 연령의 정상 기대치보다 25%가 뒤쳐져 있는 상태"(서울대학교병원 의학 정
보, 2016)로 정의하기도 하고, "발달이 평균으로부터 유의미하게 일탈하여 신체
적, 정신적 또는 두 가지 영역 모두에서 심각하고(severe) 만성적인(chronic) 장애
가 지속될 가능성이 있는 장애"(특수교육학 용어사전)로 정의하기도 한다.

이처럼 발달장애에 관한 일치된 정의를 찾아보기 어렵지만, 일반적으로 **발달
장애**(developmental disabilities)는 발달기 이전에 여러 가지 원인에 의해 중추신경
계 이상 혹은 인지, 언어, 사회성 및 운동능력 발달에 지체를 보이는 상태를 총칭
하는 것으로 지적 장애, 특정학습장애, 뇌성마비, 자폐성장애, 주의력결핍 과잉
행동장애 등을 포함하는 것으로 볼 수 있다.

한편, 「발달장애인의 권리보장 및 지원에 관한 법률」(법률 제12618호, 2014. 5.
20. 제정, 약칭 「발달장애인법」)에서는 발달장애인을 다음과 같이 규정하고 있다.

'발달장애인'이란 「장애인복지법」 제2조 제1항의 장애인으로서 다음 각 목의
장애인을 말한다.

　가. 지적 장애인: 정신 발육이 항구적으로 지체되어 지적 능력의 발달이 불충
　　　분하거나 불완전하여 자신의 일을 처리하는 것과 사회생활에 적응하는 것
　　　이 상당히 곤란한 사람
　나. 자폐성장애인: 소아기 자폐증, 비전형적 자폐증에 따른 언어 · 신체표현 ·
　　　자기조절 · 사회적응 기능 및 능력의 장애로 인하여 일상생활이나 사회생
　　　활에 상당한 제약을 받아 다른 사람의 도움이 필요한 사람
　다. 그 밖에 통상적인 발달이 나타나지 아니하거나 크게 지연되어 일상생활이
　　　나 사회생활에 상당한 제약을 받는 사람으로서 대통령령으로 정하는 사람

2. 발달장애의 원인

왜 발달장애가 발생하는지 그 원인에 대해서는 아직까지 밝혀지지 않은 부분
이 많고, 오해나 편견도 많은 실정이다. 그로 인해 발달장애인 본인이나 그 가족
이 괴로워하는 사례를 주변에서 종종 볼 수 있다. 발달장애인에 대한 보다 적확
한 이해를 돕기 위해 지금까지 밝혀진 혹은 연구되고 있는 발달장애의 원인을
살펴보고자 한다.[4]

(1) 발달장애는 양육과 환경 때문이 아니다
발달장애라는 글자만을 보고 양육 방법 때문에 아동의 지능이나 행동에 문제

---

4) 이하의 내용은 박재국, 김혜리, 정희정 공역(2014). 발달장애아동의 마음 읽기(pp. 2-7). 서울: 시그마프
　레스에서 공역자 김혜리 교수의 허락을 받아 부분 발췌, 인용하였음.

가 발생하는 것이라고 추측하는 사람이 있을지도 모른다. 또한 어떠한 이유로 인해 주위 환경에 적응하지 못하여 장애가 발생한다고 생각하는 사람도 있을 것이다. 하지만 이것은 잘못된 생각이다.

발달장애는 선천적인 장애로서 뇌 기능 중 어딘가가 태어날 때부터 불완전한데 기인한다. 예를 들어, 다른 사람과 관계를 형성하기 어렵다거나 눈을 맞추지 않는 증상 등은 뇌의 기능적인 장애에 그 원인이 있는 것으로 볼 수 있다. 최근까지 발달장애의 원인이 명확하게 밝혀지지 않았기 때문에 부모의 양육 방법 및 성격, 생활환경에 원인이 있다고 생각하는 사람도 적지 않았다.

부모들도 자신의 가정교육이나 애착관계 형성에 문제가 있는 것은 아닌지 고민하면서 자신을 탓하고 괴로워했다. 하지만 대다수 전문가들은 지금까지의 연구 결과를 바탕으로, 발달장애는 선천적 장애이기 때문에 부모의 양육 방법이나 성격과는 무관하다는 것에 동의하고 있다.

(2) 발달장애는 중추신경계 장애가 원인이다

발달장애의 원인에 대해서는 아직까지도 밝혀지지 않은 부분이 많지만 뇌의 전두엽, 간뇌, 소뇌, 해마, 편도체 등의 활동과 관계가 있는 것으로 알려지고 있다. 예를 들어, 자폐성장애는 중추신경계의 장애로 알려지고 있다. 중추신경계는 뇌와 척수를 연결하는 신경으로서 언어, 소리, 맛, 통증, 온도 등의 정보를 수용하고 전달하여 그에 응하는 지령을 전신의 각 부위에 보내어 행동을 조절하는 것은 물론 생명을 유지하게 한다. 자폐성장애 아동은 이와 같은 중추신경계가 협조적으로 잘 움직이지 않아서 뇌와 신체 각 부위의 정보가 원활하게 교환되지 않는 것이다. 그 결과 언어를 통한 대화가 어렵고, 일반적으로 사람들이 기분 좋다고 느끼는 소리(예: 피아노 소리 등)를 싫어하며, 같은 맛의 음식만 계속 먹거나, 통증에 둔감해서 큰 상처를 입어도 아무렇지도 않은 얼굴을 하기도 한다. 또한 온도에 대한 감각이 둔해서 무더운 여름에도 자연스럽게 스웨터를 입는 등의 행동특성이 나타나기도 한다(그림 2-1).

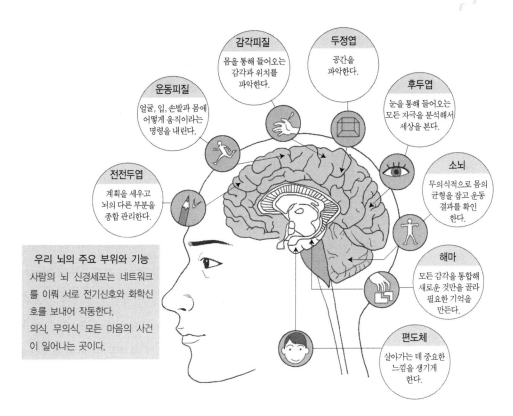

감각피질
몸을 통해 들어오는
감각과 위치를
파악한다.

두정엽
공간을
파악한다.

운동피질
얼굴, 입, 손발과 몸에
어떻게 움직이라는
명령을 내린다.

후두엽
눈을 통해 들어오는
모든 자극을 분석해서
세상을 본다.

전전두엽
계획을 세우고
뇌의 다른 부분을
종합 관리한다.

소뇌
무의식적으로 몸의
균형을 잡고 운동
결과를 확인
한다.

우리 뇌의 주요 부위와 기능
사람의 뇌 신경세포는 네트워크
를 이뤄 서로 전기신호와 화학신
호를 보내어 작동한다.
의식, 무의식, 모든 마음의 사건
이 일어나는 곳이다.

해마
모든 감각을 통합해
새로운 것만을 골라
필요한 기억을
만든다.

편도체
살아가는 데 중요한
느낌을 생기게
한다.

[그림 2-1] 뇌의 기능 분화

(3) 왜 뇌에 문제가 일어나는 것인가

전술한 바와 같이 발달장애는 선천적인 뇌 기능 문제다. 그러면 왜 뇌에 그러
한 문제가 일어나는 것일까. 자폐성장애의 경우도 정확한 원인은 아직 밝혀지지
않았지만, 현재는 다음 두 가지 가설에 주목해서 연구가 이루어지고 있다. 하나
는 유전자에는 문제가 없지만 임신 중 또는 출산 시 어떠한 영향으로 인하여 태
아의 뇌에 장애가 발생한다는 가설이고, 다른 하나는 정자와 난자가 각각 가지
고 있는 유전자 정보의 이상으로 인하여 뇌에 장애가 발생한다는 가설이다.

지금까지 학계의 견해를 종합하면 전자의 가설은 발달장애의 원인 중의 하나
로 여겨지고 있지만, 결정적이고 중요한 원인은 아니라고 보는 견해가 유력하

다. 후자의 가설은, 예를 들어 기본적으로 유전자가 같은 일란성 쌍생아의 사례를 토대로 생각할 때, 한 명이 자폐성장애이면 다른 한 명도 자폐성장애일 확률이 40~98%로 상당히 높게 나타난다. 이와 같은 측면에서는 자폐성장애와 유전자 사이에는 관련이 있는 것으로 볼 수 있다. 그러나 장애가 유전자와 어떠한 상관관계가 있다고 해서 "장애는 부모로부터 자녀에게 유전된다."라고 단순하게 생각하는 것은 섣부른 판단이다.

쌍생아라도 유전자가 다른 이란성 쌍생아거나 보통의 형제자매인 경우에는 두 사람 모두에게서 자폐범주성장애가 나타날 확률은 5~10% 정도에 지나지 않는다. 그러나 자폐성장애 부모로부터 같은 장애를 가진 자녀가 태어날 확률은 확실히 높은 것으로 밝혀졌다. 그렇다고 해도 자폐성장애가 부모로부터 자녀에게 반드시 유전된다고 단정지을 수는 없다. 인터넷 등의 매체를 통하여 "부모와 자녀 모두 자폐성장애인 경우가 많다."라는 사례를 적지 않게 접할 수 있지만, 그것을 증명할 수 있는 과학적 증거와 데이터는 아직 불충분하다. 자폐성장애 유전자를 가지고 있지 않은 부모로부터 자폐성장애 아동이 태어나는 경우도 있고, 자폐성장애 아동의 형제자매일지라도 대다수는 정상적인 발달과정을 보이고 있다.

결론적으로 발달장애의 발생 원인에 대해서는 아직까지 과학적으로 해명되지 않은 것들이 많으며, 지금도 그에 관한 연구가 진행 중이다.

3. 발달장애의 실태

한국보건사회연구원의 「2014년 장애인 실태조사」 결과에 따르면, 현재 전국의 장애인은 2,726.9천 명으로 추정되고, 장애인 출현율(인구 100명당 장애인 수)은 5.59%로 나타났다. 그중 발달장애인으로 분류되거나 분류될 가능성이 높은 장애유형별 장애인 추정수 등은 〈표 2-1〉과 같다.

표 2-1	장애인 추정수 및 장애등록률(단위: 명, %)				
구분	등록장애인 수	추정수	등록률[1]	비율	출현율[2]
계	2,501,112	2,726,910	91.7		5.59
뇌병변장애	253,493	308,100	82.3	11.30	0.06
언어장애	17,830	21,700	82.2	0.008	0.25
지적 장애	178,866	207,704	86.1	0.762	0.49
자폐성장애	18,133	19,868	91.3	0.073	0.05

1) 등록률=(등록장애인 수/장애인 실태조사 추정 장애인수)×100
2) 출현율: 인구 100명당 장애인 수

〈표 2-1〉에서 볼 수 있는 바와 같이, 「장애인복지법」에서 규정하고 있는 주요 두 장애 유형, 즉 지적 장애와 자폐성장애를 비롯하여 발달장애인으로 분류될 가능성이 높은 뇌병변장애와 언어장애를 포함한 장애인 추정수는 557,372명으로 전체 장애인 추정수의 20.4%를 차지하고 있는 것으로 나타났다.

FAQ로 풀어 보는 「발달장애인법」

• 이 법률의 수혜대상자는 누구인가

법률 명칭에서 알 수 있듯이 이 법률은 '발달장애인'을 위한 법률이다. 「발달장애인법」은 발달장애를 3가지 유형으로 범주화하였는데, 「장애인복지법」에서 규정하는 지적 장애인과 자폐성장애인 외에도 "통상적으로 발달이 나타나지 아니하거나 크게 지연되어 일상생활이나 사회생활에 상당한 제약을 받는 사람으로서 대통령령으로 정하는 사람"이 포함되었다. 대통령령으로 정하는 사람 중에는 지적 장애나 자폐성장애를 동반하는 중복장애를 가진 장애인과 지적 혹은 자폐성장애인으로 등록하지는 않았지만 이러한 장애가 있다고 인정되는 아동(특히 영유아 시기)이 포함될 가능성이 높다.

• 이 법률을 통해 제공받을 수 있는 서비스는 어떤 것들이 있는가

기존 바우처(voucher)[5]로 지급이 가능했던 서비스(「장애인복지법」, 「장애인활동 지원에 관한 법」, 「장애아동복지지원법」 등)는 물론 「발달장애인법」에서 규정한 복지지원들을 함께 제공받을 수 있다.

• 발달장애인의 보호자를 위한 지원 내용은 무엇인가

발달장애인 가족지원은 크게 4가지로 구성되어 있는데, 먼저 '보호자에 대한 정보제공과 교육'을 국가 · 지자체가 지원하도록 규정하였고, '보호자에 대한 상담지원'은 현재 보건복지부에서 실시 중인 '발달장애인 부모 심리상담 서비스'에 대한 법적 근거를 마련한 것이다. 또 발달장애인 가족의 양육부담 경감을 위한 '돌봄 및 일시적 휴식지원 서비스'가 규정되었고, '발달장애인의 형제자매에 대한 프로그램 운영 지원'을 규정하고 있다.

• 이 법률에 따라 설치, 운영되는 서비스 제공 기관에는 어떤 것이 있는가

발달장애인지원센터/행동발달증진센터/발달장애인에게 특화된 직업재활시설(직업훈련 제공)/발달장애인 거점병원/위기발달장애인쉼터/발달장애인을 위한 평생교육 기관/발달장애인 전담 검사 및 전담 사법경찰관 등이 있다.

• 발달장애인 지원센터는 누가, 어디에서, 어떻게 운영하는가

중앙과 지역에 각각 설치, 운영된다. 전국 17개 시도의 시 · 도지사는 시 · 도 단위 지역 센터를 반드시 설치해야 하고, 필요에 따라 시 · 군 · 구에도 설치할 수도 있다. 시 · 도지사가 직접 설치, 운영할 수도 있고 공공 기관에 위탁할 수도 있다.

출처: 발달장애인법제정추진연대(2015. 5. 19.). 발달장애인 권리보장 및 지원에 관한 법률 제정보고대회 자료집. 부분 발췌.

---

5) 정부가 특정 수혜자에게 교육, 주택, 의료 따위의 복지서비스 구매에 대하여 직접적으로 비용을 보조해 주기 위하여 지불을 보증하여 내놓은 전표.

4. 발달장애의 범주와 진단 기준

1) 「발달장애인법」

「발달장애인법」(법률 제12618호, 2014. 5. 20. 제정)은 발달장애인을 지적 장애인과 자폐성장애인, 그 밖에 통상적인 발달이 나타나지 아니하거나 크게 지연되어 일상생활이나 사회생활에 상당한 제약을 받는 사람으로서 대통령령으로 정하는 사람으로 규정하고 있다.

『DSM-5』 주요 개정 내용

• 다축진단체계 폐기

다축체계를 활용한 평가가 실제 현장에서의 진단에는 효용성이 없다는 학계의 의견에 따라 이를 사용하지 않고 폐기되었다. 즉, 진단은 통합하고, 그 안에서 경도(mild), 중등도(moderate), 중도(severe) 등 세부 심도를 구분하고 있다.

• 차원적 접근 반영

기존의 『DSM-IV』가 범주로 질환을 나누었다면 『DSM-5』는 스펙트럼으로 질환을 연속선상에 두었다. 예를 들면, 신경발달장애(neurodevelopmental disorder)라는 명칭을 사용하여 여러 개의 소아정신 질환들, 즉 지적 장애, 자폐스펙트럼장애, 의사소통장애, 주의력결핍 과잉행동장애, 운동장애를 포함시켰다.

- 용어 변경

기존의 오해나 혼돈을 줄 수 있는 진단명에서 '간소하고 명료한 진단명'으로 바꾸었다. 예를 들면, 정신지체는 지적 장애로 바뀌었고, 기존의 자폐증, 아스퍼거장애, 소아기붕괴성장애, 레트장애' 등이 광범위성 발달장애를 아우르는 자폐스펙트럼장애로 변경되어 전반적 발달장애라는 용어가 사라졌으며, 학습장애를 특정학습장애로 변경하였다.

- 의사소통장애군 확대

의사소통장애군에 언어장애, 말소리장애, 아동기 발병형 유창성장애(말더듬), 사회성(실용) 의사소통장애 등을 포함시켜 새로운 장애 명칭을 사용하거나 새로운 장애를 추가하였다.

- 유전학과 신경영상학 등 최신 연구 결과 통합 반영

심리학 정보뿐만 아니라 유전학이나 신경영상학 등 최신 풍부한 정보를 담았다. 더불어 새로운 지식의 빠른 업데이트를 위해 기존 DSM의 숫자 명칭도 로마자 숫자(I, II, III, IV)에서 아라비아 숫자(1, 2, 3, 4)로 변경하였다.

- 「국제질병분류-11」과 조화를 이룰 수 있도록 진단체계 구축

「국제질병분류-11」(International Classification of Diseases, 11/E: ICD)과 조화를 이룰 수 있도록 진단체계를 구성하였다. 기존 『DSM-IV』까지는 세계보건기구(WHO)에서 나오는 ICD와 진단명이 다른 경우가 종종 있었는데, 이로 인한 혼돈과 불편함을 줄이고자 『DSM-5』에서는 2015년 출시 예정인 ICD-11과 조화를 이룰 수 있도록 진단 체계를 구성하였다.

2) 『DSM-5』

발달장애의 분류 체계는 여러 가지가 있으나, 그중 『정신질환 진단 및 통계 편람』(Diagnostic and statistical manual of mental disorders, 5/E: DSM-5)(American Psychiatric Association, 2013)이 의학, 심리학, 교육학 등의 분야에서 가장 널리 사용되고 있다. 『DSM-5』는 미국 정신의학협회가 출판하는 서적으로, 정신질환의 진단에 가장 널리 사용되고 있다.

『DSM-5』에서는 신경발달장애를 ① 지적 장애(지적 장애 또는 지적 발달장애, 광범위성 발달지연) ② 의사소통장애(언어장애, 말소리장애, 아동기 발병형 유창성장애(말더듬), 사회적(실용적) 의사소통장애) ③ 자폐범주성장애 ④ 주의력결핍 과잉행동장애 ⑤ 특정학습장애 ⑥ 운동장애(발달성 협응장애, 상동형 운동장애, 틱장애)로 구분한다.

우리나라 「발달장애인법」의 발달장애인 범주와 밀접한 관련이 있는 『DSM-5』의 신경발달장애의 유형과 진단 기준은 다음과 같다.

(1) 지적 장애

① 지적 장애(지적 발달장애)

지적 장애(지적 발달장애)는 개념, 사회, 실용 영역에서 지적 기능 및 적응 기능의 결함이 발달기에 발병하는 장애다. 다음 3가지 기준을 충족시켜야 한다.

  A. 추리, 문제 해결, 계획, 추상적 사고, 판단, 학업, 경험 학습 등과 같은 지적 기능의 결함. 이는 임상적 평가와 개별 표준화 지능검사 모두에서 확인되어야 한다.

  B. 개인의 독립성 및 사회적 책임에 대한 발달적 및 문화적 기준을 충족시키지 못하는 적응 기능에서의 결함. 지속적인 지원이 없다면, 적응 결

함은 가정, 학교, 일터, 지역사회 등의 여러 환경에서 의사소통, 사회참
여, 독립생활과 같은 일상생활 활동 중 1가지 이상 제한을 가져온다.

  C. 지적 및 적응 결함이 발달기에 발병

• 심도: 가벼운(경도), 보통의(중등도), 심한(중도), 아주 심한(최중도)

※ 지능지수가 평균에서 −2 표준편차의 점수: IQ 70(65~75)
※ 심도는 IQ 점수가 아니라 요구되는 지원수준에 따라 적응 기능이 결정됨
※ 지적 장애의 심도 수준은 개념(학업)·사회·실용 영역에 따라 4가지로 구분됨
  • 개념/학업 영역: 기억, 언어, 읽기, 쓰기, 수학, 실용지식 습득, 문제해결, 새로운 상황에서 판단
  • 사회 영역: 타인의 사고, 감정 및 경험 이해, 공감, 대인 의사소통기술, 우정, 사회적 판단
  • 실용 영역: 자조, 직무책임, 돈관리, 여가, 행농관리, 학교/일터 과제 구성 등 생활 장면에서의 학습
    과 자기관리
※ 유병률은 전체 인구의 1%이지만 연령별로 유병률이 다양함. 심한 지적 장애의 유병률은 1,000명당 6명

② 광범위성 발달지연

• 이 진단은 유아기에 임상적 심도를 신뢰롭게 평가할 수 없는 5세 이하의 유
  아에게 해당된다.

• 이 범주는 몇 가지 지적 기능 영역에서 기대되는 발달 이정표를 충족시키지
  못할 때 진단하고, 너무 어려서 표준화 검사를 실시할 수 없는 아동을 포함
  하여 지적 기능을 체계적으로 평가할 수 없는 아동에게 적용한다.

• 이 범주는 일정 기간 후에 재평가가 요구된다.

지적 장애인에 대한 바른 이해

• 지능지수는 그 사람의 전반적인 능력을 말해 주는 것이 아니다.

  지능을 그 사람의 전반적인 능력으로 간주하기는 어렵다. 전통적인 표준
화 지능검사를 통하여 얻은 지능지수는 학업성적을 예언하는 기능, 즉 소
위 공부를 어느 정도 잘하는가를 예견하는 데 이용될 수는 있을지언정, 그

밖의 다른 능력들, 예를 들어 신체적·정서적 측면에서의 능력과는 상관이 높지 않다. 다시 말하면, 지능지수가 높다고 해서 운동도 잘하고, 노래도 잘하며, 예의도 잘 갖출 것으로 생각하는 것은 잘못이다.

영화 〈제8요일〉

• 지적 장애인의 성적(性的) 발달은 정상에 가깝다.

지적 장애인은 지적 능력뿐만 아니라 다른 영역의 발달도 다소 지체되는 경향이 있으나, 성적 발달만큼은 일반 사람들과 거의 비슷하다고 생각하면 틀림이 없다.

• 지적 장애는 모두 유전되는 것이 아니다.

불행하게도 정확하게 지적 장애의 원인으로 밝혀진 요인들은 소수에 불과하다. 명백히 유전에 의한 것으로 밝혀진 것은 많지 않으며, 대부분은 여러 가지 장애 발생 요인들이 상호작용하여 나타나는 것으로 추정하고 있을 뿐이다.

• 지적 장애는 순수 그 자체일 수도 있다.

보통 지적 장애아동은 융통성이 없고 고집이 세다고 흉을 보는 사람들이 많다. 그러나 융통성이 부족한 것도 생각에 따라 달리 볼 수도 있다. 선생님이 어떤 지적 장애아동에게 "매일 아침 꽃밭에 물을 줘라."고 지시를 하면, 그 지적 장애아동은 비가 오나 눈이 오나 꽃밭에 물을 준다. 왜 꽃밭에 물을 줘야 하는지는 모른다 할지라도, 선생님 말씀을 잘 들어야 착한 어린이라는 사실만은 고집스럽게 지키는 것이다. 지적 장애는 순수 그 자체일 수도 있다.

> • 지적 장애아동이라고 해서 모두 주의가 산만한 것은 아니다.
>
> 지적 장애아동들은 주의가 산만하여 수업시간에 제자리에 가만히 있지 못하는 '문제 아동'으로 생각하기 쉽다. 그러나 일반 아동 가운데에도 '떠드는' 이들이 많을 뿐 아니라, 떠드는 것이 자연스런 발달의 모습일 수도 있다. 지적 장애아동 중에는 온종일 조용히, 지나칠 정도로 얌전히 앉아 있는 아이들도 많다. 이러한 '조용한' 지적 장애아동의 문제가 더 심각한 경우가 많다.

출처: 김삼섭(2010). 특수교육의 심리학적 기초(pp. 28-29). 서울: 시그마프레스.

(2) 의사소통장애

- 의사소통장애는 언어, 말, 및 의사소통에서의 결함을 포함한다.
- 말(speech)은 조음, 유창성, 소리 및 공명의 질 등을 포함하는 소리의 표현적 생성을 말한다.
- 언어(language)는 규칙적인 의사소통 방법에서 상징체계(단어 말하기, 수화, 단어 쓰기, 그림 등)의 형태, 기능 및 사용을 포함한다.
- 의사소통(communication)은 행동, 개념 혹은 다른 사람에 대한 태도에 영향을 주는 언어 혹은 비언어 행동(의도적이든 비의도적이든)을 포함한다.

① 언어장애

A. 다음과 같은 증상을 포함하여 이해나 생성의 결함에 기인하여 여러 양상(구어, 문어, 수화 등)에 따른 언어 습득과 사용이 지속적으로 곤란하다.

  (1) 한정된 어휘(단어지식과 사용)

  (2) 제한된 문장 구조(문법 규칙과 형태론에 기초하여 문장을 형성하기 위하여 단어 및 단어 마무리를 하는 능력)

  (3) 화법(어떤 주제나 일련의 사건이나 대화를 기술하거나 설명하기 위하

여 단어를 사용하여 문장을 만드는 능력)의 손상
B. 효과적인 의사소통, 사회 참여, 학업수행, 작업수행 등에 기능적 제한을 가져와 언어능력이 연령에 따른 기대치보다 실제적이고 양적으로 떨어진다.
C. 이런 증상들이 초기 발달기에 나타난다.
D. 이러한 곤란이 청각이나 다른 감각 손상, 운동 기능장애 혹은 다른 의학적 신경학적 상태에 기인하지 않아야 하고, 지적 장애나 광범위성 발달지연으로 설명되지 않는다.

② 말소리장애

A. 말 명료성을 저해하거나 언어적 의사소통을 방해하는 말소리 생성이 지속적으로 곤란하다.
B. 이런 문제가 사회참여, 학업수행, 작업수행 등을 방해하여 효과적인 의사소통에 제한을 가져온다.
C. 이런 증상들이 초기 발달기에 나타난다.
D. 이런 곤란이 뇌성마비, 구개파열, 농이나 청각상실, 외상성 뇌손상, 기타 의학적/신경학적 상태 등과 같은 획득된 상태에 기인하지 않아야 한다.

③ 아동기 발병형 유창성장애(말더듬)

A. 개인의 연령과 언어기술에 부적절한 말을 만드는 정상적인 유창성과 시간상의 방해가 시간이 경과해도 지속되고, 다음과 같은 증상이 자주 뚜렷하게 발생한다.
(1) 소리와 음절 반복
(2) 모음뿐 아니라 자음의 긴 소리

(3) 분절된 단어(예: 한 단어 내에서 멈춤)

(4) 청각적 혹은 무성 방해(말에서의 길거나 혹은 짧은 멈춤)

(5) 단어 대치(문제 단어를 회피하기 위해 단어 대치)

(6) 과도한 신체 긴장과 함께 단어 생성

(7) 단음절의 전체단어 반복(나, 나, 나는 그를 안다)

B. 이런 문제가 말하기에 불안을 일으키거나 효과적인 의사소통, 사회 참여, 학업 혹은 작업수행 등을 방해한다.

C. 이런 증상들이 초기 발달기에 나타난다.

D. 이런 곤란이 말-운동 결함, 신경학적 손상(뇌졸중, 종양, 외상 등)을 수반한 유창성장애나 다른 의학적 상태에 기인하지 않아야 하며 또 다른 정신장애로 설명되지 않는다.

④ 사회성(실용) 의사소통장애

A. 다음과 같은 모든 증상이 명백하여 언어적 및 비언어적 의사소통의 사회적 사용이 지속적으로 곤란하다.

(1) 사회적 맥락에 적절한 방법으로 인사 및 정보 공유와 같은 사회적 목적을 위한 의사소통에서의 결함

(2) 운동장과는 다르게 교실에서 말하기, 어른과는 다르게 아이에게 말하기, 과도한 공식 언어를 피하기 등과 같이, 맥락이나 청자의 욕구를 충족시키기 위하여 의사소통을 바꾸는 능력에서의 손상

(3) 대화에서 차례로 말하기, 이해하지 못할 경우 다시 말하기, 억양을 조절하기 위해 언어적 및 비언어적 신호를 사용하는 법을 알기 등과 같이, 대화 및 이야기하기의 규칙 따르기 곤란

(4) 명백하게 진술되지 않은 것(예: 추론하기) 혹은 언어의 비문자적 혹은 애매한 의미(예: 관용어, 유머, 은유, 해석을 위해서는 맥락에 달려 있는 다

양한 의미)를 이해하기 곤란

B. 이런 결함이 효과적인 의사소통, 사회참여, 사회관계, 학업 혹은 작업 수
행에 기능적 제한을 가져온다.

C. 이런 증상들이 초기 발달기에 나타난다(그러나 사회적 의사소통 요구가 제
한능력보다 클 때 결함이 분명하게 나타날 수도 있다.).

D. 이런 증상은 또 다른 의학적 혹은 신경학적 상태나 단어구조와 문법 영역
에서의 능력 저하에 기인하지 않아야 하며, 자폐스펙트럼장애, 지적 장
애, 광범위성 발달지연이나 또 다른 정신장애로 설명되지 않는다.

의사소통장애인에 대한 바른 이해

• 의사소통장애는 상황에 따라서 달리 나타날 수 있다.

의사소통장애아동은 혼자 있을때나 절친한 사
람과 같이 있을 때에는 정상적으로 말할 수 있으
나, 낯선 사람과 같이 있을 때에는 매우 심하게
말을 더듬는다. 그리고 말더듬(stuttering)은 상대방
이 자기의 말에 주의를 기울이면 두드러지게 나타
나지만, 성급하게 말하기(cluttering)는 이와는 반대
로 상대방이 자기의 말에 주의를 기울이면 개선
된다.

계용묵(1935)

• 의사소통장애인과 이야기할 때는 지나치게 주의를 기울이지 않는 것이
좋다.

의사소통장애인과 말을 할 때는 이해의 표시로 머리를 끄덕여 주고, 주
의가 시끄러우면 가까이 앉아서 말이 확실히 끝날 때까지 기다린 다음 천

천히 말을 하는 것이 좋다. 이때 요점만 간단히 말하고, 너무 길게 말하지 않도록 해야 한다. 또 의사소통장애인이 말하는 것이 힘들어 보여도 중간에 말을 끊거나 내용을 미리 추측하는 것은 좋지 않다.

- 의사소통장애인도 노래를 잘할 수 있다.

의사소통장애인이라 할지라도 글을 읽거나 노래를 부를 때에는 전혀 문제가 없는 경우도 있다.

- 사춘기의 음성장애는 대부분 걱정하지 않아도 된다.

사춘기에 들어서면 후두가 급속히 발달하여 가성을 내기도 하고, 너무 높거나 낮은 말소리를 내기도 한다. 그러나 사춘기에 나타나는 음도(pitch) 문제는 연령이 증가함에 따라 자연스럽게 교정되므로 음성장애에 포함시키지 않는다.

출처: 김삼섭(2010). 특수교육의 심리학적 기초(p. 37). 서울: 시그마프레스.

(3) 자폐범주성장애

A. 다음과 같은 증상이 분명히, 현재 혹은 과거에, 다양한 맥락에 따른 사회적 의사소통 및 사회적 상호작용에 지속적인 결함이 있다.

(1) 비정상적인 사회적 접근 및 정상적인 상호 대화의 실패에서부터 흥미, 정서, 애정의 공유 감소, 사회적 상호작용을 시작하거나 반응하기의 실패에 이르기까지 사회−정서적 상호성에서의 결함

(2) 언어적 및 비언어적 의사소통의 통합 부족에서부터 비정상적인 눈맞춤과 몸짓언어 혹은 몸짓의 이해와 사용의 결함, 얼굴표정의 부족 및 비언어적 의사소통에 이르기까지 사회적 상호작용을 위해 사용되는 비언어적 의사소통 행동의 결함

(3) 다양한 사회적 맥락에 맞는 적응 행동의 곤란에서부터 상상놀이를 하

거나 친구 사귀기의 곤란, 또래에 대한 관심 부재에 이르기까지 관계를 맺고, 유지하고, 이해하기 등의 결함

• 심도는 사회적 의사소통의 손상 및 제한되고 반복적인 양상의 행동을 토대로 결정된다.

• 수준

  −수준 1: 지원 요구

  −수준 2: 실질적인 지원 요구

  −수준 3: 매우 실질적인 지원 요구

B. 다음과 같은 증상 중 2개 이상이 분명히, 현재 혹은 과거에, 제한되고 반복적인 행동, 흥미 혹은 활동을 보인다.

  (1) 상동적이거나 반복적인 근육운동, 물건 사용, 혹은 말(예: 단순 운동적 상동행동, 장난감 일렬로 늘어놓기나 물건 뒤집기, 반향어, 특이한 구 등)

  (2) 동일성 고집, 융통성 없이 틀에 박힌 일의 집착, 혹은 언어적/비언어적 의식화된 행동(예: 사소한 변화에 극도의 고통, 전환 곤란, 엄격한 사고, 의식적인 인사, 같은 길로 가려고 하거나 매일 같은 음식을 먹으려는 욕구)

  (3) 관심사의 강도나 세기가 비정상적이고 아주 제한되어 있거나 고정되어 있음(예: 유별난 물건에 대한 강한 애착이나 몰입, 과도하게 고집스러운 관심)

  (4) 감각자극에 대한 과잉행동 혹은 과소행동 혹은 그 환경의 감각적인 면에 유별난 관심(예: 통증/온도에 대한 무관심, 특정 소리나 옷감에 대한 혐오 반응, 과도하게 물건 냄새 맡기와 만지기, 불빛이나 움직이는 것에 대한 시각적 매료)

  • 심도는 사회적 의사소통의 손상 및 제한되고 반복적인 양상의 행동을 토대로 결정된다.

  • 수준

    −수준 1: 지원 요구

‒수준 2: 실질적인 지원 요구

‒수준 3: 매우 실질적인 지원 요구

C. 이런 증상들이 초기 발달기에 나타난다(그러나 사회적 의사소통 요구가 제한 능력보다 커야 나타날 수 있고, 혹은 나중에 학습된 전략으로 가장될 수 있다.).

D. 이런 증상들이 사회, 직업 혹은 기타 중요한 현 기능에서 임상적으로 커 다란 손상을 일으킨다.

E. 이런 문제들은 지적 장애나 광범위성 발달지연으로 설명할 수 없다. 지적 장애와 자폐범주성장애는 흔히 동시에 나타나며, 지적 장애와 자폐범주 성장애의 공존장애 진단을 위해서는 사회적 의사소통이 일반 발달수준의 기대치보다 저하되어야 한다.

• 지적 손상 수반형 혹은 비수반형

• 언어 손상 수반형 혹은 비수반형

※ 최근에 미국과 그 외 나라에서 유병률은 전체 인구의 1%로 보고됨.

자폐범주성장애인에 대한 바른 이해

• 발병과 과정: 자폐범주성장애는 출생 시부터 장애를 가지고 있다. 정신분 열증은 발달해 가는 과정에서 정상적 혹은 거의 정상적인 발달 시기가 있다.

• 건강과 출현율: 자폐범주성장애 아동은 건강이 좋을 뿐 아니라 '똑똑한' 아이로 판명되기도 한다. 정신분열아동은 건강에 문제가 있을 수도 혹은 없을 수도 있으며, 일반아동들보다 다소 매력이 떨어진다.

• 신체적 반응: 자폐범주성장애 아동은 경직된 위축현상을 나타낸다. 정신 분열아동은 사회적 접촉에 대해 신체적으로 반응할 수 있다.

- **고립**: 자폐범주성장애 아동은 심하게 위축되어 있다. 정신분열아동은 사회적 환경에 가끔 반응하는 경우가 있다.
- **동일성에 대한 고집**: 정신분열아동은 자폐범주성장애 아동과는 달리 물리적 환경을 정확하게 유지하기 위해 똑같은 요구를 하지 않는다.
- **개인적 소재인식**: 자폐범주성장애 아동은 소재인식(orientation) 그 자체를 가지고 있지 않기 때문에, 동일성을 고집하는 것을 떠나서 환경을 지각하는 데 아무런 단서를 가지고 있지 않다. 정신분열아동은 환경지각에 대한 소재인식이 잘못되어 있다.
- **환각**: 자폐범주성장애 아동은 환각을 경험하지 않는다. 정신분열아동은 환각을 경험하는 일이 드물기는 하지만 가끔 보고된다.
- **운동**: 자폐범주성장애 아동은 운동협응이 잘 이루어지고 복잡한 운동과제도 수행할 수 있다. 정신분열아동은 몇 가지 운동장애가 있다.
- **언어**: 자폐범주성장애 아동은 일상적인 의사소통이 아닌 방법으로 언어를 사용한다. 정신분열아동은 의사소통이 가능하지만, 이상한 생각을 전달하기 위해 언어를 사용한다.
- **지적 능력**: 자폐범주성장애 아동은 정신분열아동에 비해 지능이 약간 더 낮다. 자폐성아동의 IQ는 50 정도 혹은 그 이하인 것이 보통이고, 정신분열아동의 IQ는 60~70 사이 혹은 그 이하인 것이 보통이다.
- **학자연(學者然) 행동**: 학자연 증후군(바보학자짓이라 불리기도 함)은 자폐범주성장애 아동 가운데 가끔 발견되지만, 정신분열아동에게서는 발견되지 않는다. 이것은 특정 영역에서 특출한 능력을 과시하는 형태로 나타난다. 예를 들면, 처음 들은 곡을 곧바로 피아노로 연주하거나, 동물을 정교하게 조각하며, 미래나 과거의 특정한 날을 정확히 기억한다.
- **가정 환경**: 자폐범주성장애 아동의 부모는 정신분열아동의 부모에 비해 지적 능력이 더 높고 사회 · 경제적 지위도 더 높은 경향이 있다.

> • **성 비율:** 자폐범주성장애 아동의 출현율은 여성보다 남성이 3~8배 더 높다. 정신분열아동의 출현율은 남녀 사이에 차이가 없다.

출처: 김삼섭(2010). 특수교육의 심리학적 기초(pp. 35-36). 서울: 시그마프레스.

(4) 주의력결핍 과잉행동장애

A. 기능이나 발달을 방해하는 부주의, 혹은 과잉행동–충동성 양상이 지속되며, (1) 혹은 (2)로 특성지어진다.

(1) 부주의: 다음 증상 중 6가지 이상이 발달수준에 맞지 않는 정도로 적어도 6개월 이상 지속되어, 사회 및 학업/직업 활동에 부정적인 영향을 준다.

※ 이런 증상들은 적대적 행동, 반항, 적대감, 과제나 지시의 이해 실패로만 단독으로 나타나지 않는다. 청소년과 성인(17세 이상)의 경우, 적어도 5가지 증상이 충족되어야 한다.

① 세부사항에 면밀하게 주의집중하지 못하거나 학교 공부, 일이나 다른 활동에서 부주의한 실수를 한다(예: 세부사항을 간과하거나 실수함, 일이 부정확함).

② 과제나 놀이 활동에 지속적으로 주의집중하지 못한다(예: 강의, 대화, 혹은 장문 읽기 중에 집중하지 못함).

③ 다른 사람이 직접 말을 할 때 듣지 않는 것 같다(예: 주의산만 요소가 없는데도 맘이 다른 곳에 있는 것처럼 보임).

④ 지시를 따르지 못하거나 학교 공부, 잡일이나 일터에서 임무를 수행하지 못한다(예: 과제를 시작은 하지만, 쉽게 집중하지 못하게 되고, 곁길로 빠짐).

⑤ 과제와 활동을 조직하는 데 어려움이 있다(예: 실질적으로 과제를 수행하지 못함, 물건이나 소유물을 순서적으로 보관하지 못함, 번잡하고 분산된 일,

시간관리를 잘하지 못함, 마감시간을 지키지 못함).

⑥ 정신적 노력이 요구되는 과제를 피하거나 싫어하고 거부한다(예: 학교 공부나 숙제, 청소년 및 성인의 경우에 리포트 작성하기, 모형 완성하기, 긴 논문 개관하기 등).

⑦ 과제나 활동에 필수적인 것들을 잃어버린다(예: 수업자료, 책, 도구, 지갑, 열쇠, 서류, 안경, 휴대전화).

⑧ 외부의 자극에 의해 쉽게 산만해진다(예: 청소년 및 성인의 경우, 비관련 사고를 함).

⑨ 일상활동을 잘 잊어버린다(예: 허드렛일, 심부름하기, 청소년 및 성인의 경우, 전화 걸기, 세금 내기, 약속 지키기).

(2) **과잉행동 및 충동성**: 다음 증상 중 6가지 이상이 발달수준에 맞지 않는 정도로 적어도 6개월 이상 지속되어, 사회 및 학업/직업 활동에 부정적인 영향을 준다.

※ 이런 증상들은 적대적 행동, 반항, 적대감, 과제나 지시의 이해 실패로만 단독으로 나타나지 않는다. 청소년과 성인(17세 이상)의 경우, 적어도 5가지 증상이 충족되어야 한다.

① 손발을 만지작거리고 자리에서 꼼지락거린다.

② 가만히 앉아 있어야 하는 상황에서 자리를 이탈한다(예: 가만히 앉아 있어야 할 상황인데 교실, 사무실, 작업장에서 자리이탈).

③ 부적절한 상황에서 지나치게 뛰어다니거나 기어오른다(청소년이나 성인의 경우, 참을 수 없는 느낌으로 제한될 수 있음).

④ 조용히 여가 활동에 참여하거나 놀지 못한다.

⑤ '끊임없이 활동'하거나 마치 '자동차에 쫓기는 것'처럼 행동한다(예: 음식점, 회의에서처럼 오랜 시간 조용히 있는 것을 불편해함, 끊임없이 활동하거나 따라가기가 곤란).

⑥ 지나치게 말을 많이 한다.

⑦ 질문이 채 끝나기 전에 불쑥 대답한다(예: 다른 사람의 말이 끝나기 전에 말하기, 차례로 대화하기 위해 기다리지 못함).

⑧ 순서나 차례를 기다리지 못한다(예: 줄지어 기다리기).

⑨ 다른 사람의 활동을 방해하고 간섭한다(예: 대화나 게임, 활동에 참견하기, 허락받지 않고 다른 사람의 물건을 사용하기, 청소년과 성인의 경우, 다른 사람이 하고 있는 일을 간섭하기).

B. 부주의 혹은 과잉행동–충동성 증상들이 12세 이전에 나타난다.

C. 부주의 혹은 과잉행동–충동성 증상들이 2개 이상의 장면(예: 학교, 가정, 직장, 친구와 친척, 기타 활동들)에서 나타난다.

D. 그 증상들이 사회, 학업, 직업 기능을 방해하는 분명한 증거가 있다.

E. 이 증상이 전반적 발달장애, 정신분열증 또는 기타 정신병 경과 중에만 발생하지 않으며, 다른 정신장애(예: 기분장애, 불안장애, 해리성장애, 인격장애, 물질 중독이나 금단)로 잘 설명되지 않는다.

• 세부 유형

• 복합형: 지난 6개월 동안 진단기준 A(1)과 A(2) 모두 충족시킬 경우

• 부주의 우세형: 지난 6개월 동안 진단기준 A(1)은 충족시키지만 A(2)는 충족시키지 못할 경우

• 과잉행동–충동 우세형: 지난 6개월 동안 진단기준 A(2)는 충족시키 지만 A(1)은 충족시키지 못할 경우

• 세부 심도: 경도, 중등도, 중도

※ 유병률은 아동의 경우 약 5%, 성인의 경우 약 2.5%

(5) 특정학습장애

A. 학습기술을 배우고 사용하는 어려움이 있고, 그러한 어려움에 대한 중재를 제공했음에도 불구하고, 적어도 6개월 동안 다음과 같은 증상 중 1개 이상 나타난다.

  (1) 부정확하거나 느리고 힘들게 단어 읽기(예: 한 단어를 부정확하거나 느리고 더듬거리며 읽기, 단어를 자주 억측하기, 소리내어 단어 읽기 곤란)

  (2) 읽은 것의 의미 이해 곤란(예: 본문을 정확하게 읽을 수 있으나 순서, 관계, 추리를 이해하지 못하거나 읽은 것의 깊은 뜻을 이해하지 못함)

  (3) 철자쓰기 곤란(예: 모음이나 자음을 더하거나 빼거나 대치시킴)

  (4) 글쓰기 곤란(예, 문장 내에서 여러 문법적 혹은 구두점 오류, 빈약한 단락 구성, 개념에 대한 글쓰기의 명료성 부족)

  (5) 수 이해, 수 개념 혹은 계산하기 곤란(예: 수 크기 및 관계의 이해 부족, 또래처럼 산수 계산을 암산으로 하지 않고 손가락으로 한 자릿수를 계산하기, 수학계산을 하는 중간에 어찌할 바를 모르다가 절차를 바꾸기)

  (6) 수학적 추리 곤란(예: 양적 문제를 풀기 위하여 수학적 개념, 실제 혹은 절차를 응용하기 심히 곤란)

B. 이런 학업 기술이 또래 연령의 기대치보다 실제적이고 양적으로 부족하여 학업 또는 작업 수행 혹은 일상생활 활동을 심하게 방해해야 하며, 개별 표준화 성취도검사와 포괄적 임상평가에서 확인되어야 한다. 17세 이상의 경우, 학습곤란 내력의 증명서류로 표준화 평가를 대치할 수 있다.

C. 학습곤란이 학령기에 시작하지만 학업 기술에 대한 요구가 자신의 제한 능력보다 클 때 분명하게 나타날 수 있다.

D. 이런 학습곤란은 지적 장애, 부정확한 시력 혹은 청력, 기타 정신 혹은 신경학적 장애, 심리사회적 역경, 학교 수업시 언어의 능력 부족 혹은 부적절한 교수 등으로 설명되지 않는다.

- 세부 유형
  - 읽기손상 수반형: 단어 읽기 정확도, 읽기율 혹은 유창성, 독해력
  - 쓰기손상 수반형: 철자 정확도, 문법 및 구두점 정확도, 글쓰기의 명확성 혹은 구성
  - 수학손상 수반형: 수 이해, 계산 기억력, 계산의 정확성, 산수 추리의 정확성
- 심도: 경도/중등도/중도

※ 유병률: 읽기, 쓰기, 수학 영역의 특정학습장애의 유병률은 학령기 아동 중 5~15%이며, 성인의 유병률은 알려지지 않고 있지만, 약 4%로 추정

(6) 운동장애

① 발달성 협응장애

A. 협응운동 기술의 습득 및 수행이 생활연령 및 기술 학습이나 사용의 기회 등에 따른 기대치보다 훨씬 떨어진다. 이런 곤란은 서투름(예: 물건을 떨어뜨리거나 부딪치기)뿐 아니라 운동기술의 느린 수행이나 부정확성(예: 물건 잡기, 가위나 수저 사용하기, 필기하기, 자전거 타기 혹은 스포츠 등)

B. 기준 A의 운동기술 결함이 생활연령에 적절한 일상생활 활동을 심하게 지속적으로 방해하며(예: 자조 및 자기관리), 학업 수행, 직업전 및 직업 활동, 여가 및 놀이에 영향을 준다.

C. 이런 증상들이 초기 발달기에 나타난다.

D. 운동기술결함은 지적 장애나 시간 손상으로 설명되지 않으며, 운동에 영향을 주는 신경학적 상태(예: 뇌성마비, 근위축증, 퇴행성 장애)에 기인하지 않아야 한다.

※ 발달성 협응장애의 유병률은 5~11세의 경우 5~6%이며, 7세 아동 중 1.8%는 중도 발달성 협응장애이고 3%는 발달성 협응장애로 추정

② 상동형 운동장애

A. 반복적이고 목적 없는 운동(예: 머리 흔들기, 몸 흔들기, 머리 돌리기, 자기 물어뜯기, 자신의 몸 때리기)

B. 반복 운동이 사회, 학업 혹은 기타 활동을 방해하고 자해를 유발할 수 있다.

C. 이런 증상들이 초기 발달기에 나타난다.

D. 반복 운동이 어떤 물질이나 신경학적 상태의 생리적 효과로 기인하지 않아야 하며 또 다른 신경발달 혹은 정신장애(예: 발모광, 강박충동장애)로 설명되지 않는다.

- 세부 유형
  - 자해행동 수반형
  - 자해행동 비수반형
  - 의학적 혹은 유전, 신경발달장애나 환경 요인 관련형(예: 레쉬-나이한 증후군, 지적 장애, 임신 중 알코올)
- 심도: 경도/중등도/중도

※ 단순 상동운동(예, 흔들기)은 발달하고 있는 어린 아동들에게 흔히 나타난다. 복합 상동운동은 흔하지 않다(약 3~4%). 지적 장애인의 4~16%는 상동운동 및 자해행동을 보인다. 시설에 수용된 지적 장애인들 중 약 10~15%는 자해 수반형 상동형 운동장애를 가지고 있다.

③ 틱장애

※ 틱은 갑작스럽고 빠르고 재발하는 비율동적 근육운동 혹은 음성

뚜렛장애

A. 반드시 그렇지 않지만, 여러 개의 운동 및 하나 이상의 음성틱 모두가 이 질병이 있을 동안에 잠시 동안 나타난다.

B. 틱은 자주 길어지거나 약해질 수 있지만, 틱이 처음 시작된 지 1년 이상 지속된다.

C. 이런 증상들이 18세 전에 나타난다.

D. 이런 장애는 어떤 물질(예: 코카인)의 생리적 효과나 또 다른 의학적 상태 (예: 헌팅턴병, 바이러스 후 뇌질환)에 기인하지 않아야 한다.

만성운동 혹은 음성틱 장애

A. 한 개 혹은 여러 개의 운동 혹은 음성틱이 이 질병이 있을 동안에 지속되지만, 운동 및 음성 모두 있는 것은 아니다.

B. 틱은 자주 길어지거나 약해질 수 있지만, 틱이 처음 시작된 지 1년 이상 지속된다.

C. 이런 증상들이 18세 전에 나타난다.

D. 이런 장애는 어떤 물질(예: 코카인)의 생리적 효과나 또 다른 의학적 상태 (예: 헌팅턴병, 바이러스 후 뇌질환)에 기인하지 않아야 한다.

E. 뚜렛장애 기준을 충족시키지 않아야 한다.

• 세부 유형: 단일 운동틱 수반형/ 단일 음성틱 수반형

일시성 틱 장애

A. 한 개 혹은 여러 개의 운동 혹은 음성틱

B. 틱은 자주 길어지거나 약해질 수 있지만, 틱이 처음 시작된 지 1년 이하 지속된다.

C. 이런 증상들이 18세 전에 나타난다.

D. 이런 장애는 어떤 물질(예: 코카인)의 생리적 효과나 또 다른 의학적 상태 (예: 헌팅턴병, 바이러스 후 뇌질환)에 기인하지 않아야 한다.

E. 뚜렛장애나 만성 혹은 음성틱장애 기준을 충족시키지 않아야 한다.

※ 뚜렛장애의 유병률은 학령기 아동의 경우 천 명당 3~8명이며, 남자가 여자보다 2~4배 더 많음.

제**2**부

발달장애 이해를 위한 심리적 접근

제**3**장

성격 발달: S. 프로이트

정신분석학은 의학자이자 심리학자인 프로이트에 의해 수립된 신경증 치료법과 그 심리학적 이론 체계를 말한다. 오늘날 체코슬로바키아의 영토인 모라비아의 프라이부르크에서 태어난 그는 대학에서 의학을 전공하게 되었는데, 특히 신경학에 관심을 기울이게 되었다.

프로이트(Sigmund Freud, 1856~1939)

프로이트는 1889년에 최면술을 경험한 이후부터 자신이 의식하지 못하는 무의식의 세계가 있음을 굳게 믿게 되었다. 그러나 얼마 후 최면술 기법이 문제가 있음을 발견하고, 자유연상법으로 신경증을 치료하였다. 1896년 이 치료법에 정신분석(psychoanalysis)이라는 이름을 붙였는데, 그 후 그가 수립한 심리학의 체계까지도 지칭하는 말이 되었다.

프로이트는 1905년 소위 유아성욕설을 발표하여 많은 사람들로부터 비판을 받았다. 그러나 점차 그의 학설에 공감하는 사람들이 많아졌고, 100년이 지난 오늘날에는 심리학 · 정신의학 · 사회학 · 문화인류학 · 교육학 · 범죄학 · 문예비평에 이르기까지 큰 영향을 미치고 있다.

제1차 세계 대전 후 그는 사변적 영향을 받아 원초아 · 자아 · 초자아 등의 성격 이론과 본능에 관한 학설을 주장하였다. 1938년 오스트리아가 독일에 점령되자 나치에 쫓겨 런던으로 망명한 후, 그 이듬해인 1939년에 생을 마감하였다.

1. 정신분석의 개념

정신분석학(psychoanalysis)은 정신의 심층, 즉 무의식에 관계있는 행동에 대한 관찰과 분석을 통하여 이론적 체계를 확립한 프로이트(Sigmund Freud, 1856~1939)의 학설을 말한다. 정신분석은 심리학의 주요 접근방법으로서 인간 본성에 대한 철학으로 널리 알려져 있으며, 코페르니쿠스(Nicolaus Copernicus, 1473~1543)의 지동설, 다윈(Charles Darwin, 1809~1882)의 진화설, 아인슈타인(Albert Einstein, 1879~1955)의 상대성 이론과 함께 인류가 발견한 4대 업적 중의 하나로 인정받고 있다.

정신분석학에서는 인간행동을 좌우하는 중요한 역동적인 힘의 근원은 무의식에 있으며, 무의식적 갈등이 부적응, 신경증 혹은 정신질환이 된다고 주장한다. 이 이론에 따르면, 인간의 사고와 행동은 반드시 그 원인이 있으며, 대체로 무의식적 정신과정 속에서 이루어진다고 본다.

사람은 정신에너지를 가지고 태어나며 아동기에 부모와 사회로부터 이 본능적인 정신에너지가 금지되고 억압되어 적절히 처리되지 못하고 무의식 속에 들어가면, 이것이 나중의 행동에 직간접적으로 계속 영향을 미친다고 보는 것이다.

프로이트는 이와 같은 인간행동의 근원적인 힘을 리비도(libido)라고 부르고 이는 성적 에너지로 이루어진 것으로 보았는데, 융(Carl Jung, 1875~1961)은 이를 더 넓게 생각하여 리비도를 생명의 에너지로 보았다. 이러한 초창기 이론에 대해 신프로이트학파에서는 프로이트가 처해 있던 시대에는 대부분 억압된 욕망이 성적인 것이었지만, 오늘날에는 성적 요인보다는 사회적 · 환경적 요인이 크게 작용한다고 주장하였다.

정신분석학에서의 인간관은 기본적으로 부정적이다. 인간의 행동은 동물과 같이 기본적 본능인 성(性)과 공격성에 의해 주로 좌우되며, 이러한 본능적 충동에 통제를 가하는 사회에 투쟁하는 결과로 나타난 것으로 보는 것이다.

2. 성격의 위상과 구조

1) 성격의 위상

프로이트는 인간의 마음을 빙산에 비유하고 있다. 즉, 물 위에 떠 있는 부분이 의식(意識)이라면, 물속에 잠긴 대부분은 무의식(無意識)이라는 것이다. 그는 이 무의식의 세계를 매우 강조하였다. 무의식의 영역에서 인간의 본능, 억압된 관

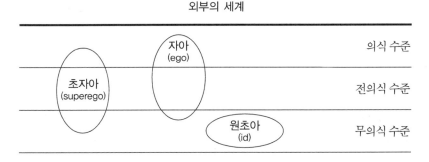

[그림 3-1] 프로이트의 성격 위상

념, 감정 등을 찾으려고 시도한 것이다. 또한 무의식의 세계는 마음의 하층구조로서, 인간의 사고와 행위를 통제하는, 보이지 않는 힘이라고 간주하면서 자유연상법에 의하여 이를 탐구하였다. 그에 따르면, 인간의 정신세계는 의식 · 전의식 · 무의식의 세계로 나누어진다고 한다([그림 3-1]).

의식(consciousness)이란 자신이 주의를 기울이는 순간에 곧 알아차릴 수 있는 정신세계를 말하며, 대부분의 자아가 여기에 속한다. 전의식(preconscious)이란 주의를 집중하면 의식이 될 수 있는 정신세계의 일부분으로서, 주로 자아 영역에 속한다. 무의식(unconsciousness)이란 전적으로 의식 밖에 있기 때문에 자신이 전혀 자각하지 못하는 정신세계다. 자신은 자신의 무의식의 세계를 영원히 알지 못할 수도 있으며, 가끔 일부가 전의식으로 넘어가 의식되는 수가 있다. 무의식의 세계는 주로 원초아와 초자아로 구성되어 있으며, 행동과 사고를 좌우한다. 또한 방어기제와 전환적 신체증상을 형성하는 역할을 하기도 한다.

2) 성격의 구조

프로이트에 따르면 성격은 원초아, 자아, 초자아의 세 체계로 구성되어 있다. 이 체계는 역동적인 관계에 있으며, 인간행동은 결국 이 세 체계가 상호작용한 결과라고 할 수 있다.

원초아(id)란 정신 에너지(psychic energy)의 원천적 저장고라 할 수 있는데, 성격 형성의 에너지 근원이다. 이 원초아로부터 자아와 초자아가 분화된다. 원초아는 본능적인 욕구(주로 성욕과 공격욕)를 관장하는 곳으로, 세 체계의 활동을 위한 에너지인 리비도(libido)를 방출한다. 원초아는 쾌락 원리에 따라 작동된다. 즉, 원초아는 쾌락적 욕망은 곧 수행하지만, 고통스러운 것은 회피하려 든다. 또한 원초아는 현실에 대한 고려를 하지 못하고 다만 심상에 의한 비현실적인 방법으로 욕구를 충족하려고 한다. 예를 들면, 원초아가 어떤 긴장 상태에 놓이게 되면, 원초아의 성격상 외부 세계와의 교섭이 불가능하므로 심상이나 환상을 통하여 긴장을 해소하려고 한다. 이와 같은 원초아의 비현실적인 문제해결 과정을 일차적 과정사고(primary process thinking)라고 한다.

자아(ego)는 모든 사고와 추론을 통제한다. 자아는 보고 듣고 만짐으로써 외부세계를 배우고, 외부세계에서 원초아의 충동을 만족시키는 방법을 통제한다. 원초아의 욕구충족을 위해서는 현실과의 타협이 필요한 것이다. 그리고 이 필요에 대처하는 것이 곧 자아의 역할이다. 자아는 현실원리에 따라 행동한다. 즉, 자아는 원초아의 무분별한 만족 추구로 인해 야기될 수 있는 위험으로부터 개인을 보호해 준다. 예를 들어, 엄동설한의 산 속에서 길을 잃은 사람은 지친 나머지 졸음이 오게 마련이다. 이때 원초아는 잠이 들면 생명을 잃을 수도 있다는 현실적 고려를 하지 않고 무턱대고 자려고만 한다. 그러나 자아는 자신이 처한 상황에서 생명을 지키기 위해 온갖 노력을 다하며, 당연히 졸음을 쫓는 여러 방안들을 찾는다. 이처럼 자아는 이지적 추론에 의해 안전하고 성공적으로 갈망을 만족시킬 수 있을 때까지 원초아의 갈망을 지연시키려고 노력한다. 이러한 유형의 현실적 사고를 이차적 과정사고(secondary process thinking)라고 한다.

초자아(superego)는 도덕적 감시자로서 사회의 가치와 도덕이 내면화된 표상이다. 초자아는 자신의 행동이 옳은지 그른지를 가늠하면서 완벽함을 추구한다. 초자아는 양심과 자아이상이라는 두 측면을 지니고 있다. 초자아의 양심(conscience)은 잘못된 행위에 대해서 처벌을 받거나 비난을 받은 경험에서 생기는 죄책감과 결부된 것으로, 외부의 제재가 내면화된 것이다. 자아이상(ego-ideal)은 잘한 행위에 대해서 보상을 받은 경험으로 말미암아 형성된 이상적인 자아상이다. 초자아는 양심과 자아이상이 상호작용하여 인간행동의 도덕적 규제를 담당한다.

3. 성격 발달 단계

프로이트에 따르면 리비도는 일생을 통하여 정해진 일정한 순서에 따라 각기 다른 신체 부위에 집중되는데, 이를 **성감대**(erogenous zone)라고 불렀다. 또한 인간의 성본능은 아동기가 그 결정기이며, 아동기의 여러 단계에서 일어나는 경험이 성인이 된 후의 성격에 큰 영향을 준다고 한다. 또한 성감대의 위치가 연령에 따라 변하는데, 이에 준하여 성격의 발달 단계를 ① 구강기 ② 항문기 ③ 남근기 ④ 잠복기 ⑤ 생식기로 구분하였다(〈표 3-1〉).

표 3-1 프로이트의 성격 발달 단계

단계	쾌감의 부위 및 원천	성격 발달
구강기	입술: 젖 빨기 · 손가락 빨기 · 씹기	구강 수동적 성격 구강 공격적 · 가학적 성격
항문기	항문 근육: 대변의 배설과 보유	항문 보유적 성격 항문 공격적 성격
남근기	생식기	오이디푸스 · 엘렉트라 콤플렉스 양심(초자아) 발달
잠복기	성적 흥미나 관심의 일시적 억압 외계에서 쾌락 추구	사회성 발달 일상생활 기능 습득
생식기	생식기관의 성숙	이성적 관계 원만 · 책임감 발달 이타적 태도 · 이상적 성격 발달

1) 구강기

일반적으로 0~1세 사이는 **구강기**(oral period)에 해당되는데, 리비도가 주로 구강(입 · 혀 · 입술 등)에 집중되어 있다. 이 시기의 유아(乳兒)의 원초아는 깨물고 빨고 내뱉음으로써 쾌락을 얻는다. 이 시기의 유아는 각 단계마다 추구하는 바를 충분히 만족시킬 수 있어야 다음 단계로의 이행이 순조롭게 이루어진다. 만약 충분한 만족을 얻지 못해 욕구불만이 생기거나 혹은 특정한 쾌감에 지나치게 몰두하게 되면, 다음 발달 단계로 넘어가지 못하고 그 시기에 고착된다.

만일 구강기에 인공수유를 한다거나 혹은 수유시간을 너무 엄격하게 통제함으로써 젖을 빠는 데 있어서 욕구불만을 느끼게 되면, 유아의 성격 발달은 이 시기에 고착된다. 또한 젖을 너무 오래 먹이거나 손가락 빨기에 탐닉하도록 내버려 두어도 고착현상을 가져온다.

구강기에 고착하게 되면, 입술이나 손가락 빨기, 과식이나 과음, 과도한 흡연과 같은 구강기적 성격을 나타내게 된다. 예를 들어, 껌을 상습적으로 씹거나 과도하게 담배를 피우는 습관은 구강기에 이유 시기가 너무 이른 것에 기인하며, 남을 믿지 못하는 사람은 젖이 모자랐거나 혹은 수유 간격이 일정하지 않은 데에 기인하기도 한다.

2) 항문기

일반적으로 1~3세 사이가 항문기(anal period)에 해당되는데, 배설물을 보유하거나 배출하는 데에서 쾌감을 얻는다. 이 시기에는 대소변 가리기 훈련이 시작되는 것이 보통이며 만일 지나칠 정도로 엄격하게 대소변 훈련을 하게 되면, 성인이 된 후에도 고착현상이 나타날 수 있다. 이 시기에 고착된 결과로 형성되는 항문기적 성격은 대소변이라는 불결한 이미지와는 정반대로 깨끗한 것을 추구하는, 이른바 반동형성으로 말미암아 결벽성이 형성되기도 한다. 또한 대소변 통제 능력이 부족한 유아에게 배변통제를 강요하게 되면, 무자비하고 나쁜 기질의 성격이 형성된다.

대변과 관련된 쾌감은 배설을 참고 있을 때의 항문근육의 수축에서 오는 쾌감과 배설 후의 근육이완에서 오는 쾌감의 두 종류가 있다. 전자의 쾌감에 치우쳐 고착이 되면 인색한 성격의 소유자가 되기 쉽다.

3) 남근기

일반적으로 3~5세 사이가 남근기(phallic period)에 해당되는데, 주로 성기에 리비도가 집중되어 있다. 이 시기의 아동은 이성의 부모에 대해 현저한 애착을 보이면서 동성의 부모를 질투하게 된다. 프로이트는 이와 같은 애착과 질투를 남아에 대해서는 오이디푸스 콤플렉스(Oedipus complex), 여아에 대해서는 엘렉트라 콤플렉스(Electra complex)라고 불렀다. 그리스 신화에서 오이디푸스는 자신의 아버지를 죽이고 어머니와 결혼하였는데, 프로이트는 오이디푸스가 남근기에 해당하는 아동의 모델이라고 믿었다.

어머니에 대한 성적 애착과 아버지에 대한 적대감은 아버지와의 사이에 갈등을 야기한다. 남아는 그의 경쟁자인 아버지가 자기를 해칠 것이라고 생각한다. 또한 자신의 가장 중요한 부분인 성기를 없애버릴 것이라고 상상한다. 이러한 현상을 거세불안(castration anxiety)이라고 한다. 이 시기의 남아(男兒)는 거세불안에서 탈피하기 위하여 어머니에 대한 성적 욕망과 아버지에 대한 적대감을 억압한다. 동시에 어머니가 인정하는 아버지의 남성다움을 갖기 위한 방어기제로서 아버지에 대한 동일시를 하게 된다.

이 시기의 동일시는 아이가 부모와 같다고 생각하여 부모처럼 행동하거나 혹은 부모의 태도 · 사고 · 가치 등을 자기 것으로 내면화하고자 노력한다. 이러한 동일시 과정을 통하여 남아는 어머니에 대한 성적 욕구를 간접적으로 해결할 뿐만 아니라, 아버지로부터 올 수 있는 공격에 대한 불안도 해결하게 되며, 그 결과 성 역할을 배우고 터득하게 된다.

여자아이도 남자아이와 마찬가지로 엘렉트라 콤플렉스의 과정을 거치지만, 남자아이처럼 거세불안에 시달리는 일은 없다. 그 대신 자기에게 없는 남근에 대한 부러운 감정, 즉 남근조망(penis envy)을 갖기도 한다.

4) 잠복기

일반적으로 6~11세 사이가 **잠복기**(latency period)에 해당되는데, 이 시기의 아동은 성적 욕구가 철저하게 억압되므로 일종의 평온한 시기를 맞이한다. 앞의 세 단계에서 가졌던 성적 욕망들이 이제는 지적 탐색이나 운동 등으로 전환된다. 피아제의 발달 단계에 비추어 보면 구체적 조작기에 해당되는 만큼 주위 환경에 대한 탐색활동이 매우 활발한 시기다.

5) 생식기

일반적으로 12세 이후가 **생식기**(genital period)에 해당되는데, 이 시기의 아동은 사춘기가 시작되면서 성적 에너지가 다시 분출되고, 이성에 대한 진정한 사랑을 느낄 수 있게 된다. 잠복기 이전에는 자신의 신체에서 성적 쾌감을 추구하고 자기애착적인 경향을 보이지만, 이 시기에 접어들면 이성으로부터 성적 만족을 얻으려 한다. 이러한 의미에서 사춘기 이후를 이성애착기(heterosexual period)라고 한다.

그러나 모든 사람이 이성과의 성숙한 사랑을 이룰 수 있는 것은 아니다. 만일 남근기를 성공적으로 거치지 못한 경우에는 권위에 대한 적대감이 해소되지 않았을 뿐만 아니라, 동일시에 있어서도 혼란이 있기 때문에, 이 시기에 야기되는 성적 에너지를 원만하게 처리할 수 없게 된다. 그 결과, 반항이나 비행 또는 이성에 대한 불안 등을 나타내기도 한다.

오이디푸스(Oedipus)

테베의 왕 라이오스는 왕비 이오카스테 사이에 자식이 없었다. 델파이 신전에서 아들을 갖게 해달라고 빌었지만, "아들이 생기면, 그 아들은 장차 아비를 죽이고, 어머니와 결혼하리라."라는 무시무시한 신탁이 내려졌다.

파르테논 신전

마침내 아이가 태어났고 신탁을 두려워한 왕은 부하에게 아이를 죽이라고 시켰다. 그러나 부하는 차마 아이를 죽이지 못하고, 아이의 다리를 묶어 나무에 매달아 놓고 산을 내려왔다. 그 아이는 그 근처를 지나던 코린토스의 어떤 양치기가 발견하고 집에 데려와 키웠다. 산에서 발견될 때 발이 퉁퉁 부어 있었기 때문에 오이디푸스(oedipus: 발이 퉁퉁 부은 자)라고 불렀다.

오이디푸스는 자라서 자신에게 내려진 신탁을 듣고, 그길로 방랑의 길을 떠났다. 방랑 중에 어떤 노인과 싸우게 되었고, 노인과 그 부하들을 모조리 죽여 버렸다. 그 노인이 바로 라이오스로 오이디푸스의 아버지였던 테베의 왕이었다.

오이디푸스는 계속 방랑하여 테베에 도착하였는데, 거기에는 스핑크스라는 괴물이 살고 있었다. 스핑크스는 사람을 만났을 때 수수께끼를 내어 풀지 못하면 그 자리에서 죽여 버렸다. 그래서 이 무서운 괴물을 죽이는 사람이 그 나라에 홀로 남은 왕비를 차지하고 왕이 된다는 말이 떠돌고 있었다. 젊은 혈기의 오이디푸스는 스핑크스를 찾아가 마침내 수수께끼를 풀어 버렸다.

약속대로 오이디푸스는 왕위에 오르고 어머니이자 왕비인 이오카스테와 결혼하여 두 딸과 두 아들을 낳고 행복하게 살았다. 그런데 난데없이 테베에 전염병이 번지기 시작하여 많은 사람들이 죽자 오이디푸스는 델파이 신전으로 달려갔다. "아버지를 죽이고 어머니와 결혼한 무도한 인물 때문에 전염병이 번진다."는 신탁이 내려졌고, 이에 격분한 오이디푸스는 모든 신하들에게 그 무도한 자를 잡아 올 것을 명령했다. 신하들이 그 자를 조사하는 중에 모든 사실이 밝혀졌고, 충격을 받은 왕비는 자살하고, 오이디푸스는 자신의 눈을 뽑아 맹인이 되어 미치광이가 되어 떠돌아 다녔다.

엘렉트라(Electra)

그리스 군의 총지휘자이자 미케네의 왕 아가멤논은 클리타임네스트라 사이에서 이피게네이아, 엘렉트라, 오레스테스 3남매를 두었다. 아가멤논은 동생인 메넬라오스를 위해 복수전에 참가하였으나 그 결과가 만족할 만큼 좋지가 않았다. 그가 없는 동안 아내 클리타임네스라는 정부

아페아 신전

아이기스토스와 불륜을 저질렀다. 남편의 귀환이 가까워 오자 정부 아이기스토스와 공모하여 남편의 귀환을 축하하는 연회석상에서 남편을 죽였다. 그들은 아들 오레스테스도 죽일 셈이었다.

오레스테스의 누이인 엘렉트라는 그를 포키스 왕인 백부 스트로피오스에게 도피시켜 생명을 구하였다. 엘렉트라는 종종 종복을 보내어 동생에게 아버지의 원수를 갚을 의무를 상기시켰다. 오레스테스는 변장을 한 뒤 아르고스에 가서 스토로피오스의 사자라 칭하고, 어머니 클리타임네스트라

와 그녀의 정부 아이기스토스를 참살하였다. 그리고 오레스테스는 누이인 엘렉트라에게 자신의 정체를 밝혔다.

어머니를 죽게 한 엘렉트라는 절규하였다. "오오 아버님, 눈물겨운 나의 슬픔도 들어주소서. 두 자식이 아버님 무덤 위에서 탄식의 노래 부르고 있나이다. 똑같이 집에서 쫓겨난 우리 두 남매 의지할 곳은 오직 아버님 무덤뿐……." "오오, 잔인하고 뻔뻔스러운 어머니여, 마치 적병을 묻어 버리듯 시민들의 접근과 애도를 금지한 가운데 일국의 왕을, 그대의 남편을 눈물도 없이 묻어 버리다니!"

출처: 박경미 역(1998). 그리스 로마 신화(pp. 243-244). 서울: 혜원출판사에서 발췌, 일부 수정하였음.

4. 방어기제

자아가 불안감에 대해 합리적인 방법으로 대적하지 못할 때, 자신도 모르게 비현실적인 방법으로 불안감을 제거하려고 한다. 이와 같은 무의식적인 심리적 기제를 방어기제(defense mechanism)라고 한다. 방어기제는 ① 억압 ② 합리화 ③ 반동형성 ④ 투사 ⑤ 퇴행 ⑥ 감정전이 ⑦ 보상 ⑧ 치환 ⑨ 승화 ⑩ 히스테리 ⑪ 동일시 ⑫ 부정 ⑬ 주지화 ⑭ 주의획득 ⑮ 거부 ⑯ 격리 ⑰ 방랑 등 여러 가지 형태가 있다. 그런데 어떤 행동의 저변에는 여러 가지 형태의 방어기제들이 작용하고 있다. 다음에 열거하는 방어기제들은 분리된 별개의 것이 아닌, 복합적이면서도 역동적으로 작용하고 있는 것이다.

1) 억압

억압(repression)은 불안을 일으키거나 극도로 불유쾌한 생각들을 무의식의 영역으로 묻어 버리는 방어기제로서 일종의 무의식적 망각이다. 억압은 많은 경우

스트레스에 대한 유용한 적응방식이기도 하지만, 때로는 다른 새로운 문제를 일으킬 수도 있다. 시험을 두려워한 학생이 시험 날짜와 장소를 잊어버리고 있다가 더 많은 문제를 야기하는 경우가 그 좋은 예다. 또한 억압은 가끔 간접적인 형태로 표현된다. 체육 수업을 싫어하는 학생이 실수로 체육복을 준비해 오는 것을 잊어버린 경우, 그것은 실수라기보다는 억압된 감정의 간접적인 표현으로 해석할 수 있다. 한편, 억압된 불안은 무의식 수준에서 잠재 불안의 형태로 남아 있기 때문에, 심한 정신신체적 불안(psychosomatic anxiety)으로 변형되어 나타나기도 한다. 혼전의 동성애적 경험이 있는 중년 부인이 심장발작 증세를 일으킨다거나, 아버지에 대한 심적 적개심을 억압한 아들이 편두통 등 신체적 고통을 호소하는 것도 억압된 감정의 간접적인 표출로 해석할 수 있다.

2) 합리화

합리화(rationalization)란 정당하지 못한 자신의 행동에 그럴듯한 이유를 붙여 자신의 행동을 정당화시키는 것을 말하는데, 무의식적으로 일어난다는 점에서 거짓말과는 다르다. 거짓말은 의도적이지만, 합리화는 자기 자신도 의식하지 못하기 때문이다. 여자 친구로부터 절교를 당한 남학생이 마치 자신이 먼저 절교를 선언한 것처럼 그럴듯한 이유를 붙여 말하는 것도 합리화라는 방어기제로 이해해야 할 것이다. 또한 실력이 부족하여 시험에 실패한 학생이 시험문제가 잘못 되었다든지, 혹은 그날 자기의 컨디션이 좋지 않았다는 등의 이유를 대는 것도 합리화의 한 형태로 볼 수 있다. 〈이솝우화〉의 '신포도와 여우'도 합리화라는 방어기제의 좋은 예라 할 수 있다. 초등학교 시절, 이유도 모른 채 입가에 미소가 감돌았던 그 〈이솝우화〉의 세계로 돌아가 방어기제로서의 합리화를 생각해 보자.

신포도와 여우

햇볕이 쩅쩅 내리쬐는 여름날이었습니다. 여우는 먹을 찾아 숲 속을 온통 헤매고 다녔지만, 아무것도 얻을 수 없었습니다. 그래서 산 아래 마을로 내려가 보리라 작정하고, 수풀을 헤치고 나와 산길을 느릿느릿 걸어가고 있었습니다. 한참을 내려가다 보니 포도송이들이 주렁주렁 달린 포도밭이 나왔습니다. 포도송이들이 어찌나 먹음직스러운지 저절로 입 안에 군침이 돌 지경이었습니다.

"아이쿠 잘 됐다. 저걸 실컷 따먹어야지. 진작 이리로 올 걸. 아, 정말 목이 마르구나." 하고 중얼거리면서 여우는 포도밭으로 성큼 들어갔습니다. 그러나 포도송이들이 모두 높이 달려 있어서 여우의 키로는 도저히 닿을 수가 없었습니다. 여우는 몸을 뻗어 발돋움을 해 보기도 하고, 있는 힘을 다해서 펄쩍 뛰어 보기고 하였습니다. 그랬더니 가장 낮게 늘어져 있는 포도송이들이 손에 닿을 뻔하였습니다.

"이전에는 좀 더 힘껏 뛰어 봐야지." 하고 말하며 여우는 다시 한 번 뛰어 보았지만 앞서보다도 높이 뛰지는 못했습니다. 마침내 여우는, 포도가 너무 높이 매달려 있어 자신은 도저히 딸 수 없음을 깨달았습니다. 화가 머리 끝까지 치민 여우는 포도밭을 나오면서 이렇게 중얼거렸습니다.

"쳇, 그까짓 설익은 포도 나부랭이, 아마 너무 시어서 내 입맛에는 맞지 않을 거야. 욕심쟁이 새들이나 실컷 먹으라고 해야지. 새들이란 아무거나 가리지 않고 처먹으니까."

출처: 정성호번역센터 역(1993). 이솝우화(pp. 84-85). 서울: 오늘.

3) 반동형성

반동형성(reaction formation)이란 떳떳하지 못한 행동으로 말미암아 죄의식에 사로잡혀 있을 때, 이 죄의식을 본래의 행동과는 완전히 반대되는 행동으로 바꾸는 것을 말한다. 미혼모가 원하지 않던 아기를 오히려 지나칠 만큼 보호하고 익애(溺愛)하는 경우라든가, 혹은 전처의 자식을 무의식적으로 미워하는 후처가 자기 자식은 지나치게 익애하는 경우, 잔인한 성격을 가진 사람이 유난스럽게 동물애호를 주장하고 나선다거나, 강한 성적 충동을 가진 사람이 표면적으로는 극히 금욕적인 태도를 보이는 경우, 또는 잔악무도한 범죄를 저지른 사형수가 죄를 참회하고 안구를 기증하는 행위 등이 모두가 반동형성의 예라 할 수 있다. 그러나 선의의 인간행동을 반동형성의 관점에서 해석하는 것은 오류를 범할 수 있다는 점에 유의해야 한다.

4) 투사

투사(projection)란 사회적으로 인정받을 수 없는 자신의 행동이나 생각을 마치 다른 사람의 것인 양 생각하고 남을 탓하는 것을 말한다. 예를 들면, A는 B를 무의식적으로 미워한다고 하자. 그런데 A는 같은 학과의 동료인 B를 미워한다는 것이 의식적으로 용납이 되지 않는다. 따라서 거꾸로 B가 자기를 미워한다고 생각한다. 투사는 가끔 자아충족적 예언과 비슷한 성격을 나타낸다. 앞의 예에서 A는 자기 멋대로 지어낸 B의 적대감에 대해 대응수단을 취하게 되고, 이렇게 되면 B는 이제 실제적으로 A를 미워하게 된다. 따라서 A는 원래의 자기 생각이 옳았다는 결론을 내리게 된다. 투사는 투사하는 사람으로 하여금 오해를 불러일으키기도 한다. 어떤 부인이 다른 남자에게 매력을 느꼈을 때, 거꾸로 그 남자가 자기를 좋아한다고 생각하게 되고, 우연히 지나치다가 마주치는 경우가 있으면 그 남자가 자기를 쫓아다니고 있는 증거라고 생각하는 경우도 투사라는 방어기제로 해석할 수 있다.

5) 퇴행

퇴행(regression)이란 생의 초기에 겪었던 유쾌한 경험의 세계로 다시 돌아감으로써 불안이나 위협을 일시적으로 해소하려는 것을 말한다. 즉, 스트레스나 불안에 대응하기 위하여 초기 단계로 후퇴하는 것을 말한다. 동생을 보게 된 아이가 갑자기 어리광을 부리는 것은 동생에게 엄마의 정을 빼앗겼다고 생각하는 데에서 오는 불안감을 해소하고자 하는 방어기제로 이해할 수 있다. 또한 이웃집 남자를 사모하게 된 어떤 부인이 그 갈등을 해소하기 위해 그런 종류의 갈등이 전혀 없었던 소녀시절의 상태로 되돌아갈 수 있다. 그 부인은 소녀와 같은 옷차림 · 머리모양 · 취미 등을 택함으로써 현재의 갈등 상황에서 벗어날 수 있는 것이다.

6) 감정전이

감정전이(transference)란 감정을 다른 대상에게 표출하는 것을 말한다. 옛말에 사장이 부부싸움을 하면 말단 사원의 집에 쥐가 없어진다는 말이 있다. 부부싸움을 하고 회사에 출근한 사장이 화풀이를 부하 직원에게 하게 되고, 이 화풀이는 마침내 말단 사원에게까지 돌아온다. 화풀이 대상이 없는 말단

발차기 하는 고양이

사원은 집에 와서 개에게 화풀이를 하고, 개는 고양이에게, 고양이는 다시 쥐에게 화풀이를 하여 쥐가 없어진다는 것이다. 오늘날에는 보기 힘든 이 일화는 감정이 여러 대상으로 옮겨 가는 감정전이를 잘 말해 주고 있다. 또한 옛 애인의 분

위기와 비슷한 스타일의 사람에게 사랑을 느끼는 것도 감정전이의 한 예라고 할 수 있다.

7) 보상

보상(compensation)이란 자신의 약점이나 부족한 점을 다른 분야에서 능력을 발휘함으로써 보충하고자 하는 방어기제다. 이 보상이라는 방어기제는 특히 신체적 열등감을 가지고 있는 경우에 잘 나타난다. 키가 유난히 작은 사람이 자신의 신체적 열등감을 보상하기 위하여 업무나 인간관계에서 무의식적으로 지나치게 공격적이거나 적극적인 태도를 보이는 행동도 보상이라는 방어기제로 설명될 수 있다.

8) 치환

치환(substitution)이란 원래의 목표를 보다 쉬운 목표로 전환함으로써 긴장을 해소하고자 하는 방어기제다. 그런데 치환은 본래 목표와 대용 목표가 매우 유사할 경우에만 나타난다. 우리나라 속담에 '꿩 대신 닭'이라는 말이 있다. 꿩(본래 목표)을 잡기가 어려우니까 닭(대용 목표)이라도 잡는다는 뜻으로, 치환이라는 방어기제를 잘 나타내 주고 있다. 또한 감정을 본래의 대상으로부터 덜 위험하고 다루기 쉬운 대상으로 돌리는 것을 말하기도 한다. 아버지로부터 꾸중을 듣고 난 직후, 잠시 동안 아버지를 미워하게 되었다고 하자. 그러나 아버지를 미워한다는 사실을 그대로 인정한다는 것은 그로서도 용납이 되지 않는다. 그와 같은 상황에서 동생이 농담을 걸었다고 하면, 그는 동생에게 예기치 않은 화를 내게 될 것이다. 아버지에 대한 감정이 동생에게로 대치된 것이다.

9) 승화

승화(sublimination)는 정서적 긴장이나 리비도의
충동을 사회적으로 인정받을 수 있는 행동방식으로
표출하는 방어기제를 말한다. 어떤 젊은 미망인이
봉사활동에 열성적이라면 승화의 한 예로 볼 수도
있을 것이다. 다 빈치(Leonardo da Vinci, 1452~1519)
의 성모 마리아 그림은 어린 시절에 헤어진 그의
어머니의 사랑을 갈망하는 것에 대한 승화로 보는
사람들이 많다.

〈젖먹이는 성모〉
레오나르도 다 빈치

10) 히스테리

히스테리(hysteria)는 어렵고 힘든 사태에서 잘 벗어날 수 있는 신체적 증상을
발달시키는 방어기제로서 꾀병과는 다르다. 꾀병은 고의적으로 아픈 척하는 것
이지만, 히스테리는 기질적 장애가 없는데도 실제로 신체적 고통을 느낀다는 점
에서 꾀병과 다르다. 이것은 전환(conversion)이라는 방어기제와 거의 비슷하다.
시험을 앞둔 학생이 갑자기 복통이나 두통을 호소한다거나, 전투에 나가기 직전
의 용사가 갑작스럽게 사지 마비를 일으키는 경우가 그 예들이다.

11) 동일시

동일시(identification)란 자기 자신을 자신이 존경하는 대상인 것처럼 생각함으
로써 만족을 얻는 방어기제다. 다시 말하면, 자신보다 뛰어난 어떤 개인이나 집
단과 강한 정서적 일체감을 형성함으로써 자신의 약점을 보완하고 간접적으로
욕구를 충족시키려는 경향을 말한다. 타인과의 동일시는 사회에서 통용되는 행

동양식이나 가치관을 획득하는 데에 중요한 역할을 한다. 어린이들은 부모·교사·연예인·사회 저명인사 등을 동일시 대상으로 삼는 것이 보통이다. 동일시는 대체로 건강한 적응기제라고 할 수 있으나, 지나치면 부적응 행동도 야기될 수 있다.

12) 부정

부정(denial)은 현실을 인정하기에는 너무 불안하고 고통스럽기 때문에 엄연한 현실을 인정하지 않으려는 경향을 말한다. 이 방어기제는 극단적인 현실왜곡이라고 할 수 있는데, 어머니가 사망했음에도 불구하고 돌아가신 것이 아니라 며칠 외국여행을 떠났다고 생각하는 경우가 그 예다. 이 방어기제는 정신병 환자에게서 흔히 볼 수 있는 현상이지만 일반인에게도 가끔 나타난다.

13) 주지화

주지화(intellectualization)는 주로 지적 수준이 높은 사람이 불안과 열등감을 피하기 위하여 일상적인 대인관계에서 자신의 전문 분야에서 통용되는 어려운 전문용어를 남발하거나, 궤변을 늘어놓

교수신문 선정
2015 올해의 사자성어

거나, 말을 장황하게 하면서 본질적인 문제와는 관련이 없는 논리를 전개하는 것과 같은 행동을 의미한다.

14) 주의획득

주의획득(attention)이란 남의 주의를 끌기 위하여 무의식적으로 별난 행동을 하려는 경향을 말한다. 이 방어기제는 남의 인정을 받으려는 욕구와 관련되어 있는데, 남의 시선을 끌기 위해 별난 옷차림을 하거나, 우스꽝스러운 몸짓을 하는 따위가 여기에 해당된다고 볼 수 있다.

15) 거부

거부(negativism)는 자신이 독립된 인간임을 표현하기 위하여 여러 가지 형태로 거부하거나 반항적 행동을 하는 것을 의미한다. 특별한 이유도 없이 음식을 먹으려 하지 않거나 대화하기를 거부하는 경우가 이에 해당되는데, 거부행동을 통하여 자존심을 보호하려는 것이다. 거부현상은 모든 발달 단계에서 볼 수 있지만 특히 청소년기에서 두드러지게 나타난다.

아폴로의 사랑을
거부하는 다프네

16) 격리

격리(isolation)는 개인이 불안을 유발하는 상황에서부터 자신을 신체적 · 물리적으로 차단시키려는 기제를 말한다. 청소년이 방과후 집에 돌아오자마자 자신의 방으로 들어가서 문을 잠그고 있는 행동은 격리라는 방어기제로 해석할 수 있다.

17) 방랑

방랑(nomadism)은 불안이나 위협
이 주는 상황으로부터 적극적으로
도피하려는 방어기제로서, 등교거부
나 가출 등의 형태로 나타난다. 사춘
기의 소녀가 아름다운 황혼의 노을
을 보고 어디론가 떠나버리는 경우
가 있다면, 우리는 아름다운 한 시절
의 방랑으로 감싸 주어야 할 것이다.

김삿갓 문학관 전경

5. 프로이트 이론에 대한 비판

프로이트의 이론에 대한 비판의 소리는 아직도 계속되고 있다. 신프로이트학
파에 속하는 프롬(Erich Fromm, 1900~1980), 야스퍼스(Karl Jaspers, 1883~1969) 등
은 프로이트의 이론에 대하여 다음과 같은 몇 가지를 지적하고 있다.

• 프로이트는 자신이 유태인인 관계로 그의 학설은 유태인에게 특히 강한 것
  을 침소봉대하고 있다.
• 인간의 정신과 행동에 대해 성(sex)을 너무 강조하고 있다.
• 정신분석은 딜타이(Wilhelm Dilthey, 1883~1911)의 양해(諒解)에 바탕을 두고
  있는데, 양해는 자연과학적인 설명과는 달리 비과학적이다.
• 프로이트가 관찰한 것은 옳기는 하나 그 해석 방법이 너무 생물학적이다.

이 밖에도 인간의 성적 욕망을 지나치게 강조하였을 뿐만 아니라, 인간을 성

욕과 거세불안에 지배되는 수동적이고 소극적인 존재로 보았다는 점에서도 비판을 받고 있다. 남아의 오이디푸스 콤플렉스나 여성에 대한 편견은, 문화비교 연구의 결과 보편성이 없음이 지적되고 있다. 또한 양심의 발달에 관해서는 주위 사람들의 격려ㆍ인정ㆍ처벌 등이 큰 역할을 한다는 사실을 무시했다는 점에 대해서도 반론이 제기되고 있다.

기본적으로 프로이트의 이론은 성인 환자의 치료과정에서 얻은 임상적 결과를 가지고 일반 아동의 발달과정을 역으로 추정하여 설명하고 있기 때문에 과학적 정확성의 결여가 가장 큰 결점이다. 그럼에도 불구하고, 프로이트의 이론은 성격의 발달과정을 설명하는 데에 있어서 불후의 업적을 남겼다. 그의 무의식에 관한 견해는 지금도 심리학이나 심리치료 분야에서 많이 활용되고 있으며, 의학에서도 중요한 위치를 차지하고 있다.

사람은 누구나 불안한 존재이기 때문에 본능적으로 불안을 느끼고, 이 불안에서 탈피하고자 방어기제를 나타내게 된다. 그런데 신체적으로 장애를 가지고 있는 사람들은 죽음의 본능에서 출발하는 불안 이외에 신체적 불리 그 자체에서 오는 불안도 지니고 살아가게 마련이다. 그래서 신체장애인은 일반인에 비해 방어기제가 더 자주 나타낼 것으로 추정할 수 있다. 우리는 정신분석학에서 말하는 방어기제를 이해함으로써 장애인에 대한 이해의 폭을 넓힐 수 있을 뿐만 아니라, 생활지도나 심리치료의 방향을 결정할 수 있을 것이다. 꿈의 해석이라든가 자유연상법 등은 검사가 곤란한 특수요구아동을 비형식적 방법에 의해 평가하고자 할 때에도 이용될 수 있다. 그러나 무엇보다도 부적응 행동에 대한 심리치료, 더 나아가서 장애아동의 상담 등에서 큰 위력을 발휘할 수 있을 것이다.

프로이트의 제자인 에릭슨은 정신분석이론을 발전적으로 확장시켜 심리사회적 이론(psychosocial theory)을 제시하였다.

에릭슨(Erik Homburger Erikson, 1902~1994)

프로이트 이론과 에릭슨 이론의 차이점

- 인간행동의 기초로 프로이트는 원초아(id)를, 에릭슨은 자아(ego)를 강조하였다.
- 성격발달에 미치는 요인으로 프로이트는 부모를, 에릭슨은 심리사회적 환경을 강조하였다.
- 프로이트는 남근기 이후에는 관심을 가지지 않은 데 비해 에릭슨은 유아기에서 노년기에 걸친 일생 전반에 관심을 가졌다.
- 프로이트는 청소년기에 관심을 가지지 않은 데 비해 에릭슨은 청소년기가 성격 형성에 중추적인 역할을 하는 것으로 간주하였다.

에릭슨 이론의 기본 관점

- 발달에는 자아가 핵심 역할을 수행한다.
- 발달에는 심리사회적 환경이 중요하다.
- 발달은 일생 동안 이루어진다.
- 발달은 단계별로 이루어진다.
- 발달은 점성적으로 이루어진다.[6]
- 발달에서 심리사회적 위기 극복을 중시한다.

심리사회적 발달 단계

- 제1단계: 신뢰감 대 불신감(출생~2세)

---

6) 점성원리(epigenetic principle)란 태아가 발달하는 과정에서 특정 시점에 특정 신체기관이 나타나고 점진적으로 태아로 '통합'된다는 원리를 말한다.

- 제2단계: 자율성 대 회의감/수치심(2~3세)
- 제3단계: 주도성 대 죄책감(3~6세)
- 제4단계: 근면성 대 열등감(6~12세)
- 제5단계: 정체성 대 역할 혼미(12~18세)
- 제6단계: 친밀감 대 고립감(성인 초기)
- 제7단계: 생산성 대 침체감(중년기)
- 제8단계: 통합성 대 절망감(노년기)

제**4**장

인지 발달: J. 피아제

피아제는 1896년 스위스의 뇌샤텔(Neuchatel)이라
는 작은 마을에서 태어났다. 아버지는 역사가였고 어
머니는 정서적으로 불안정한 여인이었던 것으로 알
려져 있다.

피아제는 어려서부터 과학자의 자질을 보였는데,
1907년 11세 때에는 알비노(albino)라는 참새의 서식
을 관찰하여 박물학 학술지에 기고하였으며, 1918년

피아제(Jean Piaget,
1896~1980)

21세의 나이로 뇌샤텔 대학에서 연체동물에 관한 논문으로 동물학 박사학
위를 취득하였다.

생물학에 전념하던 피아제는 지식이란 무엇인가 그리고 그것은 어떻게
획득되는가에 대한 답을 찾고자 노력하였다. 결국 23세가 되던 1920년, 아동
심리학 분야에서 처음으로 과학적 접근에 의해 '마음의 발달(the development

of mind)'을 연구하기 시작하였으며, 스스로 '발생론적 인식론(genetic episte-mology)'이라 불렀다. 그리하여 심리학 분야의 학사 학위조차 가지고 있지 않았으면서도 아동심리학자로서의 명성을 날리게 되었다.

피아제는 자신의 세 자녀를 연구 대상으로 삼아, 그 결과를 『지능의 근원 (The origin of intelligence)』, 『아동의 심리(Psychology of the child)』 등의 저서를 통해 발표하였다.

피아제는 아동심리학 분야에서만 40권 이상의 저서와 100편 이상의 논문을 발표하였다. 제네바 대학과 소르본 대학의 심리학과 교수, 과학교육연구소장, 국제교육 연구국장 등을 역임하였다. 1980년 9월 16일, 그가 임종하던 날까지 흩날리는 흰 머리카락, 파이프, 베레모, 자전거는 항상 그를 연상하게 하는 표상들이었다.

1. 발생론적 인식론

피아제(Jean Piaget)는 생물학 · 철학 · 아동심리학 등 다양한 분야를 섭렵한 학자로, 아동이 어떻게 세상을 인식하는가를 주로 탐구하였다. 그는 생물학 박사 학위를 취득한 후 심리학에 흥미를 느끼게 되었고, 자신의 세 자녀를 대상으로 한 관찰결과를 바탕으로 그의 초기 이론을 수립하였다. 그래서 피아제의 연구는 상당 부분이 생물학에 근거하고 있다. 특히 그는 지능이 생물학적 성장의 특수한 사례에 속한다고 가정하였다. 그가 자신의 이론을 정신적 발생론(mental embryology)이라거나 혹은 지능의 생물학적 이론이라고 불렀던 것도 이런 맥락에서다. 또한 피아제는 일생에 걸쳐 지식의 기원을 탐구하는 이론, 즉 지식의 범위 · 성질 · 근원 등을 탐구하는 철학의 한 분야라는 점에서 **발생론적 인식론** (genetic epistemology)이라고 불렀다.

1) 지능의 개념

지능(intelligence)이라는 말은 오늘날까지도 심리학에서 어떤 합의된 의미를 갖지 않은 채 광범위하고 다양하게 쓰이고 있다. 피아제도 이 점에서 거의 완벽한 자유를 누렸다고 할 수 있다. 그가 지능에 관해서 연구를 시작할 무렵인 1920년대에는 기껏해야 검사를 제작하는 정도의 연구, 그리고 성인을 상대로 초보적인 지적 과정을 탐색하는 단편적인 연구가 진행되고 있을 뿐이었다. 이러한 상황에서 피아제는 지능에 대한 정의를 성급하게 규정하는 것이 그의 탐구 과정을 오히려 제한할지도 모른다는 생각을 하였으며, 이와 같은 개방적인 태도는 그의 연구에 많은 융통성을 부여하였다. 피아제는 지능에 대해 다음과 같이 말한 바 있다(Piaget, 1970).

> 사실상 지능이라는 말은 하나의 집합적인 용어일 뿐이다. 이것은 여러 항목의 과정과 기제를 나타내는 데 쓰이며, 그 과정과 기제들의 의의는 그것들이 하나씩 분석될 때 비로소 분명해진다(p. 40).

피아제는 지능을 생물적 적응의 한 가지 특수한 사례로 간주한다. 즉, 지능이란 인간으로 하여금 환경과 능률적으로 상호작용하게 하는 일종의 생물적인 성취라는 것이다. 여기에서 '특수한 사례'란 지적 적응이 단순히 물질적인 것을 뛰어넘는 좀 더 고차원적인 적응임을 의미한다. 또한 피아제는 다른 측면에서 지능을 다음과 같이 정의하고 있다(Piaget, 1972).

> 지능이란 인지적 구조의 조직화와 평형화의 우월한 형태를 나타내는 하나의 발생적 용어일 뿐이다. 그것은 가장 고도로 발달된 형태의 정신적인 적응, 다시 말해서, 인식 주체와 우주 간의 상호작용의 범위가 좀 더 원격적이고 안정된 관계를 이룩하기 위해

서 직접적이고 순간적인 접촉을 초월할 때, 그들 간의 상호작용을 위해서 불가피한 도
구다. 한편 우리는 이 용어를 이와 같은 방식으로 사용함으로써 지능이 어디에서부터
시작되는지를 확정하는 문제를 피할 수 있다. 즉, 이는 어디까지나 하나의 궁극적인 목
표일 뿐이며, 그것의 근원은 일반적으로 감각 동작적인 것, 심지어 생물적 적응 자체의
것과도 구분될 수 없다(p. 7).

우리는 이 정의에서 피아제가 지능을 그것의 발생과 관련하여 규정짓고 있음
을 알 수 있다. 우리가 어떤 적응행동에 대해서 '지적(intellectual)'이라는 수식어
를 사용할 때, 그것은 고도로 능률적이고 추상적인 수준의 것임을 의미하지만,
그 한계가 그렇게 분명한 것은 아니다. 사실 고도의 '지적인' 행동은 인간 발달
의 후반부에 성취되는 것이며, 거기에 도달하기까지는 그것보다 저차원의 적응
행동을 보일 수밖에 없다. 이러한 문제를 해결하기 위해서 피아제는 고급과 저
급을 굳이 구분하지 않고 그 연속선상의 어떤 인지적 기능이나 구조에도 지능이
라는 말을 확장하여 사용하는 편법을 적용하였다.

2) 지적 발달에 영향을 미치는 요인

인간의 지적 발달에 영향을 미치는 요인은 무엇인가. 피아제에 따르면, 인간
의 지적 발달 혹은 인지 발달은 타고난 유전적 기질과 환경과의 상호작용을 통
하여 결정된다. 그리고 지적 발달에 영향을 미치는 요인으로 성숙, 물리적 경험,
사회적 상호작용을 들고 있다.

첫째, 성숙은 유전적 요인으로서 주어진 단계에서 지적 발달의 가능성과 불가
능성의 한계를 규정해 준다.

둘째, 물리적 경험, 즉 감각적 경험이나 신체적 활동을 통하여 지적 발달이 이
루어지는데, 예를 들면 식탁을 손으로 만져 보는 등 감각적 경험을 통하여 그 물
리적 속성을 파악하게 되는 것이다.

셋째, 사회적 상호작용을 통하여 조절과 동화가 이루어지고 그 결과 지적 발달이 이루어지는데, 사회적 상호작용을 통하여 식탁에 앉아서 식사를 한다거나 식탁에 올라가서는 안 된다는 사회적 지식을 얻게 되는 것이다. 피아제는 이상의 세 가지 요인 중 어느 하나라도 결핍되면 지적 발달은 지연된다고 믿었다.

3) 주요 개념

피아제의 이론은 생물학적 개념들을 이용하여 설명하고 있기 때문에 매우 난해한 것으로 알려지고 있다. 따라서 그의 이론을 구성하고 있는 주요 개념들을 먼저 살펴보는 것이 도움이 될 것이다.

피아제의 인지 발달 이론의 중심 개념은 지능의 구조로서의 이해의 틀이라 불리는 도식(圖式)의 변용 과정이다. 이 변용 과정을 설명하기 위하여 피아제는 ① 도식 ② 동화 ③ 조절 ④ 평형이라는 독특한 개념을 사용하고 있다.

(1) 도식

피아제는 인간의 마음도 구조(structure)를 가지고 있다고 믿는다. 한마디로 도식(schema)은 인지적 구조(cognitive structure), 이해의 틀(frame of understanding), 지각의 틀 혹은 반응의 틀로서, 인간이 자신의 환경을 지각하고 이해하고 사고하는 방법을 의미한다. 다시 말해서, 도식은 개체의 인지 구조를 의미하며, 인지 구조의 변화는 곧 인지 발달을 의미한다.

도식은 본래 생물학에서 사용되어 온 개념이다. 동물의 창자는 그들의 환경에 적응할 수 있는 형태로 변천되어 왔다. 초식동물의 창자가 길다는 것은 환경에 효과적으로 대처하기 위한 생물학적 구조로 변천되어 왔음을 말해 준다. 이처럼 생물이 환경에 적응할 수 있는 생물학적 구조를 가지고 있는 것과 마찬가지로, 우리 인간도 환경에 '정신적'으로 적응할 수 있는 도식을 가지고 있다는 것이다. 즉, 인간 유기체도 환경을 변화시키고 환경에 적응하는 생물학적 구조를 가지고 있는 것이다. 인간이 사고와 행동을 조직하고 환경에 적응하는 성향은 연령에 따라 달라진다. 이것은 아동의 심리적 구조가 아동 자신의 경험적 활동에 의해 후천적으로 학습된다는 것을 의미한다. 따라서 도식이란 아동 자신의 경험적 활동에 의해 조직화된 행동 양식으로 볼 수 있다. 예를 들어, 유아는 장난감 자동차를 가지고 놀 때, 빵빵 소리가 나면 소리가 나는 대상을 바라보게 된다. 또한 어디에서 소리가 나는지를 알아보기라도 하듯 이곳저곳을 만져 보기도 하고, 던져 보기도 하면서 그 대상에 대해 알게 된다. 이처럼 대상과 상호작용하는 이러한 각각의 접근이 곧 도식인 것이다.

그런데 우리 인간은 태어날 당시에는 거의 도식을 가지고 있지 않다. 가지고 있다 할지라도 빨기 · 삼키기 · 잡기 등 반사적인 성격을 띠고 있다. 유아가 성장함에 따라 도식은 양적으로 증가할 뿐만 아니라 질적으로도 발달한다. 이 변화를 주도하는 과정이 곧 동화와 조절이다.

(2) 동화

피아제는 도식의 변용과정을 환경에 대한 적응과정으로 설명하고 있다. 또한 환경에 대한 적응과정은 동화과정(同化過程)과 조절과정(調節過程)의 상호작용에 의해 나타나는 결과로 간주한다. 즉, 인간은 외부 환경을 있는 그대로 수용하는 것이 아니라, 그가 가지고 있는 인지 구조에 따라 환경을 변용시켜 받아들인다. 그리하여 유

열과(裂果) 참외
탄소동화작용과 질소와의
균형이 깨지면 열과가 된다.

기체는 개체의 인지 구조를 통해서 외부 환경을 지각하고 이해하며 또한 그 환경에 적응하게 된다. 이 과정이 지적 측면에서의 **동화**(assimilation) 과정이다.[7]

---

7) 생물학에서 동화작용(assimilation)은 생물체가 외부에서 물질을 섭취하여 이것에 특정한 생화학적 변

어떤 어린이가 "네 발 달린 짐승은 개다."라는 자기 나름대로의 이해의 틀을 가지고 있다고 하자. 그러면 이 어린이는 현재 자신이 가지고 있는 도식에 따라 네 발 달린 짐승을 보면 모두 '개'라고 생각하게 된다. 이처럼 자신의 인지 구조 혹은 이해의 틀에 따라 외부 환경을 지각하고 이해하고 그 환경에 적응하는 과정, 즉 과거에 학습한 것을 새로운 상황에 활용하는 것을 동화과정이라 한다.

(3) 조절

어떤 아동이 새로운 환경에 처하게 되면, 이미 가지고 있는 자신의 인지 구조 혹은 이해의 틀로는 새로운 환경을 이해하기 어려울 것이다. 그러나 그 환경과 계속 상호작용을 함에 따라 그의 인지 구조는 서서히 변하게 될 것이다. 이처럼 인간은 외부 환경과의 계속적인 상호작용을 통하여 자신의 인지 구조를 변화시킴으로써 외부 환경에 적응해 나간다. 이 과정이 지적 측면에서의 **조절**(accomodation) 과정이다.

유기체가 환경의 변화에서 살아남으려면 유기체 자신이 구조적 변화를 도모해야 한다. 보호색(保護色)이 그 예인데, 같은 기능이 인간에게도 있다. 예를 들어, 신생아는 처음에는 무엇이든지 빤다. 그러나 어떤 것은 우유가 나오고 어떤 것은 우유가 나오지 않으면 신생아는 아무것이나 빨아서는 안 된다는 것을 알게 된다.

또 어떤 아동이 어떤 새로운 자극에 당면하게 되면, 그 자극을 이미 소유하고 있는 도식에 동화시키려고 할 것이다. 그러나 만약 아동이 새로운 자극을 동화해 낼 수 있는 새로운 도식을 가지고 있지 않을 경우에는 문제가 생긴다. 이때 아동은 새로운 자극을 받아들일 수 있는 새로운 도식을 만들어 내든지, 아니면 새

화를 일으킨 뒤, 자체의 구성물질로 변화시키는 현상을 말한다. 식물의 탄소동화작용과 질소동화작용 등이 여기에 해당된다. 간단한 화학 구조를 가진 화합물이 생체 내 대사에 의해 복잡한 구조의 화합물로 변화하는 과정도 동화작용에 속하며, 그 반응을 생합성(生合成)이라 한다. 탄수화물 · 단백질 · 지질(脂質) · 핵산 · 호르몬 등 많은 물질이 동화작용에 의해 생성된다.

로운 자극을 받아들일 수 있도록 이미 가지고 있던 도식을 변형하든지 해야 한다. 결국 조절이란 새로운 도식을 만들거나 낡은 도식을 알맞게 고치는 과정이라고 할 수 있다.

"네 발 달린 짐승은 개다."라는 도식을 가지고 있는 아동은 점차 성장함에 따라 그 도식도

보호색 개구리

변화되어 가게 마련이다. 즉, 네 발이 있어서 개와 비슷하지만 몸체가 크고 뿔이 있으니 '개'는 아니다. 그러므로 이때 '개'가 아닌 다른 것, 말하자면 '소'라고 바꾸어 생각하든지, 아니면 "네 발 달린 짐승 중에서 덩치가 크고 뿔이 있는 짐승은 소다."라는 새로운 이해의 틀을 만들어야 한다. 이처럼 새로운 도식을 만들거나 기존의 도식을 고치는 과정을 조절이라고 한다.

(4) 평형

피아제는 동화와 조절, 이 두 과정이 균형을 이루는 것을 평형(equilibrium)이라고 하였다. 또한 평형화(equilibration)라는 개념도 많이 사용되는데 그 의미는 유기체가 계속해서 평형의 상태를 추구하는 것을 말한다.

동화가 이미 갖고 있는 도식의 안으로 현재 부딪치고 있는 자극이 들어오도록 강요하는 것이라면, 조절은 새로운 자극에 알맞게 스스로 도식을 바꾸거나 새로 만들어 내는 것이다. 결국 동화는 양적 변화인 성장(growth)을, 조절은 질적 변화인 성숙(maturation)을 담당하고 있어 둘 다 지적 적응과 지적 구조의 발달을 맡고 있는 것이다.

동화와 조절은 인지 발달의 어느 단계에서도 변함없이 같은 기제로 나타나기 때문에, 피아제는 이를 기능적 불변성이라고 불렀다. 그런데 문제는 동화나 조절로서 이루어지는 순응과정이 기능적으로 변하지 않고 동일하다면, 도대체 어떻게 해서 인지 발달이 이루어지는가 하는 점이다. 이 물음에 대해 피아제는 다음과 같이 설명하고 있다. 즉, 주위의 사물들이 지니고 있는 새롭고 상이한 여러

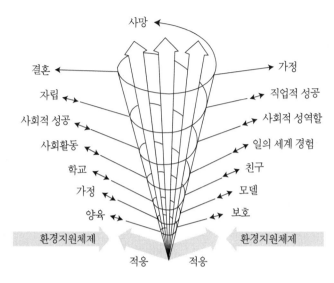

[그림 4-1] 피아제의 인지 발달 도식

특징에 대해서 조금씩 그리고 끊임없이 조절과정이 확대되어 간다. 그리하여 새롭게 조절된 한 특징이 기존에 이미 가지고 있는 도식에 부합하게 되면 그것은 곧 기존의 도식에 동화된다는 것이다. 이렇게 해서 일단 동화가 이루어지면 새로운 도식은 그 속에 새로이 조절된 특징이 내포되어 있으므로, 부분적으로는 이미 이전의 도식이 약간 바뀐 것이 된다. 이러한 변화를 통해서 또다시 조절의 확대가 가능하다(그림 4-1).

　동화와 조절의 상대적인 양도 매우 중요하다. 어떤 사람이 동화만 이루어질 뿐 조절은 전혀 이루어지지 않는다면, 그 사람은 몇 안 되는 대량의 도식들을 가지게 될 테지만 사물들 간의 차이를 알아내지 못하게 될 것이다. 반대로 조절만 이루어질 뿐 동화는 전혀 이루어지지 않는다면, 그 사람은 많은 소량의 도식들을 가지게 될 테지만 일반성을 갖기 힘들 것이다. 그런데 동화와 조절 중 어느 한쪽의 절대적 우세는 바람직하지 못하며, 두 과정이 조화를 이루는 것이 가장 이상적이다. 즉, 조절과 동화의 평형상태가 가장 바람직한 것이다.

2. 인지 발달 단계

피아제는 아동들에게 일련의 재치 있는 문제를 주고 그 반응을 알아보는 식의 실험연구를 통하여 지능 발달, 즉 인지 발달 단계를 구분하였다. 그는 여러 저서에서 인지 발달 단계를 어떤 때에는 3단계 혹은 4단계로, 또 어떤 때에는 5단계로 구분하였다. 그중 ① 감각운동기 ② 전조작기 ③ 구체적 조작기 ④ 형식적 조작기로 구분하는 것이 보통이다.

1) 감각운동기

감각운동기(sensorimotor period)는 출생에서 18개월 또는 2세까지를 일컫는다. 이 시기에는 조작(operation)이라고 할 만한 것이 없고, 다만 처음에는 생득적인 반사로부터 시작하여 학습에 의해 점차 유용한 행동을 나타내게 된다. 피아제의 용어에서 감각운동이란 감각적 경험 내에서 신체적 만족 욕구와 관련된 실제 세계를 창조하는 것이라고 할 수 있다. 이 시기는 한마디로 생물체적 감각이나 신체 운동에 의존하는 시기라고 할 수 있다. 이 시기의 중요한 발달은 감각기관으로 지각한 것과, 신체와 행동 간의 상호 협조를 이룩하는 일이다. 피아제는 이 시기의 영아들의 인지적 특성을 다음과 같이 주장하였다(김경중, 류왕효, 류인숙, 박은준 등, 1998).

- 외부 세계에 대한 영아의 반응은 거의 전부가 감각적 또는 운동적이다.
- 영아는 자극이 가해지는 어떤 것에나 즉각적으로 반응한다.
- 영아는 계획을 세우거나 의도적으로 행동하지 않는다.
- 영아는 물체에 대한 어떤 내적·상징적 표상 능력이 없다.

이제 갓 돌이 지난 유아가 라이터 불을 손으로 만져 보려고 한다. "불은 뜨겁다."라는 도식을 아직 획득하지 못했기 때문이다. 그래서 감각적으로만 지각할 수 있을 뿐이다. 그런데 라이터 불을 만져 본 후에 비로소 뜨겁다는 것을 느끼게 되고, 그래서 다시는 불을 만지려고 하지 않는다. 이제는 "불은 뜨겁다."라는 도식이 생겨났는데, 그 만큼 지적 발달이 이루어진 셈이다. 이와 같은 행동을 감각운동이라고 한다.

그렇기 때문에 피아제는 이 시기의 영아의 인지를 전상징적, 전표상적 또는 전반응적 감각운동 지능(sensorimotor intelligence)이라고 하였다.

감각운동기의 주요 특징 중의 하나는 대상영속성 개념이 발달한다는 점이다. 대상영속성(object permanence)이란 대상이 지각되지 않을 때에도 그 대상이 여전히 존재한다는 것을 아는 것을 의미한다. 피아제에 따르면, 대상영속성은 유아의 탐색활동에 의해 정의되는 일련의 단계를 거쳐 감각운동기 동안에 학습된다고 주장하면서, 18~24개월경에 완전히 성숙된 대상영속성 개념이 형성된다고 하였다.

- 0~2개월: 대상이 시야에서 사라지면 보는 것을 중단하고 다른 행동을 한다.
- 2~4개월: 대상이 사라진 곳을 잠시 동안 응시한다.
- 4~8개월: 일부가 가려진 물체는 찾아내지만, 완전히 가려진 물체는 찾아내지 못한다.
- 8~12개월: 다른 사람이 감춘 대상을 찾을 수 있게 되지만, 여러 번 옮겨 가면서 숨기면 찾지 못한다.
- 12~18개월: 몇 번씩 위치를 이동하여 숨겨진 대상을 찾을 수 있지만, 대상이 이동되는 것을 계속 지켜보고 있을 때에만 가능하다.
- 18~24개월: 완전히 성숙된 대상영속성 개념이 형성되어, 장난감을 담요 밑에 넣고 이 담요 속에서 장난감을 베개 아래로 넣은 다음 담요를 치우면 유아는 베개 밑에 있는 장난감을 찾아낼 수 있다.

2) 전조작기

전조작기(preoperation period)는 2세부터 7세에 이르는 취학 전 아동기에 해당
된다. 이때부터 언어·상징놀이·이미지(image) 등의 기호기능이 나타나기 시작
한다. 특히 2~4세 사이에는 언어가 빠른 속도로 획득된다.

전조작기에 해당하는 유아의 주요 특징은 다음과 같다.

- 자기중심적 사고: 모든 것을 자신의 입장에서 본다.
- 중심화 현상: 한 가지 측면에만 기준을 두고 다른 준거에 의해 추리하지 못
  한다.
- 상태와 변형의 무분별: 사물의 변화 전이나 후의 모습밖에 모른다.
- 불안정한 평형: 동화와 조절 사이의 균형이 잘 잡혀 있지 않다.
- 실제적 사고: 구체적 행위나 이미지를 통해서만 가능하다.
- 불가역적 사고: 물질의 수·양·길이·면적 등에 대한 보존개념이 부족하다.
- 비약적 추리: 귀납적 추리나 연역적 추리를 하지 못한다.
- 물활론: 세상 만물이 살아 있다고 생각한다.
- 꿈의 실재론: 꿈과 현실을 구분하지 못한다.
- 유목: 여러 개의 하위 유목들이 하나의 상위 유목에 포함된다는 것을 이해
  하지 못한다.

(1) 물활론

물활론(animism)은 세상 만물이 모두 살아 있다고 생각하는 사고를 말하는데,
대개 4~6세 무렵에 현저하게 나타난다. 피아제에 따르면, 유아는 생물과 무생물
을 구별하는 데 있어서 성인과 다른 방법으로 구별한다. 즉, 유아들은 생명이 없
는 대상에게 생명과 감정을 부여하는 식으로 생각하는 경향이 있는데 4단계를
거쳐 변화한다.

- 1단계(4~6세경): 모든 사물은 살아 있다고 생각한다.
- 2단계(8~9세경): 움직이는 것은 모두 살아 있다고 생각한다.
- 3단계(8~12세경): 스스로 움직이는 것만 살아 있다고 생각한다.
- 4단계(11~12세경): 생물만 살아 있다고 생각한다.

(2) 꿈의 실재론

꿈의 실재론(dream realism)은 꿈과 현실을 구분하지 못하는 것을 의미한다. 유아들은 자신의 꿈이 다른 사람에게도 보이며, 밤이나 하늘로부터 또는 창문을 통하여 들어오는 것이라고 생각한다. 또한 꿈을 꾸고 있는 동안 꿈이 자기 주위에 그대로 남아 있다고 생각한다. 이와 같은 꿈의 실재론적 사고는 6~7세경 또는 구체적 조작기가 되면 사라져서 꿈은 비실재적이라는 사실을 깨닫게 된다.

(3) 유목

유목(class)이란 같거나 유사한 것끼리 묶는 것을 말하는데, 유아들은 여러 개의 하위 유목들이 하나의 상위 유목에 포함된다는 유목포함(class inclusion)의 원리를 이해하지 못한다. 피아제는 7세가 되어야 유목포함의 원리를 이해할 수 있다고 하였다.

자폐성 유아 중에는 예전에 갔던 길을 끝까지 고집하며 오래전에 엄마와 시장에 갔던 길로만 가려고 하는 아이가 있다. 이러한 특성을 흔히 상동행동이라고 부른다. 그런데 이와 같은 상동행동을 피아제의 관점에서 분석한다면, 조절과 동화가 평형을 이루지 못한 결과로도 볼 수 있다. 다시 말하면, 전에 학습한 것을 실제 생활에 활용하는 동화 과정이 너무 지나친 결과 나타난 현상으로 간주할 수도 있다. 반대로 예전에 갔던 길보다 더 가까운 길이 생겼으면, 도식을 바꾸어 새로운 길로 가려고 하는 조절 과정이 상대적으로 빈약한 결과로도 볼 수 있을 것이다.

이상에서 본 바와 같이, 이 시기 아동의 사고는 아직 조작이 불완전할 뿐 아니라, 논리적이라고도 할 수 없으므로 이 시기를 전조작기라고 한다.

3) 구체적 조작기

구체적 조작기(concrete operation period)는 대략 7세부터 11세경까지이며, 심리도식은 환경을 나타내는 기호를 조작할 수 있을 정도로 발달한다. 따라서 전조작기의 특징에서 벗어나 더 발달된 사고를 한다.

구체적 조작기에 해당하는 아동의 주요 특징은 다음과 같다.

- **구체적 조작**: 일반적인 규칙이나 전략을 사용하여 외부 세계와 상호작용한다.
- **보존개념 획득**: 물질의 수 · 양 · 길이 · 면적 등에 대한 보존개념이 형성된다.
- **연역적 사고**: 귀납적 사고로부터 연역적 사고로 전환된다.
- **시간관념**: 전후(前後) 정도로 이해하던 시간관념이 과거 · 현재 · 미래 등으로 확대된다.
- **주관과 객관의 구분**: 자신의 판단과 다른 사람의 판단이 다르다는 것을 알게 된다.
- **탈중심화**: 자기중심성에서 탈피하여 타인조망이 가능하게 된다.
- **서열화**: 큰 것에서 작은 것으로, 작은 것에서 큰 것으로 차례대로 배열할 수 있다.
- **유목화**: 하위 유목과 상위 유목을 동시에 다룰 수 있다.

그러나 이 시기에 해당하는 아동은 구체적인 사물과 관련지어서만 조작이 가능하기 때문에 구체적 조작기라고 한다.

4) 형식적 조작기

형식적 조작기(formal operation period)는 11~12세 이후부터 청년기 사이에 해당된다. 이 시기의 아동은 현실 세계나 자기 개념의 체계에서 벗어나 추리하고 사고할 수 있는 능력을 습득하게 되고, 이념의 세계나 사상의 세계에서 생활하게 된다.

형식적 조작기에 해당하는 아동의 사고 특징은 다음과 같다.

- 가설적 · 연역적 사고: 가설을 세워 문제를 해결하려고 한다.
- 명제 간 사고: 명제 내 사고뿐 아니라 명제 간 사고도 가능하다.
- 조합적 사고: 문제를 해결하기 위해 여러 가지 해결책을 궁리하게 된다.

구체적 조작기의 아동은 경험적 귀납적(empirico-inductive)으로 생각하는 데 비해 형식적 조작기의 아동은 가설적 · 연역적(hypothetico-inductive)으로 생각한다. 가설 연역적 사고가 가능하여, 어떤 문제에 부딪히더라도 그에 대한 답을 얻기 위해 가설을 세우고 하나씩 검토해 나갈 수 있게 된다. 즉, 구체적 사물이 없어도 머릿속으로 생각할 수 있게 된다.

구체적 조작기의 아동은 명제 내 사고(intrapropositional thinking)에 머문 데 비해 형식적 조작기 아동은 명제 간 사고(interpropositional thinking)도 가능하다. 즉, 구체적 조작기의 아동은 단지 하나의 명제와 그 명제가 지칭하는 경험적 현실 간의 사실적 관계에만 주목하는 데 비해, 형식적 조작기 아동은 그것을 뛰어넘어 하나의 명제와 다른 명제 간의 논리적 관계에 대해서도 추리할 수 있게 된다. 예를 들어, '거짓말하는 것은 나쁘다'라는 명제와 '철수는 자주 거짓말을 한다'라는 명제가 주어졌을 때, 구체적 조작기의 아동은 두 명제 간의 관계를 추리하려고 하지 않고, 다만 거짓말하는 것은 나쁘고, 철수는 자주 거짓말을 한다는 사실만을 주목할 뿐이다. 그러나 형식적 조작기의 아동은 '그러므로 철수는 나쁘다'라는 두 명제 간의 논리적 관계를 추리할 수 있다.

구체적 조작기의 아동은 대상에 직접적으로 조작하는 데 비해 형식적 조작기의 아동은 더 높은 수준으로 조작하여 조합적 사고(combinational thinking)가 가능하다. 이 시기의 아동은 모든 가능한 관계나 조합을 빠뜨리지 않고 체계적이고 논리적으로 추리할 수 있게 된다. 예를 들어 보자. "인생은 짧고 예술은 길다."라는 말을 들었을 때, 구체적 조작기의 아동은 "인생은 짧다." 그리고 "예술은 길다."라고 단순히 생각한다. 그러나 형식적 조작기의 아동은 "사람은 유한적(有限的)인 존재다." "오늘 이 순간은 다시 오지 않는다." "인생은 짧으므로 오늘 하루하루를 보람 있게 보내야 한다." 등 그 말 속에 포함되어 있는 여러 가지 요소들을 생각할 줄 알게 된다.

3. 비판과 수정

피아제 이론이 교육학, 특히 유아교육이나 특수교육에 미친 영향은 매우 크다고 할 수 있다. 오늘날에도 특수교육 분야에서는 지적 장애아를 비롯한 발달지체 아동을 위한 교육내용 선정 등 여러 측면에 이론적 기초를 제공하고 있다. 그러나 피아제 이론에 대한 비판이 없는 것은 아니다.

피아제 이론의 한 가지 중요한 원리는 발달이 학습에 선행한다는 것이다. 피아제는 발달 단계가 크게 고정되어 있으며, 보존(conservation)과 같은 개념은 가르쳐질 수 있는 것이 아니라고 주장하였다. 피아제 이론에 대해 제기되고 있는 비판 중의 하나는 바로 이 발달 단계에 관한 것이다(Siegler, 1998).

피아제 이론에 대한 비판을 요약하면 다음과 같다(Eggen & Kauchak, 2004).

첫째, 피아제는 어린 아동의 능력을 과소평가했다. 3세 유아에게 보다 단순화된 수 보존과제, 예를 들어 6~7개로 사물을 구성하는 대신 3개 정도로 과제를 구성해 주면 주어진 과제를 성공적으로 해낸다는 것이다(Berk, 2003).

둘째, 피아제는 좀 더 나이가 많은 아동의 능력을 과대평가했다. 예를 들어, 중고등학교 교사들은 학생들이 추상적인 현상에 대해 논리적으로 사고할 수 있다고 생각하지만, 그렇지 못할 때가 많다.

셋째, 같은 사고라 할지라도 사고가 적용되는 대상의 특성에 따라 과제 수행 결과가 다르게 나타나는데, 피아제는 이러한 과제의 특성을 고려하지 않고 있다는 비판이 있다. 예를 들어, 구체적 조작기에 있는 아동은 수의 보존개념을 발달 초기에 획득하는 것으로 나타나고 있지만, 양의 보존개념은 발달 후기에 비로소 획득하는 것으로 보고되고 있다.

넷째, 아동의 논리적 능력은 피아제가 제안한 것보다 구체적 영역의 경험과 지식에 더 강하게 의존한다(Serpell, 2000). 예를 들어, 학생들은 적절한 경험이 주어지는 경우 비율추리 문제를 풀 수 있지만, 그러한 경험이 주어지지 않는 경우에는 풀지 못한다.

다섯째, 피아제 이론은 발달에 있어 문화의 영향을 적절히 고려하지 못하였다(Berk, 2003b). 문화는 아동이 겪게 되는 경험의 종류, 그들이 발달시키게 되는 가치, 그들이 사용하는 언어, 성인이나 다른 사람들과의 상호작용하는 방식을 결정짓는다.

비고츠키 발달 이론

비고츠키는 러시아의 심리학자로, 그의 이론이 서방에 소개된 것은 비교적 최근의 일이다. 피아제 이론이 1960년대부터 1970년대 사이에 발달심리학 분야를 풍미한 데 비해, 비고츠키 이론은 1970년대부터 시작하여 1980년대에 비로소 부활하였지만, 현재까지도 큰 영향을 미치

비고츠키(Lev Semionovich Vygotsky, 1896~1934)

고 있다.

비고츠키는 피아제와 대조적으로 인지 발달은 다른 사람들에 의해 전달되는 정보와 강력하게 연관되어 있는 것으로 보았다. 그러나 상징체계의 획득은 모든 아동들에게 불변의 단계적 순서에 따라 발생한다고 본 점은 피아제와 마찬가지다(Daniels, 2001).

비고츠키 이론의 주요 개념은 자기조절, 사적 언어, 근접발달영역 등이다.

자기조절

피아제는 발달이 학습에 선행한다고 보았기 때문에 특별한 인지 구조가 어떤 형태의 학습이 발생되기 전에 발달될 필요가 있다. 그런데 비고츠키는 학습이 발달에 선행하는 것으로 보았다. 또한 학습에는 교수를 통한 상징의 획득과 타인으로부터 정보를 획득하는 것이 포함된다고 하였다. 따라서 인간은 점차 타인의 도움 없이 사고하고 문제를 해결할 수 있게 되는데 이러한 능력을 자기조절(self-regulation)이라고 한다.

사적 언어

비고츠키 이론에서 언어는 학습 및 발달에서 핵심 역할을 수행하는 중요한 기제이다. 비고츠키(1962)에 따르면, 언어기능은 외적 언어에서 시작하여 사적 언어로, 나중에는 내적 언어의 순으로 발달한다. 여기에서 외적 언어(external speech)는 남에게 소리 내어 하는 말이고, 내적 언어(inner speech)는 자기 자신에게 소리 없이 하는 말을 의미한다. 그리고 사적 언어(private speech)란 일종의 혼잣말(self-talk)로 피아제의 '자기중심적 언어(egocentric speech)'와 비슷한 개념이지만, 단순히 의미 없이 중얼거리는 것이 아니라 자기조절의 시작을 의미한다는 점에서 다르다.

근접발달영역

근접발달영역(zone of near or proximal development: ZPD)이란 아동이 혼자서는 할 수 없지만 자신보다 유능한 타인의 도움을 받으면 할 수 있는 과제의 범위를 말한다(Bymes, 2001). 학습자들은 그들이 숙달해야 하는 각 과제에 대하여 근접발달영역을 가지고 있으며, 다른 사람의 도움을 받기 위해서는 그 영역 안에 있어야 한다.

비고츠키에 따르면, 학습은 아동이 근접발달영역 내에서 활동할 때 비로소 이루어지는 것이라고 믿었다. 근접발달영역 내에 있는 과제들은 아동들이 아직 혼자서는 수행할 수 없는 것들이지만, 동료나 성인들의 도움을 받으면 가능한 것들이다. 즉, 근접발달영역은 아동들이 아직은 학습하지 못한 것이지만 시간이 주어지면 학습이 가능한 것을 의미한다.

발판

발판(scaffolding)은 동료나 성인에 의해 제공되는 조력을 말하는 것으로 비계(飛階)라고도 한다. 본래 비계라는 말은 건축 용어로서, 콘크리트 구조물을 만들 때 콘크리트가 굳어질 때까지 구조물의 모양을 지탱해 주는 기능을 하는 거푸집이나 지지대를 말한다. 학습의 초기 단계에는 교사나 성인의 지도와 도움이 필요하다. 그러나 학습이 진전됨에 따라 비계의 필요성은 점차 줄어들게 된다. 전통적으로 발판은 아동에게 학습의 초기단계에는 많은 지원을 한 후, 점차적으로 지원을 감소시켜나가 아동이 스스로 학습할 수 있게 되면 스스로 책임을 지고 떠맡게 하는 것을 의미한다(Rosenshine & Meister, 1992).

제**5**장
생애주기별 발달 특성 및 요구

발달장애인도 일반인과 마찬가지로 생애주기에 따라 성장해 나가고 각 생애
주기마다 특징적인 발달 특성과 성취해야 할 과업이 있다. 한국에서 발달장애는
지적 장애와 자폐성장애를 의미한다. 지적 장애와 자폐성장애는 장애의 특성상
다른 장애에 비해 생애주기에 걸쳐 가족의 돌봄과 지역사회의 지원이 많이 요구
된다.

1. 영유아기의 특성과 요구

1) 특성

장애유형이나 정도에 따라 차이는 있으나 장애 영유아의 경우 일부 영역은 전
형적 발달을 하고, 또 다른 영역은 비전형적 발달을 보이는 경우가 많기 때문에

주양육자는 이 시기 발달영역과 전형적인 발달을 먼저 파악하고, 이를 기초로 자녀의 발달과정에서 나타날 수 있는 비전형적인 현상이나 장애를 이해하여 발달상의 지체를 예방하고, 발달을 촉진하는 양육을 하는 것이 필요하다. 영유아의 발달영역은 언어, 인지, 대근육 · 소근육 운동, 사회 · 정서, 자조기술 등의 다섯 가지 영역으로 나눌 수 있으며 주요 내용은 다음과 같다(이명희, 유영준, 백은령, 전혜인 등, 2012).

(1) 언어능력 발달

- 언어는 수용언어와 표현언어로 구분된다. 최근에는 언어 자체보다 이를 활용한 의사소통 기술이 중시된다.
- 수용언어: 자신에게 주어진 구어적/비구어적 정보를 수용하고, 이해하는 능력이다.
- 표현언어: 자신의 사고나 감정을 의사소통할 수 있는 능력이다. 발성, 단어, 몸짓 등으로 정보를 전달하기 위해 사용되는 행동을 말한다.

(2) 인지능력 발달

- 유아의 정신적 · 지적 능력을 의미한다. 생후 2년간 놀라운 속도로 인지기술이 발달하며, 행동 특성을 통해 평가가 가능하다.
- 인지 발달은 기타 영역의 발달과 밀접한 관련이 있어, 정상적인 인지 발달의 진보를 보이지 않을 경우, 사회적 기술 · 의사소통 발달에 부정적인 영향을 미치게 된다.

(3) 대근육 · 소근육 운동능력 발달

- 운동능력: 지식습득, 사회적 관계 형성을 위해 필요한 신체적 기반(움직임, 자세, 균형 등)을 제공한다.
- 대근육 운동: 이동, 구르기, 서기, 걷기, 던지기, 뛰기 등에 사용되는 움직임

으로 근육의 조절을 포함한다.

- 소근육 운동: 손, 발, 얼굴 등에 있는 작은 근육들을 사용하는 능력으로 잡기, 놓기, 쌓기, 끈매기, 자르기, 쓰기 등의 동작에 사용되는 기술이다.

(4) 사회·정서적 능력 발달

- 타인과 상호작용을 시작하거나 반응하는 기술을 포함한다. 특히 정서적 기술은 감정인식, 의사소통 능력, 타인의 권리 존중, 감정에 대해 행동하는 능력 모두를 포함한다.
- 또래와 협동적으로 놀이하고, 놀이를 공유하고, 차례를 지키게 하여 상호작용을 증진시킨다. 영유아에게 자신에 대한 좋은 감정을 가지고, 다른 사람에게 적절하게 표현할 수 있도록 해야 한다.

(5) 자조기술 능력 발달

- 자조기술은 독립적인 일상생활을 하는 데 필요한 기본적 기술로 영유아기에는 여러 영역의 기술 습득과 함께 향상된다.
- 먹기, 옷 입고 벗기, 대소변 가리기, 손씻기, 양치하기 등의 발달과 습득에 초점을 두어야 한다.

2) 요구

자녀가 장애진단을 받고 나면 부모는 체계적이지 않은 정보로 혼란을 겪는 경우가 많다. 장애 영유아와 가족들을 위한 교육 프로그램은 프로그램이 어느 장소에서 제공되는지, 장애 영유아의 다양한 필요와 요구에 맞는 프로그램인지, 부모의 선호도는 어떠한지 등에 따라 그 서비스 전달방식이 결정된다. 발달장애 자녀 어머니의 양육경험을 통해 도출된 주제를 살펴들을 살펴보면 전 생애에 걸쳐 발달과업에 따라 어떠한 양육부담이 있는지, 또한 그러한 가운데 뜻밖의 기

표 5-1	발달장애자녀 어머니의 양육경험을 통해 도출된 종합적 주제와 영역별 기술적 주제

종합적 주제 1: 전 생애에 걸친 양육부담과 양육만족의 끝없는 부침(浮沈)		
학령전기	장애에 대한 무지와 무시, 진단과정에서 겪는 혼란과 부인, 충격과 죄책감, 장애인정과 치료에 매달림, 아이가 삶의 중심이 됨	뜻밖의 기쁨과 자기성장
학령기	진학결정 어려움, 자녀의 험난한 학교생활 함께 버텨 냄, 공식적·비공식적 도움 받기와 불안한 휴식	
성인기	갈 곳 없는 성인자녀 부양 부담, 성인자녀의 막막한 미래에 대한 염려	
종합적 주제 2: 생애주기에 따른 적응과제와 어려움 및 지원과 대처전략 간의 역동적 상호작용		
어려움 가중 요인	스스로 알아서 대처해야 하는 열악한 여건, 가족의 몰이해와 비협조적 거부적 태도, 추가적인 양육비용, 돌봄으로 인한 직업 기회 제한, 사회적 편견과 차별, 전문가의 부적절한 태도와 전문성 부족	
사회적 지원	가족의 지지와 도움 제공, 다른 장애자녀 어머니들의 조언과 지지, 전문가의 적절한 도움	
대처전략	인식전환, 신앙에 의지함, 자조모임 참여, 자기 관리 및 개발, 자녀의 장애 공개하기, 장애인 인권과 복지 향상을 위한 공적 활동 참여	

출처: 김진숙(2015). 발달장애자녀 어머니의 양육경험: 질적 메타종합연구. 한국심리학회지: 상담 및 심리치료, 27(2), p. 471 에서 발췌하여 수정함.

뿜과 자기성장 등의 경험을 하게 된다(〈표 5-1〉).

「장애인 등에 대한 특수교육법」 제13조에 따라 최근 장애진단 시기가 빨라지고 있으나, 여러 이유로 적절한 중재를 조기에 받지 못하는 경우도 많다. 조기중재가 필요한 장애 영유아에게 발달의 특성상 서비스를 제공하기 위한 가장 좋은 장소는 많은 시간을 보내는 가정이라 할 수 있다. 따라서 영유아에게 가정중심중재가 제공되는 경우가 많다. 가정중심 중재는 부모의 참여를 통해 중재의 효과를 향상시킬 수 있어, 더욱 활성화될 필요가 있다. 가정중심 중재에서 부모의 역할이 매우 중요한 만큼 〈표 5-1〉에서 도출된 주제들에 대한 다양한 각도의 지원을 통해 장애 및 장애위험이 있는 영유아에게 적절한 교육적 접근을 통해 장애의 영향을 최소화하는 노력이 필요하다.

2. 아동기의 특성과 요구

1) 특성

아동기는 조직적 생활이 시작되는 초등학교 1학년부터 초등학교를 졸업하는 12세까지의 시기로 아동의 생활의 중심이 학교로 옮겨지게 되므로 학령기 또는 학동기라고 부른다. 영유아기를 거친 아동은 성장함에 따라 자립생활 준비를 위한 요구가 커지게 되는데 이때 요구되는 교육, 즉 자립생활을 위한 준비를 포함한 삶의 각 생애주기마다의 변화인 **전환**(transition)을 대비하는 교육을 전환교육이라고 한다. 「특수교육법」에 근거하면 중학교 시기부터 전환교육을 계획·실행하도록 하고 있으나 최근에는 초등학교 시기에는 전환교육을 준비하는 것이 더욱 바람직한 것으로 인식되고 있다. 특히 부모와 관련 전문가가 함께 참여하며, 지역사회를 기반으로 하는 실제적인 전환교육이 추진되는 것이 바람직하다. 아동기의 신체 발달, 사회 발달, 정서 발달, 인지 발달, 도덕성 발달에 대해 살펴보면 다음과 같다.

(1) 신체 발달
- 대근육기술 강화 : 자신감을 가지고 대근육의 기술을 사용한다. 방향이나 속도에 대한 조절 능력 강화하기, 물체 뛰어넘기 등이 있다.
- 소근육기술 강화 및 정교화하기: 원활한 소근육 사용하기, 쓰고 그리는 도구 사용하기
- 신체적 능력 향상을 위해 모든 감각 사용하기: 소리의 유사점과 차이점을 확인하기, 향상되는 기술을 사용하여 균형 잡기, 방향 잡기

(2) 사회성 발달

• 아동에게는 인격적 독립을 얻으며, 동년배 이성과 어울려 지내도록 배우는 것, 그리고 성역할을 배우는 것 등이 사회성 발달을 위한 과업으로 주어진다. 또한 아동은 자신의 성취에 대한 기쁨과 성인에게 인정받으면서 자신에 대한 가치감과 근면감을 형성하게 되며 또래집단의 영향이 더욱 중요해져 또래관계가 아동의 가장 큰 기쁨과 좌절의 근원이 되기도 한다.

• 이 시기 아동은 사회적 놀이 가운데 단체놀이를 좋아하게 되며 혼자서 하는 놀이나 집단놀이에 비해 규칙을 지키고 서로 간에 팀워크가 중요한 활동으로 꼽힌다.

• 아동의 성과 관련해서는 여아가 남아보다 친사회적으로 행동하게 되며 학교에서의 학업능력이 대체로 뛰어나고 교우관계도 갈등이 적어 남아보다 여아가 부정적 결과에 대하여 자신을 보호하고 건강한 발달을 증진시키는 경향이 있다.

• 아동기의 공격성은 점차 횟수가 증가하여 공격 횟수와 공격을 표현하는 방법은 양성 간에 다양하게 나타나며, 아동의 공격성은 부모와 자녀양육방식, 교사와 학생관계 그리고 텔레비전 폭력과 같은 접촉 등의 영향을 크게 받는다.

(3) 정서 발달

• 아동이 성장하면서 어떤 정서적 경험을 하느냐에 따라 그 아동의 성격 발달에 큰 영향을 주게 된다.

• 아동기의 사회 정서 발달을 위한 구체적 목표
  - 자아존중감을 경험하게 하는 것으로 가족의 한 구성원으로서 자신을 확인하고 독립심을 증진시키며 자신감을 지니고 남에게 보여 주기, 자신의 권리를 옹호하기
  - 협동적인 친사회적 행동으로 타인 돕기, 성인과 자신 구별하기, 타인의 권리 존중하기, 타인과 긍정적으로 상호작용하기, 과업 완수를 위하여 타

인과 협동작업하기

- 삶에 대한 적극적 태도 보이기로 새로운 활동을 시도하고 일상생활에 참
여하며 교실 활동에서 흥미와 열정을 보여 주기도 하며 성인과 신뢰감을
형성한다.

(4) 인지 발달

- 학습에 대한 적극적 태도 발달: 발견, 모험학, 학습활동에 성공하기, 실수한
후에도 일을 계속하기
- 학습기술 강화: 질문하기, 형태, 배경 식별, 부분 및 전체 식별, 배열과 같은
지각운동기술 사용하기, 환경에서 새로운 어떤 것을 탐색하고 조사하기, 경
험 상기하기
- 논리적 기술 강화하기: 패턴을 인지하고 반복하기, 사건을 순서대로 배열하
기, 구체적 경험의 바탕 하에 간단한 인과관계 설명, 문제해결 확인하기
- 사물에 대한 개념, 정보습득: 시간 개념의 이해 설명하기, 환경 중에서 사물
의 이름을 알고 사용하기, 비교하기, 사회에서 일하는 사람의 역할 인식하기
- 언어적 의사소통기술 확장: 생각과 느낌을 자유자재로 말하기, 집단토론에
참여하기, 정확한 문법 사용하기, 경청하기

(5) 도덕성 발달

- 7~10세까지는 친구와의 규칙적응과 타율적 도덕성, 자율적 도덕성의 과도
기이며 10세가 지나고 나면 자율적 도덕성이 나타난다.
- 콜버그(Lawrence Kohlberg)는 피아제의 도덕성 발달 단계를 좀 더 자세히 나
누어 학령기는 개인의 관심에 따라서 도덕적 행위가 결정되는 전인습적 도
덕수준과 타인으로부터 승인이나 인정을 받고 비난을 피하기 위해서 규칙
을 지키거나 합법적 권위나 정당한 권위자의 지시나 규칙을 지키고자 하는
인습적 도덕수준에 있다고 한다.

2) 요구

장애 초등학생은 자립생활을 위해 여러 가지를 고려해야 한다. 이 시기부터 학교와 부모가 함께하는 노력을 고등학교까지 지속한다면 성과는 배가될 수 있다. 장애아동의 독립생활 혹은 자립생활능력을 향상시키기 위해서는 학령 전기부터 스스로 위생 관리하기, 주변 정리하기 등 자조기술을 잘 습득하도록 하는 것이 필요하다. 자조기술 훈련 내용으로는 식사훈련, 옷 입고 · 벗기, 몸단장, 용변(대소변)훈련 등이 있다. 장애아동은 다른 사람의 행동에 대한 관찰과 모방, 직접훈련을 통해 이러한 적응행동에 대한 기술을 습득해 나간다. 이렇게 스스로의 신변을 처리하는 자조기술은 자신의 환경에 바탕을 둔 체계적이고 집중적인 지도를 통해 기능습득이 더 잘 될 수 있도록 한다. 따라서 학교에서의 지도뿐만 아니라 가정 내에서도 부모와 가족의 적극적인 참여가 필요하다.

학교에서 개별화교육계획을 세울 때, 부모가 함께 참여하고 지역사회 내 다양한 기관과 연계하여 진행하는 것이 요구된다. 특히 내실 있는 전환교육의 실시를 위해서는 다음의 상황들이 고려되어야 한다. 첫째, 자녀가 다양한 환경(가정, 여가 · 놀이, 직업, 지역사회)에서 배우고 경험하도록 기회를 제공하는 생태학적 접근의 필요다. 둘째, 개인중심계획을 통해 자녀의 미래에 초점을 두고 준비해 가는 과정에서 발생할 수 있는 어려움을 확인하고, 대비하기 위해 장애자녀 당사자, 가족, 친구, 교사, 기타 유의미한 사람들을 포함시키는 노력이 필요하다. 셋째, 자기결정을 통해 개인이 자신의 삶을 통제하며, 성공적인 성인의 역할을 수행하도록 도와야 한다. 넷째, 자녀와 관련된 기관(학교, 복지관, 치료기관 등)들 간 긴밀히 협력하도록 하는 서비스 연계가 요구된다. 다섯째, 지역 내 기관들의 종류와 각각의 업무를 알고, 직접 경험해 보도록 하는 지역사회 경험이 요구된다. 여섯째, 보조공학(컴퓨터, 전자 보조도구 등)의 사용은 자녀의 기능적 능력의 향상을 돕는다. 일곱째, 자녀가 원하는 경우 직업학교, 전문대학, 대학 등에 진학할 수 있도록 중등 이후의 교육에 대한 계획과 지원이다. 마지막으로 부모와 가족은 장애자녀의 가장 중요한 지원자이므로 전환계획을 세울 때, 여러 전문가와 함께 참여하여 결정하도록 해야 한다.

3. 청소년기의 특성과 요구

1) 특성

청소년기는 아동기에서 성인기로 전환되어 가는 과도기적 시기다. 무엇보다도 이 시기는 성인기를 준비해야 하는 시기임을 고려하고 지금까지 진행해 온 치료나 교육의 경우 청소년 시기의 발달특성을 이해하고 여기에 맞추어 지원내용을 조정해야 한다. 하지만 장애로 인한 제한 때문에 스스로 기회를 찾고 탐색하는 데 한계가 있을 수 있으므로 지나치게 치료나 교육, 훈련 등에 몰두하기보다는 장애 당사자에 대한 충분한 이해를 기반으로 지원할 필요가 있다.

(1) 신체 발달
- 신체 발달의 특성: 청년기에는 신장, 체중, 골격, 생식기관의 발달, 호르몬의 변화 등이 두드러지며 이러한 신체 변화는 개인마다 속도가 다르다. 또한 시각과 청각, 이외의 감각 또한 최고로 민감해진다.
- 생활방식과 건강상태: 매일 규칙적인 식사를 해야 하며 고지방, 고당분의 간식을 먹지 말아야 한다. 흡연과 과도한 음주는 건강을 해치므로 피해야 하며 스트레스를 많이 경험할수록 질병에 걸릴 확률이 높다.

(2) 인지 발달
청년기에는 신체적 발달과 마찬가지로 지적인 인지 발달이 정점에 달한다. 청년은 추상적 사고가 가능한 형식적인 사고를 할 수 있으며, 자신의 견해뿐 아니

라 타인의 견해에서 자신을 평가할 수 있게 된다. 이 시기의 사고 특성은 추상적
사고, 가설적 · 연역적 사고, 체계적 · 종합적 사고, 은유적 의미를 이해하는 사
고 등이 발달한다. 형식적 사고가 발달한 후에는 인지 발달이 거의 이루어지지
않는다.

(3) 성격 발달

- 뢰빙거(Jane Loevinger)는 성인의 성장에서 자아의 역할을 강조한다. 자아는
성격에 대한 의식적인 통제를 발휘하도록 감독하는 역할을 한다. 유아기부
터 사춘기까지 아동의 자아는 주로 타인의 반응에 따라 자신을 비난하거나
인정하게 된다. 그러나 청년기에 도달하면 옳고 그름에 대한 내부적인 기준
을 마련하기 시작한다.
  - 첫 번째 단계는 양심적인 단계로 청년이 내부 기준을 갖고 개인의 이상과
  성취 그리고 특성을 측정해 보는 것이다. 어떤 상황에서는 옳은 것이 다
  른 상황에서는 잘못된 것이 되기도 함을 경험하면서 자기 비판 능력을 갖
  게 된다.
  - 두 번째 단계는 자율적인 기간으로 다른 사람을 비난하지 않거나 인정하
  면서 역설적인 관계를 이해하고 견뎌낼 수 있는 시기다. 이 시기에는 욕구
  와 개인적 이상 사이의 내부적인 갈등을 견뎌 낼 수 있으며 이를 보다 잘
  인식하게 된다. 그리고 사람들 사이의 다양성과 차이를 보다 잘 수용하게
  된다.
  - 마지막 단계는 통합적 단계로 이 단계의 성인은 자신과 타인 사이의 차이
  점을 인정할 뿐만 아니라 그것들을 가치 있게 여기고 즐긴다. 뢰빙거는
  이 단계에 도달한 사람을 성인 중 1% 정도로 추정한다.

2) 요구

청소년기는 다른 말로 사춘기라고 한다. 신체적·인지적·성격적 발달이 가장 뚜렷하게 일어나는 시기이기 때문에 개인의 특성에 따라 다양한 방식의 지원이 필요하다. 먼저 이 시기는 호르몬의 변화로 신체적으로 큰 변화가 나타나는 시기이므로 개인의 이러한 신체변화와 관련해서 성교육이 필요하다. 성교육은 어느 한 가지 방법으로 하는 것이 아니라 자녀의 특성에 따라서 다양한 방법으로 시도해 보는 것이 좋다.

첫째, 학교의 성교육 프로그램과 연계하여 지도하는 방법이 있다. 이는 학교에서의 성교육 프로그램 진행 여부를 확인하고, 학교교육 이후에 교육받은 내용을 환기시켜 어떤 내용을 공부했는지, 알게 된 것은 무엇인지에 대해 말해 보도록 하고, 그것을 매개로 대화를 이어 나가는 것이다.

둘째, 신체 부위의 명칭, 성추행, 성폭력 개념 등을 정확하게 알려 주는 것으로 그림·동영상을 활용하여 설명하는 것이다. 자녀가 다른 사람의 몸에 손을 대는 행동을 한다면(부모의 몸이라고 할지라도) 다른 사람의 몸을 만지는 것은 안 된다는 것을 알려 준다.

셋째, 대체 활동을 제공하여 지도하는 것이다. 자녀가 자신의 성기를 만지는 행동을 할 때, 지적하거나 꾸중하기보다는 자녀의 관심을 다른 곳으로 돌리고, 흥미를 가지는 다른 활동을 할 수 있도록 해 준다.

넷째, 자녀의 성에 대한 부모의 인식전환이 필요하다. 아이가 어른이 되어 간다는 것에 대한 인정과 적절한 대처가 필요하다.

다섯째, 이외에도 성관련 교육·견학 가능 기관 등을 매개로 대화를 이어 가는 방법 등이 있다.

인지적 성격적 발달에 따른 자립생활 준비를 위한 지원도 요구된다. 발달장애인의 자립생활은 다른 사람과의 비교가 아닌 본인의 삶에서 어제와는 다른 오늘, 오늘보다 나은 내일을 지향해 나가는 것이라고 이해할 수 있다. 따라서 장애자녀의 미래목표를 자립생활에 두고, 준비할 수 있도록 해야 한다. 또한, 개인이 살아갈 사회의 환경적인 측면들이 변화될 수 있도록, 다양한 법적·제도적 측면, 지원 프로그램 마련 등의 준비도 진행해 나가야 한다. 이때 부모의 장애에 대한 인식과 태도가 매우 중요하다. 지나친 과잉보호나 방임 모두 자립생활에 도움이 되지 않는다. 지속적으로 자녀에 대한 기대감을 표현하고 자녀의 꿈을 이해하고 지원한다면, 자녀는 장애는 가지 고 있지만 자신을 사랑하고 자립심을 가진 성인으로 성장할 것이다. 자립생활을 위해 부모와 자녀가 준비해야 할 사항은 다음과 같으며, 무엇보다도 일상의 자연스러운 상황에서 체험하고, 반복될 수 있도록 해야 한다.

- 자립생활에 있어 부모의 장애관과 태도가 매우 중요하기 때문에, 부모의 지속적인 자기점검과 성찰이 필요하다.
- 일상생활에 필요한 기술을 습득할 수 있는 기회를 가능한 많이 갖도록 한다.
- 의사소통능력 향상에 초점을 두되, 자녀에게 맞는 의사소통방법을 찾아야 한다.
- 자녀가 자기결정과 선택할 기회를 가능한 많이 경험할 수 있도록 한다.
- 자녀가 자기옹호와 주장을 할 수 있는 기회를 가능한 많이 갖도록 한다.
- 전환시기에는 좀 더 섬세한 접근이 필요하다.
- 권익옹호, 자립생활기술훈련, 활동보조서비스, 후견인 지원, 동료상담, 정보 제공, 생계 및 주거 지원 등 발달장애인의 자립생활을 위해서는 지역사회의 지원이 굉장히 중요하다.
- 이러한 지원이 가능한 사회가 될 수 있도록 제도와 법률을 변화시키는 부모들의 집합적인 노력이 필요하다. 이를 위해서는 부모 자조집단, 부모회 활동 등에 적극 참여할 필요가 있다.

발달장애인의 경우 스스로 미래를 세워 나가는 것이 용이하지 않거나 제한적인 경우가 많기는 하지만 구체적으로 계획을 세우고 한 가지씩 진행해 나가다 보면 어느덧 꿈꾸던 목표가 현실이 되어 있는 것을 볼 수 있을 것이다. 따라서 자립생활을 위한 계획 시 부모 혼자서 계획하기보다는 인생은 본인 당사자의 것이고 꿈도 당사자의 것이어야 할 것이다. 부모나 지원인력들은 조력자가 되어 준다고 생각해야 한다. 자녀의 미래설계를 위해 고려해야 할 사항은 다음과 같다 (서울시장애인가족지원센터, 2015).

- 자녀의 강점과 약점, 좋아하는 것과 싫어하는 것 등 자녀의 일상생활을 통해 자녀의 강점과 특성을 발견한다.
- 잘 할 수 있는 것, 자신 있게 할 수 있는 것, 자주 말하거나 표현하는 것, 적성검사나 흥미검사 결과 등을 통해 자녀가 가진 재능과 적성을 발견하기 위해 노력한다.
- 교육 · 치료 · 훈련 기록, 복지기관에서 작성한 자녀에 대한 계획 등 자녀와 관련된 자료들을 정리해서 프로파일을 만들어 둔다.
- 도와주는 사람, 연락처, 주소 등 자녀가 가지고 있거나 이용하고 있는 자원을 정리해 둔다.
- 자금 확보, 직업 · 주거 · 문화여가 프로그램, 미래계획 · 평생계획 수립을 지원해 주는 기관 등 지원제도와 프로그램을 알아본다.

4. 성인기의 특성과 요구

1) 특성

성인기는 보통 초기 성인기인 청년기(20~35세/40세)와 장년기(36세/41~65세)를 의미한다. 하지만 발달장애인의 노화는 비장애인의 경우보다 빨리 진행되기 때문에, 필요에 따라서는 노년기까지 확장하여 고려해야 한다. 청년기는 직업과 결혼을 통해 부모로부터 독립하여 가정을 이루고 부모가 되는 시기로 사회적인 관계의 폭도 넓어진다. 장년기는 인생의 황금기이자 쇠퇴기로 직장에서의 성공과 은퇴, 자녀의 성장과 독립 후, 다시 부부만 남는 시기다. 또한 신체적 노화가 시작되어 건강상의 문제가 발생하기도 한다. 노년기는 사회적 활동과 관계의 폭이 좁아지기 때문에 재정상태가 나빠지고 외로움이 발생하는 등 심신의 건강상태가 취약해질 수 있어, 이에 대한 개인적·사회적 준비가 필요한 시기다. 발달장애인의 경우, 장애의 특성으로 인해 일반적인 발달상의 특성이나 과업과는 차이가 있기도 하지만 '자립생활, 일과 여가, 이성교제와 성, 결혼, 노화 등'은 발달장애인에게도 중요한 발달과업이다.

발달장애 성인은 증후군이나 장애와 관련된 생물학적 요인, 적절한 건강관리 부족, 라이프 스타일과 환경적 이슈 때문에 만성적 건강문제에 노출될 위험이 크다. 특히 비만과 심혈관계 질환이 대표적인 문제이며, 노화과정에서 신체적·인지적·기능적 감소, 위축된 사회적 지원체계로 인해 우울증에 노출되기 쉽다.

2) 요구

자립생활, 일과 여가, 결혼, 노화 등 성인기의 발달과업을 완수하기 위해 필요한 다양한 요구를 파악할 필요가 있다. 성인기가 되어 정기적으로 갈 곳이 없어진다는 것은 직접적인 보호부담이 가중되기 때문에 발달장애인 가족에게는 부가적인 어려움이 된다. 이러한 요구를 위해 첫째, 발달장애성인 평생교육 프로그램이 고려될 수 있다. 발달장애성인 평생교육 프로그램의 내용 구성은 다음의 내용을 포함하여야 한다(국립특수교육원, 2011). 발달장애성인들이 가지고 있는 지적결함, 사회성 부족, 주의집중력 결핍, 전이와 일반화의 부족, 운동능력 부족, 변화 및 대처의 어려움, 주의 산만 등의 특성을 고려하여 체험적 성격을 띠거나 일회성으로 끝나는 프로그램이 아닌 단계적이고 장기화될 수 있는 프로그램으로 재구성해야 한다. 또한 학령기 이후의 자립생활과 직업생활에만 초점을 맞추기보다는 학력보완교육 프로그램, 여가 및 취미생활 프로그램, 직업 및 취업교육 프로그램, 사회참여 프로그램을 포함해 이들에게 필요한 자기결정, 자기주장, 자기옹호, 자기관리, 자기존중 등의 내용도 필수적으로 포함되어야 한다. 이

표 5-2 발달장애성인 평생교육 프로그램 영역별 세부 내용 및 관련 지원 기관

영역	내용	관련 지원 기관	
		장애인 평생교육기관	일반 평생교육기관
학력보완교육	문해교육(기초학습기능), 정보화(컴퓨터)교육, 다양한 교과교육 등	특수학교, 장애인복지관, 특수교육지원센터, 장애성인 야학	일반학교, 원격형태 학교, 평생학습관, 시민사회단체 부설
직업 및 취업교육	기초직업기능훈련(직업태도 및 기초기능), 전문 기술훈련(공예, 포장, 조립, 운반, 제과제빵 등), 기업체 실습 등	장애인복지관, 직업재활시설, 고용지원센터, 직업능력개발원, 직업전문학교, 특수학교, 특수학교 학교기업, 전환교육지원센터, 전문계고(특성화고)	사업장 부설, 평생학습관, 도서관, 우체국 등 공공기관 고등교육기관(폴리텍대학 포함)
여가 및 취미생활	문화예술활동, 관광활동, 스포츠 활동 등	장애인복지관, 장애인 생활시설, 특수학교, 특수교육지원센터, 대학 평생교육원	일반학교, 평생학습관, 시민사회단체부설, 장애인단체
사회참여 프로그램	환경교육, 소비자교육, 자원봉사, 이성교제 및 성교육, 결혼준비, 종교활동, 의사소통, 지역사회 시설 이용 등	장애인복지관, 특수학교, 특수교육지원센터, 대학 평생교육원, 장애성인야학	일반학교, 평생학습관, 시민사회단체부설, 장애인단체, 병원, 보건소

출처: 국립특수교육원(2011). 특수학교 기반 발달장애성인 평생교육 지원 모형 개발 중 발달장애성인 평생교육 프로그램 영역별 세부 내용 및 관련 지원기관.

러한 프로그램을 개발할 때에는 지역사회 유관기관 간의 협의회를 통해 관련 정보를 공유하고 각 기관별 강점을 잘 살려 최적의 교육 서비스를 제공할 수 있도록 해야 하고, 프로그램의 공동 개발 및 운영뿐만 아니라 프로그램의 특성과 내용에 따라 유관기관 간의 협의회를 통해 관련 정보를 공유하고 각 기관별 강점을 잘 살려 최적의 교육서비스를 제공할 수 있도록 해야 한다(〈표 5-2〉).

또한 발달장애성인의 평생교육 프로그램의 효율적인 운영을 위해 다음 내용을 제안하였다(국립특수교육원, 2011).

첫째, 발달장애성인들이 그들의 특별한 요구에 적합한 교육을 받도록 양질의 평생교육을 제공하기 위해서는 평생교육을 담당하는 인력의 양적인 확충과 전문성 강화가 우선적으로 요구된다. 하지만 발달장애성인들의 평생교육을 지원할 수 있는 전문인력의 범위는 넓을 수 있으나 기관별 평생교육을 전담하고 있는 인력은 매우 부족하다. 장애성인 중 특히 발달장애성인에게는 적절한 교육·복지·고용 지원이 종합적으로 이루어질 수 있는 평생교육이 필요하며 체계적인 맞춤형 사례관리를 통한 질 관리가 요구된다(송소현, 김영미, 김영표, 나홍주 등, 2011).

둘째, 자립생활을 위해 직업을 갖을 수 있도록 발달장애인의 취업기회가 확대되어야 한다. 실습생이나 인턴, 정규직 등의 직위로 취업을 할 수 있는데 일(업무)은 비장애인들과 함께 할 수도 있고 장애인들과 함께 할 수도 있다. 전자를 일반고용(지원고용)이라고 하고, 후자를 보호고용이라고 하며 보호작업장과 근로작업장 같은 곳이 해당된다. 발달장애인이 일(직업)을 갖기 위해서는 고등학교 때부터 준비를 통해 할 수도 있고, 졸업 후 장애인 복지관이나 한국장애인고용공단 지사를 방문해서 도움을 받을 수 있다.

셋째, 발달장애인의 사회활동의 증가로 자연스럽게 이성을 만나게 되는 경우가 많아지고 있다. 부모들은 대개 자녀의 장애 정도가 중할수록 장애 자녀의 이성교제에 대해 부정적 태도를 보이며 발달장애인 간의 결혼과 출산에 대해 회의적인 태도를 보이는 경우가 많다. 하지만 발달장애인의 이성관계는 비장애인과 크게 다르지 않다. 따라서 이성교제는 더 이상 회피하거나 억압해서 해결될 사안이 아니며, 개인의 자연스러운 욕구이자 권리라는 입장을 취하는 편이 도움이 될 것이다. 이보다는 발달장애인을 대상으로 구체적인 성교육을 하고, 건강한 이성교제를 할 수 있도록 지원해야 한다.

넷째, 발달장애인의 기대수명이 길어짐에 따라 노년의 부모가 자녀를 부양해야 하며 부모 사후에도 살아갈 수 있는 준비를 해야 한다. 이러한 점 때문에 자녀에 대한 미래설계 내지는 평생설계가 필요하며, 미래에 대한 계획은 나이가 들어감에 따라 모든 사람들이 당면하는 과제이지만, 생애 전반에 걸쳐 특별한 지원을 필요로 하는 발달장애인과 가족에게는 매우 중요한 문제다. 부모 사후를 대비해서 세워야 할 계획은 '재정적 계획, 주거계획, 법적 계획'으로 구성된다(Smith & Tobon, 1989). 장애자녀는 인지능력의 한계로 독자적인 의사결정이 어렵고 의사결정을 한다고 해도 그 내용과 영향 등을 이해하는 데 한계가 있다. 따라서 부모가 장애자녀를 더 이상 돌볼 수 없을 때, 장애자녀의 최선의 이익을 위해 장애자녀의 권리를 대신 행사해 줄 수 있는 후견인을 지명할 필요가 있는데 이는 법적 계획 가운데 중요한 부분을 차지한다. 최근 우리나라에도 성년후견제도가 도입되어 발달장애인에 대한 법률행위를 조력 받은 성년후견, 일부분의 조력만 받는 한정후견, 일시적 또는 특정 업무에 대한 후원을 받는 특정후견, 장래의 정신능력 약화에 대비해 본인이 직접 후견인과 후견 내용을 정하는 임의후견 제도가 있다.

제 **3** 부

발달장애인 권리 보장 및 복지지원

제 **6** 장
발달장애인법

1. 법률의 추진 배경 및 의의

「발달장애인법」은 발달장애인의 권리와 복지에 관한 모든 사항을 규정하고 있는 법률이라 할 수 있다. 이 장에서는 「발달장애인법」의 추진 배경과 의의, 주요 내용에 대해 알아보고자 한다.

1) 입법 추진 배경

「장애인복지법」에 따른 등록 지적 장애인은 16만 2,749명, 자폐성장애인은 1만 9,524명으로 전체 발달장애인의 수는 18만 2,273명에 이른다(보건복지부, 2015). 그중 1급과 2급인 중증장애인의 비율은 59.1%로 전체 장애인의 1급과 2급 비율 21.4%를 상회하고 있는 것으로 나타나고 있다. 이는 발달장애인이 대체로 중증에 해당되고 있음을 말해 준다(보건복지부, 2015).

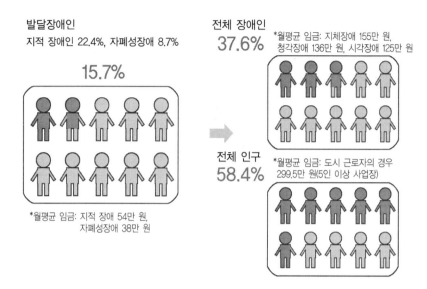

발달장애인
지적 장애인 22.4%, 자폐성장애 8.7%

15.7%

*월평균 임금: 지적 장애 54만 원,
　　　　　　 자폐성장애 38만 원

전체 장애인
37.6%
*월평균 임금: 지체장애 155만 원,
 청각장애 136만 원, 시각장애 125만 원

전체 인구
58.4%
*월평균 임금: 도시 근로자의 경우
 299.5만 원(5인 이상 사업장)

[그림 6-1] 발달장애인 고용률과 월평균 임금 비교

　　조홍식 등(2012)의 연구결과에 따르면, 발달장애인의 경우 장애로 인해 추가
로 발생되는 비용이 다른 장애유형보다 많고, 다른 장애유형보다 고용률이 낮으
며, 고용이 되어 있다고 하더라도 임금 수준이 더 낮은 것으로 파악되고 있다([그
림 6-1] 참고). 스스로를 보호하는 능력이 부족한 발달장애인은 학대나 성폭력,
인신매매 등 범죄의 피해자가 되기 쉽고, 식당, 병원 등 일상적인 시설을 이용할
때조차도 많은 차별을 당하고 있다(보건복지부, 2012). 각종 언론매체에서도 발달
장애인은 독립적인 인격체라기보다는 수동적인 존재로 묘사되고 있고, 이는 발
달장애인의 사회활동이나 권리 보장에 걸림돌이 되기도 한다(조홍식, 박희찬, 이
준영, 강상경 등, 2012).

　　그러나 발달장애인의 복지 현실 및 인권 침해 상황을 개선하기 위한 우리 사
회의 노력은 전체 장애인 복지 수준을 향상시키려는 노력에 비하여 크게 진전되
지 못해 왔다. 기존의 장애인 복지 정책은 신체적 장애인을 중심으로 한 복지 정
책이었으며, 개인별 특성과 요구에 맞춘 정책이라기보다는 다수를 차지하는 장
애유형을 지닌 사람들의 보편적 요구에 기반한 정책이었다. 반면 전체 장애인

중 소수를 차지하는 발달장애인이나 중증·중복장애인의 경우, 보편적 요구에 기반한 정책의 수혜 대상이었으나, 실제 필요로 하는 서비스와 정부가 제공하는 서비스 간의 불일치로 인하여 복지서비스의 소외 계층 또는 사각 지대로 존재해 왔다고 해도 과언이 아니다.

최근 잇따라 발생되고 있는 발달장애인 가족의 동반 자살 사건, 발달장애인의 실종 사건 등은 발달장애인의 현실을 고려하지 못한 공적인 복지 정책의 부재로 인한 사회적 타살이라고 간주되기도 하였다. 특히 지능검사 또는 적응행동검사 점수의 1, 2점 차이로 발달장애인의 장애등급이 결정되고, 결정된 장애등급에 따라 서비스의 양과 종류가 결정되는 현행 장애판정 및 서비스 운영 체계의 불합리성이 제기되고 있다. 이러한 장애인 복지서비스 체계는 개인차가 심한 발달장애인에게 적용하기 어렵고, 적용이 된다고 하더라도 서비스의 만족도를 떨어뜨리고 서비스의 비효율성이 심화될 것으로 예상된다. 미국, 일본 등 발달장애인 법률을 오래전부터 시행해 오고 있는 나라의 경우 발달장애인에 대한 다면적 사정을 통해 지원의 수준 또는 강도를 결정하고, 이를 고려한 개인별 맞춤 복지서비스를 제공하고 있다.

「발달장애인법」은 이러한 발달장애인에 대한 열악한 복지 환경, 심각한 인권 침해 문제 등을 해소하고, 발달장애인의 특성과 요구에 맞는 복지지원 체계를 구축하기 위해 추진되었다.

2) 법률 제정의 의의

「발달장애인법」은 발달장애라는 특정한 장애유형을 가진 사람들을 지원 대상으로 한 법률이다. 「정신보건법」을 제외하고 국내의 장애인 또는 사회복지 관련 법률은 모든 장애유형을 포괄해 왔다. 「장애인 차별금지 및 권리구제 등에 관한 법률」 등 권리 옹호와 관련된 법률 역시 모든 장애유형을 포괄하여 규정한 법률이다. 따라서 「발달장애인법」은 국내 최초의 특정 장애유형을 지원하기 위한 권리 보장과 복지서비스를 규정하기 위한 법률이라고 할 수 있다.

「발달장애인법」 제정은 발달장애인의 특성과 요구를 고려한 별도의 지원 체계 구축의 필요성을 우리 사회가 공식적으로 인정했다는 것을 의미한다. 또한 「발달장애인법」은 지금까지 신체적 장애를 중심으로 운영되어 온 우리나라 장애인 복지체계에 인지적 · 정신적 장애 영역의 새로운 중심 축을 형성하는 중요한 사회적 토대가 될 것으로 예상된다.

「발달장애인법」 제정의 의의를 권리 보장 및 복지서비스 측면으로 구분하여 제시하면 다음과 같다.

첫째, 권리 보장 측면에서는 발달장애인의 권리를 보다 체계적이고 섬세하게 보호할 수 있는 별도의 제도적 장치를 마련함으로써, 발달장애인의 인권 현실이 크게 개선될 수 있을 것으로 기대된다. 발달장애인에 대한 의사소통 지원, 발달장애인 전담검사 및 전담사법경찰관 제도 운영, 형사 · 사법절차상의 권리 보장, 발달장애인지원센터에 인권 침해 사건에 대한 조사권 및 보호조치 역할 부여 등은 발달장애인에 대한 신속하고 전문성 있는 권리구제 지원 활동을 촉진하는 데 기여할 것으로 예상된다.

둘째, 복지서비스 측면에서는 개인별지원계획의 수립 및 변경 · 수정을 통해 발달장애인의 개인적 복지 요구에 따른 맞춤형 서비스가 구현될 수 있을 것으로 기대된다. 기존의 분절적 형태의 복지서비스를 발달장애인지원센터를 중심으로 한 하나의 시스템을 통해 지원되고, 개인별지원계획 수립으로 개개인의 특성과 요구에 맞는 복지서비스 지원 계획이 수립될 수 있게 된다. 이러한 서비스 지원 체계의 변화는 발달장애인을 위한 원스톱형, 맞춤형 복지지원 체계를 구축하는 데 기여할 것으로 예상된다. 또한 행동발달증진센터 · 발달장애인 직업재활시설 · 발달장애인 평생교육시설 등의 별도의 발달장애인 복지 시설 운영, 발달재활서비스 확대, 여가 · 문화 · 예술 · 체육활동 지원, 소득보장, 거주시설 · 주간활동 · 돌봄 지원 등의 서비스 실시 등으로 인해 발달장애인의 특성과 요구가 고려된 새로운 서비스 등은 발달장애인의 지역사회 참여 및 삶의 질 제고에 기여하게 될 것이다.

2. 법률의 주요 내용

「발달장애인법」은 지난 2013년 6월, 전국장애인부모연대, 한국장애인부모
회, 한국지적장애인복지협회 및 한국자폐인사랑협회 등으로 구성된 발달장애
인법제정추진연대가 제안한 김정록 의원의 안과 2013년 12월 보건복지부가 준
비한 김명연 의원의 안이 병합, 심사되어 국회 보건복지위원회가 대안으로 마련
한 것이다. 2014년 4월 29일 국회 본회의를 통과하였고, 1년 6개월간의 유예기간

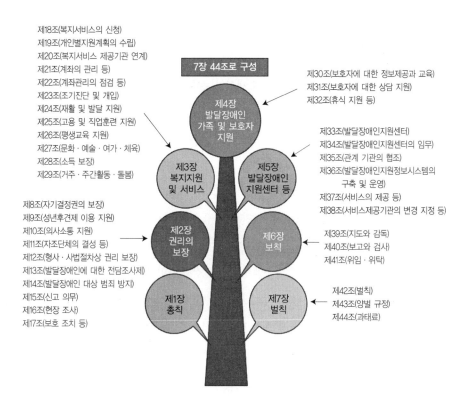

[그림 6-2] 발달장애인법의 조문 구성

후, 2015년 11월 21일부터 시행되었다.

이 법률은 크게 총칙, 권리의 보장, 복지지원 및 서비스, 발달장애인 가족 및 보호자 지원, 발달장애인지원센터 등, 보칙, 벌칙 등 7장 44개 조항으로 구성되어 있다(그림 6-2 참조).

1) 목적

법률의 목적은 제1조에 구체적으로 명시되어 있다. 제1조(목적)에 의하면 「발달장애인법」은 발달장애인을 대상으로 하여, 생애주기에 따른 맞춤형 지원 및 권리옹호 지원을 통하여 발달장애인의 사회 참여를 촉진하고, 권리 보호를 지원하며 궁극적으로 이들의 인간다운 삶을 영위하는 데 이바지하는 것을 목적으로 하고 있다.

일반적으로 사회복지 관련 법률의 목적 조항에서는 이 법률이 누구를 대상으로 무엇을 지원할 것인지에 대해 제시하여야 한다. 「발달장애인법」의 경우 발달장애인을 대상으로 권리옹호와 복지지원을 제공하겠다고 명시하고 있다. 또한 이 법률은 단순히 권리옹호를 지원하고 복지서비스를 제공하는 것보다는 발달장애인의 생애주기와 개인별 복지 요구를 고려하여 맞춤형 지원을 제공하도록 규정하고 있다. 이러한 내용은 그동안 발달장애인 서비스가 개별화된 맞춤형 서비스로 제공될 필요가 있음을 제안한 연구, 제안 및 요구 등을 반영한 결과라 할 수 있을 것이다.

또한 권리옹호 측면의 경우에서도 발달장애인의 의사를 최대한 존중하고 효과적으로 제공하도록 명시하고 있는데, 이는 발달장애인의 자기결정권을 인정하고, 이를 보장하기 위한 장치를 마련하기 위한 것으로 볼 수 있다.

2) 대상

「발달장애인법」의 수혜 대상은 발달장애인과 발달장애인의 보호자다. 먼저 발달장애인의 경우, 현행 법률에서는 발달장애인을 별도로 규정하고 있지 않으 므로, 이 법률에 발달장애인에 해당하는 장애유형을 〈표 6-1〉과 같이 정하였다.

〈표 6-1〉에서 제시한 바와 같이, 발달장애인에 포함되는 대표적인 장애유형 은 지적 장애인과 자폐성장애인이다. 지적 장애인과 자폐성 장애인에 대한 정의 는 「장애인복지법」 제2조 제1항의 [별표]에 제시된 장애인의 정의를 그대로 빌려 왔다. 김정록 의원 안에서는 발달장애인에 대한 정의를 미국, 일본 등의 사례를 참고하여 18세 이전에 나타나고, 지적 장애가 있거나 지적 장애를 동반한 장애 인으로 포괄적으로 정의하고자 하였다. 그러나 발달장애인을 별도로 규정할 경 우 기존의 「장애인복지법」상의 장애인 등록제도와의 혼란이 발생될 수 있다고 판단하여, 기존의 장애유형을 고려하여 발달장애인에 해당되는 장애유형을 표 시하는 것으로 조정되었다. 다만, 그 밖의 발달장애인이라는 규정을 별도로 명 시하여, 발달장애에 대한 비범주적 접근을 취함으로써 실제로 발달장애의 특성

표 6-1 「발달장애인법」에 근거한 발달장애인의 하위 장애유형 및 정의

장애유형	정의	근거
지적 장애인	정신 발육이 항구적으로 지체되어 지적 능력의 발달이 불충분하거나 불완전하여 자신의 일을 처리하는 것과 사회생활에 적응하는 것이 상당히 곤란한 사람	「장애인복지법」 제2조 제1항의 별표 규정
자폐성장애인	소아기 자폐증, 비전형적 자폐증에 따른 언어신체표 현·자기조절·사회적응 기능 및 능력의 장애로 인하 여 일상생활이나 사회생활에 상당한 제약을 받아 다른 사람의 도움이 필요한 사람	
그 밖의 장애인	그 밖에 통상적인 발달이 나타나지 아니하거나 크게 지연되어 일상생활이나 사회생활에 상당한 제약을 받 는 사람	별도의 대통령령

을 갖고 있으나 발달장애의 범주에 포함되지 못해 이 법률에서 정한 서비스를 제공받지 못하는 문제를 해결하고자 하였다.

미국의 연방법과 캘리포니아주법에서는 발달장애의 원인, 발현 시기, 발달장애로 인해 발생되는 특성 등을 충족하여야만 발달장애로 정의하는 반면, 일본의 경우 자폐, 아스퍼거증후군, 광범위한 발달장애, 학습장애 및 주의력결핍 과잉행동장애 등, 특정한 장애유형에 해당되고 저연령 시기에 발생하는 장애를 발달장애로 정의하고 있다. 미국과 일본의 사례를 놓고 보면, 대통령령으로 규정될 그 밖의 발달장애인은 18세, 22세 또는 저연령 시기에 발생되는 장애로 일생 동안 지속되고, 이로 인해 적응행동 등의 어려움을 갖고 있는 사람 정도로 접근해 볼 수 있을 것이다. 그렇다면 현재 발달장애의 범주로 포함되지 않은 지적 장애 또는 자폐성장애를 동반하고 있지만 지적 장애나 자폐성장애인으로 등록하지 않은 장애인이 그 밖의 발달장애인의 범주에 포함될 수 있을 것으로 예상된다.

「발달장애인법」의 주요 수혜 대상인 발달장애인에 해당하는 아동과 성인의 장애정도별 수는 〈표 6-2〉와 같다.

「발달장애인법」의 또 하나의 수혜 대상은 발달장애인의 보호자다. 「발달장애인법」에서는 보호자를 아동의 경우 주양육자, 성인의 경우 가족 또는 부양의무자로서 사실상의 보호자 또는 후견인으로 규정하고 있다. 다만 보호자가 없는 성년인 발달장애인의 경우 후견인이 선임되기 전까지는 지방자치단체의 장이 보호자로 지명하는 사람을 한시적인 보호자로 지정하고 있다. 지방자치단체의 한시적인 보호자 지정 규정은 보호자가 없음으로 인해 발생될 수 있는 문제점을 최소화하고, 제3자가 보호자가 됨으로써 발생될 수 있는 권리침해 사고를 사전에 예방하기 위해 도입된 것이다. 특히 「발달장애인법」 제22조(계좌 관리의 점검 등)에서는 발달장애인이 현금으로 지급받은 복지서비스의 예금계좌 관리를 임시 보호자가 맡을 경우, 지방자치단체의 장이 반드시 계좌를 점검하도록 강제하고 있어, 제3의 보호자에 의해 발생될 수 있는 금전 피해 등을 예방할 수 있도록 규정하고 있다.

2. 법률의 주요 내용 **135**

표 6-2 전체 등록 장애인 수 대비 발달장애인 수

구분		장애인 수			발달장애인 수									
					지적 장애			자폐성장애			계		
		남	여	소계	남	여	소계	남	여	소계	남	여	소계
아동	경증	18,716	10,823	29,539	9,925	5,361	15,286	1,244	137	1,381	11,169	5,498	16,667
	중증	28,451	15,205	43,656	12,161	7,540	19,701	8,181	1,633	9,814	20,342	9,173	29,515
	소계	47,167	26,028	73,195	22,086	12,901	34,987	9,425	1,770	11,195	31,511	14,671	46,182
성인	경증	1,118,704	811,647	1,930,351	34,629	21,707	56,336	1,444	131	1,575	36,073	21,838	57,911
	중증	283,007	207,906	490,913	54,467	16,959	71,426	5,760	994	6,754	60,227	17,953	78,180
	소계	1,401,711	1,019,553	2,421,264	89,096	38,666	127,762	7,204	1,125	8,329	96,300	39,791	136,091
계	경증	1,137,420	822,470	1,959,890	44,554	27,068	71,622	2,688	268	2,956	47,242	27,336	74,578
	중증	311,458	223,111	534,569	66,628	24,499	91,127	13,941	2,627	16,568	80,569	27,126	107,695
	소계	1,448,878	1,045,581	2,494,459	111,182	51,567	162,749	16,629	2,895	19,524	127,811	54,462	182,273

출처: 보건복지부(2015). 등록장애인 현황 자료. http://www.mohw.go.kr. 2016년 2월 11일 검색. 통계 자료 재구성.

3) 권리 보장

「발달장애인법」은 「장애인 차별금지 및 권리구제 등에 관한 법률」을 제외한 장애 관련 법률과는 달리 복지서비스보다는 권리 보장에 더 많은 비중을 두고 있다. 이는 법률의 명칭에 권리 보장을 먼저 제시한 것과 권리 보장에 관한 조문을 앞 순위로 배치한 것에서도 알 수 있듯이 이 법률은 **권리 보장에 관한 사항을** 강조하고 있음을 알 수 있다. 이는 그동안 발달장애인을 대상으로 발생되어 왔던 인권 침해 또는 범죄 피해를 최소화하고, 근본적으로 예방할 수 있는 법적 장치를 마련하고자 하는 의지가 반영되었기 때문으로 보인다.

「발달장애인법」 제2장 권리 보장 영역에서 규정하고 있는 권리 보장 유형에는 자기결정권의 보장, 성년후견제 이용 지원, 의사소통 지원, 자조단체의 결성 등, 형사·사법 절차상 권리 보장, 발달장애인에 대한 전담조사제, 발달장애인 대상 범죄 방지, 신고의무, 현장조사 및 보호조치 등이 있다. 발달장애인의 권리 보장을 지원하기 위하여 자기결정권 존중이라는 대원칙을 제시하였고, 이러한 자기결정권 행사가 어려운 발달장애인의 경우 후견인 지원을 통해 그 권리를 보장받을 수 있도록 하였다. 또한 의사소통 지원, 자조단체 결성 지원 등으로 발달장애인의 권리를 보장하기 위한 지원 환경을 마련하고자 하였고, 인권 침해에 대한 예방적 차원의 사항을 규정하고 있으며, 인권 침해 발생 시 대응할 수 있는 절차를 규정하고 있다. 이에 대한 구체적인 내용은 다음과 같다.

(1) 자기결정권의 보장

「발달장애인법」에서는 주거지 결정, 의료행위에 대한 동의 또는 거부, 타인과의 교류, 복지서비스 이용 여부 및 서비스 종류의 선택에 대해 발달장애인 스스로 결정할 수 있는 권리를 지닌다고 규정하고 있다. 발달장애인의 일상생활 및 지역사회 참여와 관련되어 스스로 결정할 수 있는 권리가 제한, 배제, 거부되어 왔던 영역 중 대표적인 생활 영역을 법 조문에 제시함으로써 이러한 생활에서 발달장애인의 자기결정권이 최대한 존중되는 방향으로 그 환경을 조성하여야 한다는 것을 명문화하였다.

또한 발달장애인이 특정한 상황에서 본인의 의사를 결정해야 하는 경우, 충분한 정보와 의사결정에 필요한 도움을 제공하지 않고 발달장애인의 의사결정능력을 판단해서도 안 된다는 것을 조문으로 제시하였다. 보호자가 발달장애인의 의사결정을 개입하려고 하는 경우에도 발달장애인이 의사결정능력이 충분하지 않다고 판단할 만한 상당한 이유가 있는 경우에 한해 지원할 수 있도록 규정하고 있다.

발달장애인이 어디에서 살 것인지, 치료를 받을 것인지, 누구와 만나고 활동할 것인지, 어떠한 서비스를 이용할 것인지 등에 대해 스스로 결정할 수 있고, 보호자는 특별한 경우에 한하여 발달장애인의 의사결정을 제한적으로 지원할 수 있게 되었다. 이러한 규정은 향후 발달장애인에 대한 권리구제 조치, 민·형사상 소송 과정에서 자기결정권에 대한 판단 준거로 활용될 것으로 예상된다.

(2) 정보 접근권의 보장

「발달장애인법」에서는 발달장애인이 읽고 이해하기 쉬운 형태로의 정책 정보 제공, 의사소통 도구의 개발 및 보급, 민원담당 직원을 대상으로 한 의사소통 교육 등에 관한 사항을 규정하고 있다. 발달장애인의 권리와 의무에 중대한 영향을 미치는 법령, 발달장애인에 대한 보육, 교육, 고용, 의료, 문화, 예술, 여가, 체육, 소득 보장 및 주거복지 지원 등에 관한 정책 정보를 발달장애인이 읽고 이해하기 쉽게 제작하여 발달장애인에게 배포하도록 규정하고 있다.

발달장애인이 자신의 의사를 원활하게 표현할 수 있도록 학습에 필요한 의사소통도구를 개발하고 의사소통 전문 인력을 양성하여 발달장애인에게 도움이 될 수 있도록 규정하고 있다. 이를 위해 교육부 장관은 발달장애인이 자신의 의사를 원활히 표현할 수 있도록 보조공학 기기 등을 개발하여 발달장애인에게 보급해야 하고, 특수교육 교원의 교육 및 연수 과정에 이와 같은 기기에 대한 활용

방법 등을 포함시켜야 한다.

행정 서비스에 대한 발달장애인의 접근성을 강화하기 위하여 행정자치부 장관은 민원 담당 직원이 매년 발달장애인의 의사소통 지침에 관한 교육을 실시하도록 규정하고 있다.

발달장애인의 의사소통 지원을 위한 이와 같은 규정은 「장애인차별금지법」에 규정된 정보 접근에 관한 사항을 발달장애의 특성과 요구를 고려하여 한층 강화시킨 조항이라 할 수 있다. 또한 읽고 이해하기 쉬운 형태로 제작된 정책 문서는 발달장애인과 읽기에 어려움이 있는 사람뿐만 아니라 누구나 정책 정보에 쉽게 접근할 수 있도록 보장한 보편적 설계의 원리에 입각한 조치라 볼 수 있다.

(3) 자조단체 결성 지원

「발달장애인법」에서는 발달장애인의 권익을 보호하고 사회 참여를 제고하기 위하여 자조단체(自助團體)를 결성하고, 이와 같은 단체에 대한 지원을 규정하고 있다. 이는 발달장애인의 자기옹호 및 타인에 대한 옹호를 동료가 지원할 수 있는 환경을 마련하기 위하여 자조집단을 발굴, 육성하고자 마련된 것이라 할 수 있다.

따라서 발달장애인의 권리를 단체를 통해 적극적으로 요구할 수 있고, 이러한 단체를 통해 발달장애인의 사회 활동과 참여를 촉진할 수 있을 것으로 예상된다.

(4) 인권 침해 예방 및 권리 구제 지원

「발달장애인법」에서는 발달장애인 대상 인권 침해 예방 및 피해 발달장애인에 대한 권리 구제를 지원하기 위하기 위하여 인권 침해 사건에 대한 탐문·조사, 신고의무제, 경찰공무원에 대한 인식 교육, 전담검찰 및 전담사법경찰관제도 도입 등을 규정하고 있다. 먼저, 인권 침해 사건을 예방하기 위하여 경찰청장, 해양경찰청장 및 제주특별자치도지사가 발달장애인 등에 대한 인권 침해 사건의 발생 사례가 없는지 관할 지역을 정기적으로 탐문하고 조사하도록 규정되었다. 특히 탐문, 조사 등의 행위는 최근 언론을 통해 보도된 염전노예사건 등 발달장애인에 대한 인권 침해 사건을 선제적으로 예방하는 데 효과적인 행위가 될 것으로 예상된다.

　이와 같은 인권 침해 사건이 발생되면, 이를 알게 된 사람은 누구든지 발달장애인지원센터 또는 경찰, 검찰 등의 수사기관에 신고하도록 규정하고 있다. 발달장애인 관련 종사자의 책무성을 높이기 위하여 발달장애인을 대상으로 한 인권 침해 사건을 알게 된 종사자는 반드시 신고하도록 규정하고 있고, 이를 위반할 경우 300만 원 이하의 과태료를 부과하도록 규정하고 있다(제44조 제1항). 관계 중앙행정기관의 장은 보건복지부령으로 정하는 바에 따라 위의 신고 의무 대상 인력의 자격 취득 과정이나 보수교육 과정 등에 발달장애인에 대한 유기 등에 관한 신고의무와 관련된 교육내용을 포함하도록 규정하고 있다. 한편, 발달장애인지원센터 또는 수사기관의 장이나 직원은 신고인의 인적사항 또는 신고인임을 미루어 알 수 있는 사실을 다른 사람에게 알려 주거나 공개하지 못하도록 하였고, 이를 위반할 경우 1년 이하의 징역 또는 1천만 원 이하의 벌금에 처하도록 규정하고 있다(제42조). 또한 경찰공무원을 대상으로 한 발달장애인 인식 교육 등을 규정하고 있다.

　법정에서 발달장애인이 재판 당사자가 되거나 증인이 될 경우 또는 수사기관에서 발달장애인을 조사하는 경우 보조인을 배치하거나 신뢰관계에 있는 사람을 동석하게 할 수 있도록 규정하고 있다. 발달장애인의 형사, 사법 절차상의 권리를 보장하기 위하여 전담 검사 또는 전담 사법경찰관을 지정하도록 하여 발달장애인을 조사 또는 심문하도록 규정하고 있다. 이때의 전담 검사 또는 전담 사법경찰관의 경우 발달장애인의 특성을 고려한 의사소통 방법 및 수사방법에 대한 교육을 받을 수 있도록 하고, 전담 검사 및 전담 사법경찰관에 대한 수당을 지급할 수 있도록 하였다.

(5) 인권 침해 사건에 대한 현장 대응절차 마련

　「발달장애인법」 제14조부터 제17조까지의 규정은 발달장애인에 대한 유기 등의 인권 침해 사건이 발생하는 경우 이에 대응하는 절차를 인권 침해 사건 신고, 현장 조사 및 피해자 지원으로 각각 명시하고 있다.

발달장애인에 대한 유기 등의 사건을 알게 된 사람은 수사기관이나 발달장애인지원센터를 통해 신고할 수 있도록 규정하고 있다. 국민 누구나 신고할 수 있도록 하고, 신고의무자를 두어 발달장애인의 범죄 행위에 대한 경각심을 불러일으키고 조기에 범죄를 차단시키고자 하였다. 또한 수사기관뿐만 아니라 발달장애인지원센터를 통해서도 범죄 행위에 대한 신고가 가능하도록 규정하고 있는데, 이는 수사기관으로의 신고, 접수에 대한 부담을 줄여 사건 인지 후 곧바로 신고가 이루어질 수 있도록 한 것이다. 「아동복지법」 및 「아동학대범죄의 처벌 등에 관한 특례법」에서도 수사기관 이외에 아동보호전문기관을 통해 아동 학대 범죄를 신고할 수 있도록 규정하고 있는데, 「발달장애인법」의 이러한 규정은 위의 법률을 참고한 것이다.

신고의무자의 경우 발달장애인과 직간접적으로 관련되어 있고, 발달장애인을 지원하거나 보호하는 사람 중 책무성을 가져야 하는 모든 사람을 대상으로 하고 있다. 김명연 의원 안에서는 신고의무자에 마을의 이장, 통장까지 포함시켰으나, 이장, 통장의 경우 다른 직종과 비교해 볼 때 공적 책무성을 부과하기 어렵다고 판단되어, 국회 심의 과정에서 삭제되었다. 대신, 신고의무자에 해당되는 사람은 발달장애인에 대한 유기 등의 범죄 행위를 알고 있었음에도 불구하고 그 사실을 수사기관 또는 발달장애인지원센터에 신고하지 않을 경우 300만 원 이하의 과태료를 부과할 수 있도록 하였다(제44조 제1항).

발달장애인에 대한 유기 등의 사고 신고를 접수한 발달장애인지원센터의 직원 또는 경찰서의 사법경찰관리는 곧바로 현장에 출동하여야 하고, 센터 또는 수사기관의 담당자가 함께 사건 현장에 출동하도록 규정하였다. 이러한 규정은 발달장애인에 대한 유기 등의 사고에 대한 전문성을 높이고, 공권력의 영향을 미칠 수 있도록 하기 위한 것이다. 이때 사법경찰관리는 경사, 경장, 순경 등과 같이 검사와 사법경찰관의 지휘를 받아 수사를 보조하는 사람을 말한다(「형사소송법」 제196조). 또한 센터 직원 및 사법경찰관리에게 유기 등의 행위 발생 장소에 대한 접근권 및 유기 등의 행위 관계인에 대한 조사권을 부여하였다. 조사권의 범위에 대해서는 명확히 규정되어 있지 않아 추후 논의가 필요할 것으로 예상되지만, 이러한 권한은 향후 장애인의 인권 침해 사건에 대한 적극적인 대응 시스템을 구현하는 데 중요한 전환점을 제공할 것으로 예상된다. 인권 침해 사건 발생 시 센터를 통해 신고가 가능하고, 센터의 담당자가 파견되어 사건 현장을 직접 조사하도록 규정한 것은 미국 「발달장애인법」에서 규정하고 있는 인권 옹호 및 보호 시스템의 규정과 유사하다.

미국 「발달장애인법」의 권리 옹호 시스템과 비교해 볼 때, 우리나라의 「발달장애인법」에 규정된 인권 침해 대응 시스템은 사건이 발생된 이후에 사건에 개입하고 조사할 수 있는 권한은 갖고 있지만, 그럴 만한 사건이 발생되었을 것이라고 예상되는 경우에 대해 해당 사건에 개입하고 조사할 수 있는 권한은 부여하고 있지 않다. 다만, 사건 발생이 예상되는 지역에 경찰이 정기적인 탐문을 하고 조사할 수 있도록 규정하고 있다. 또한 서비스 이용에 대한 어려움이나 불만 등을 접수하고, 이를 해결할 수 있도록 지원하는 규정도 포함하고 있지 않다. 「발달장애인법」에서는 발생된 인권 침해 사건에 대해 개입하고 조사할 수 있는 규정만 제시하고 있다.

발달장애인지원센터의 장은 유기 등의 피해를 당했거나, 가해자로부터 분리가 필요하다고 판단되는 발달장애인에 대하여 별도의 위기발달장애인쉼터 또는 의료기관에서 보호를 받을 수 있도록 조치를 취하여야 한다. 격리 또는 보호를 실시하는 경우 그 기간을 7일 이내(최장 14일까지 가능)로 제한하였고, 보호조치에 대한 사실을 지방자치단체의 장에게 통보하도록 함으로써, 이러한 격리 조치가 악용되지 않고 제한적으로 사용될 수 있도록 하였다. 발달장애인지원센터의 장은 격리 조치 기간 동안 피해 발달장애인이 기존의 시설로 돌아갈 수 있도록 준비해 주거나, 이것이 어려운 경우 장애인 거주시설, 성폭력보호시설, 가정폭력보호시설 등에서 보호받을 수 있도록 준비하여야 한다. 격리 조치 기간 동안

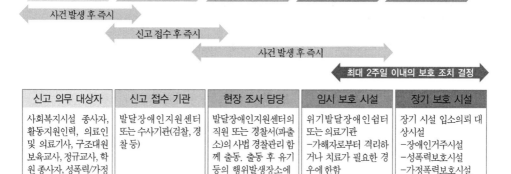

[그림 6-3] 발달장애인 인권 침해 사건 발생 시 대응 절차

에는 임시 보호시설로 위기발달장애인쉼터를 이용할 수 있도록 하였는데, 이때 위기발달장애인쉼터는 기존의 장애인 거주시설 중에서 지정하여 운영하도록 규정하고 있다. 또한 「발달장애인법」 제41조 제3항의 규정에 따라 위기발달장애인쉼터의 운영을 지역발달장애인지원센터의 장에게 위탁, 운영할 수 있도록 규정하고 있으므로, 위기발달장애인쉼터는 지역발달장애인지원센터가 직접 운영하거나, 지역발달장애인지원센터가 위탁, 의뢰한 관할 지역의 장애인 거주시설 중 한 곳에서 운영되어야 한다.

[그림 6-3]은 이상의 인권 침해 대응 절차를 도식화한 것이다.

발달장애인 인권 침해 사건 대응 과정에서 발달장애인지원센터의 임무가 많이 부과되어 있음을 알 수 있다. 발달장애인지원센터는 인권 침해 사건의 신고 접수기관이 되어야 하고, 센터의 직원은 사건 발생 현장에 사법경찰관리와 함께 나가야 하고, 현장 조사를 실시하여야 한다. 필요한 경우 위기발달장애인쉼터를 운영하거나 위탁 운영하도록 하여, 임시 보호가 필요한 발달장애인을 이 시설로 의뢰하여야 하고, 피해 발달장애인에 대한 장기간의 안정적 보호를 위하여 지방자치단체와 협의하여 구체적인 조치를 취할 수 있도록 노력하여야 한다. 이러한 임무를 놓고 볼 때, 향후 발달장애인지원센터는 발달장애인 복지 업무를 지원하고 조정하는 기능뿐만 아니라 발달장애인의 인권 침해를 예방하고 보호하며, 그 권리를 구제받을 수 있는 절차를 지원하는 권리구제 지원 기관으로도 기능할 수 있을 것으로 기대된다.

4) 복지서비스

「발달장애인법」에 따른 복지서비스의 제공 절차, 개인별지원계획 수립 · 시행 및 구체적인 복지서비스의 내용은 다음과 같다.

(1) 복지서비스의 제공 절차

「발달장애인법」에 근거하여 발달장애인이 신청할 수 있는 복지서비스는 기

표 6-3　발달장애인이 「발달장애인법」에 따라 신청 가능한 서비스의 종류

근거	명칭	서비스 내용	시행 현황
「장애인 활동 지원에 관한 법률」	활동지원 급여	활동보조, 방문목욕, 방문간호 등의 서비스	1급 및 2급 장애인에게 활동지원 판정 기준표에 따라 월 약 47시간에서 118시간까지 급여 제공(보건복지부 기준)
「장애아동복지 지원법」	발달재활 서비스	장애아동의 인지, 의사소통, 적응행동, 감각 · 운동 등의 기능향상과 행동 발달을 위하여 제공되는 서비스	월 22만 원 상당의 재활치료서비스 바우처 제공
	가족지원	장애아동의 가족의 양육방법 습득 및 가족 역량 강화를 위한 가족상담 · 교육 등의 서비스	지역별 장애인가족지원센터 운영 사업
	돌봄 및 일시적 휴식지원 서비스	장애아동 가족의 양육부담 경감 및 보호자의 사회활동 지원을 위한 돌봄 및 일시적 휴식지원	장애아가족양육지원사업(연간 320시간) 휴식지원 사업(20만 원)

	지역사회 전환 서비스	학교 졸업 이후 지역사회 전환에 필요한 주거·직업체험 등의 지원	시행하지 않고 있음
	문화·예술 등 복지지원	문화·예술·스포츠·교육·주거 등의 영역에서 필요한 서비스	시행하지 않고 있음
「사회보장 기본법」	사회보험	국민에게 발생하는 사회적 위험을 보험의 방식으로 대처함으로써 국민의 건강과 소득을 보장하는 제도	국민연금, 건강보험, 고용보험, 산재보험
	공공부조	국가와 지방자치단체의 책임 하에 생활 유지 능력이 없거나 생활이 어려운 국민의 최저생활을 보장하고 자립을 지원하는 제도	「국민기초생활보장법」에 따른 생계급여, 주거급여, 자활급여, 교육급여, 해산급여, 장제급여, 의료급여
	사회서비스	복지, 보건의료, 교육, 고용, 주거, 문화, 환경 등의 분야에서 인간다운 생활을 위하여 상담, 재활, 돌봄, 정보의 제공, 관련 시설의 이용, 역량개발, 사회참여 등 지원	사회서비스 바우처
「발달장애인법」	재활 및 발달지원	재활치료, 발달재활서비스, 문제행동지원	–
	문화·여가·체육·예술 활동 지원	영화, 전시관, 박물관 및 국가·지방자치단체가 개최하는 각종 행사 관람·참여·향유 지원. 발달장애인의 특성과 흥미에 적합한 방식으로 설계된 시설, 놀이기구, 프로그램 및 그 밖의 장비 지원, 생활체육 행사 및 관련 단체 지원	–
	보호자의 상담지원 및 휴식지원	보호자에 대한 전문적인 심리상담서비스 지원, 돌봄 및 일시적 휴식 지원서비스	–
	그 밖에 보건복지부장관이 정하는 서비스	시행령에서 추가 가능한 서비스 −조기진단 및 개입(제23조), 고용 및 직업훈련(제25조), 평생교육 지원(제26조), 소득보장(제28조), 거주시설·주간활동·돌봄지원(제29조), 보호자 정보제공 및 교육(제30조)	–

존의 「장애인 활동지원에 관한 법률」의 활동지원 급여, 「장애아동복지지원법」의 발달재활 서비스, 가족지원, 돌봄 및 휴식지원 서비스, 지역사회 전환 서비스, 문화·예술 등 복지지원 등, 「사회보장기본법」의 사회보험, 공공부조 및 사회서비스 등을 「발달장애인법」에 근거하여 신청할 수 있다. 또한 이 법에서 정하지 않았지만 그 밖에 보건복지부장관이 정하는 서비스를 신청 대상 복지서비스로 규정하고 있다. 「발달장애인법」에 근거하여 발달장애인이 신청할 수 있는 복지서비스는 〈표 6-3〉과 같다.

　발달장애인의 복지서비스 신청은 발달장애인 당사자가 할 수 있으나, 보호자가 이를 대신 신청할 수도 있다. 그러나 「발달장애인법」 제8조의 규정에 따라 상당한 이유가 있어야만 보호자가 대신 신청할 수 있도록 하였다. 또한 발달장애인에 대한 복지 사각지대를 최소화하기 위하여 보호자가 신청하지 않는 경우에도 사회복지 전담 공무원이 복지서비스를 직권으로 신청할 수 있도록 하였다. 구체적인 발달장애인 복지서비스 제공 절차를 도식화하면 [그림 6-4]와 같다.

　[그림 6-4]에서 볼 수 있는 바와 같이, 발달장애인, 보호자 또는 사회복지 전담 공무원이 시장, 군수, 구청장에게 복지서비스 및 개인별지원계획 수립을 신청하면 복지서비스 제공 절차가 시작된다. 시장, 군수, 구청장은 신청자의 복지서비스 대상 여부 및 복지서비스 내용을 결정하고, 관할 발달장애인지원센터에 개인별지원계획 수립을 의뢰하여야 한다. 발달장애인지원센터는 시장, 군수, 구청장이 결정한 복지서비스의 종류 및 양에 기초하여 발달장애인과의 협의를 통해 복지서비스 내용 및 방법이 포함된 개인별지원계획을 수립하게 된다. 발달장애인지원센터는 수립된 개인별지원계획에 대해 시장, 군수, 구청장에게 승인을 신청하고, 시장, 군수, 구청장은 적합성을 심사하여 개인별지원계획을 최종 결정한다. 발달장애인지원센터는 결정된 개인별지원계획을 발달장애인, 보호자 또는 사회복지 전담 공무원에게 통지하고, 개인별지원계획에 근거하여 복지서비스 제공기관과의 연계 작업을 실시하게 된다. 이때 발달장애인지원센터는 발달장애인 또는 보호자에게 복지서비스 제공기관에 대한 구체적인 정보를

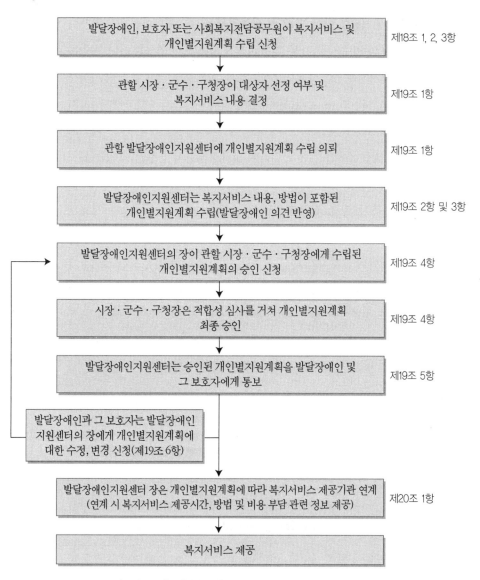

발달장애인, 보호자 또는 사회복지전담공무원이 복지서비스 및 개인별지원계획 수립 신청	제18조 1, 2, 3항
관할 시장·군수·구청장이 대상자 선정 여부 및 복지서비스 내용 결정	제19조 1항
관할 발달장애인지원센터에 개인별지원계획 수립 의뢰	제19조 1항
발달장애인지원센터는 복지서비스 내용, 방법이 포함된 개인별지원계획 수립(발달장애인 의견 반영)	제19조 2항 및 3항
발달장애인지원센터의 장이 관할 시장·군수·구청장에게 수립된 개인별지원계획의 승인 신청	제19조 4항
시장·군수·구청장은 적합성 심사를 거쳐 개인별지원계획 최종 승인	제19조 4항
발달장애인지원센터는 승인된 개인별지원계획을 발달장애인 및 그 보호자에게 통보	제19조 5항
발달장애인과 그 보호자는 발달장애인지원센터의 장에게 개인별지원계획에 대한 수정, 변경 신청(제19조 6항)	
발달장애인지원센터 장은 개인별지원계획에 따라 복지서비스 제공기관 연계(연계 시 복지서비스 제공시간, 방법 및 비용 부담 관련 정보 제공)	제20조 1항
복지서비스 제공	

[그림 6-4] 발달장애인 복지서비스 신청 및 제공 절차

제공하여, 보다 편리하고 이용하고자 하는 복지지원 제공기관을 선택할 수 있도록 지원하여야 한다. 복지지원 제공기관이 결정되면 이때부터 복지서비스가 제공된다.

이상의 과정을 통해 발달장애인 복지서비스가 제공되는데, 발달장애인법제
정추진연대와 정부의 협의 과정에서 결정된 개인별지원계획에 대해 변경을 요
청할 수 있는 절차를 추가하여, 복지서비스에 대한 만족도를 높이고자 하였다.

(2) 개인별지원계획 수립

「발달장애인법」은 발달장애인의 특성과 요구를 고려한 개인별 맞춤형 지원 체
계 구축을 지향하고 있는데, 이러한 목적을 가장 잘 드러내고 있는 조항이 제19조
에 제시된 개인별지원계획의 수립과 시행에 관한 규정이다. 이 조항은 김정록
의원 안에서 규정한 조항을 축약하여 마련된 것으로 복지서비스의 내용, 제공
방법 등을 명시한 법적 문서를 발달장애인별로 작성하도록 규정하고 있다. 「발
달장애인법」 제19조에서는 개인별지원계획에 포함되어야 할 내용을 복지서비
스의 내용과 방법이라고 추상적으로 명시하고 있으나, 이는 법률의 문구로 정리
하는 과정에서 축약된 것이고, 실제 시행 과정에서는 좀 더 구체적인 내용이 포
함될 것으로 보인다. 개인별지원계획에는 복지서비스의 종류와 양, 복지서비스
제공기관 또는 제공인력에 대한 정보, 복지서비스 이용 방법, 서비스에 대한 평
가결과, 서비스에 대한 목표 등이 포함될 것으로 예상된다. 또한 개인별지원계
획은 발달장애인의 의견을 반영하여 작성할 수 있도록 함으로써 발달장애인의
제3조 및 제8조에 의한 자기결정권을 보호하고자 하였다.

「발달장애인법」 제19조 제5항에서는 개인별지원계획을 통보받은 발달장애인
또는 그 보호자가 개인별지원계획이 본인의 요구를 고려하여 수립되지 않았다
고 판단할 경우 이를 변경 또는 수정을 요청할 수 있도록 규정하고 있다. 이때의
변경 또는 수정은 발달장애인지원센터의 장에게 요청할 수 있고, 발달장애인지
원센터의 장은 결정된 복지서비스의 범위 내에서 복지서비스의 내용과 방법을
수정할 수 있고, 시장, 군수, 구청장의 승인을 받아 확정할 수 있다(그림 6-5) 참고).

최초로 결정된 복지서비스가 활동지원급여 100만 원, 발달재활서비스 20만
원 등 총 120만 원인데, 이를 활동지원급여 80만 원, 발달재활서비스 40만 원 등

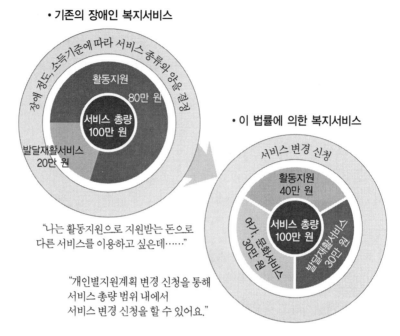

[그림 6-5] 개인별지원계획에 의한 서비스 변경 신청 예시

120만 원 범위 내에서 조정할 수 있는 변경 신청이 가능하다. 다만 이러한 복지서비스의 변경을 위해서는 기존의 복지서비스의 제공 한도 및 기준을 이 법률의 취지에 따라 수정, 보완이 가능하도록 하기 위한 별도의 법적 근거가 마련될 필요가 있다. 예를 들어, 활동지원급여는 「장애인 활동지원에 관한 법률」에 따라 월 100시간까지만 제공받을 수 있는데(월 80만 원), 「발달장애인법」에 따라 총 서비스 제공금액이 120만 원이므로, 120만 원 상당의 활동지원급여를 변경, 조정해 줄 것을 요청하게 될 경우, 기존의 활동지원 급여의 기준 변경이 불가피하기 때문이다.

　또한 서비스 변경 신청이 원활히 이루어지기 위해서는 각종 복지서비스 급여 간의 변환 기준이 마련되어야 하고, 타 법률에 의해 규정되어 있는 복지서비스의 제공 기준에도 불구하고 「발달장애인법」에 따라 변경이 가능하다라는 방식의 근거가 마련될 필요가 있다.

(3) 복지서비스의 내용

「발달장애인법」에 규정된 복지서비스는 대상별로 발달장애인과 발달장애인 가족을 위한 서비스로 구분할 수 있고, 서비스 제공 방법별로 바우처 방식을 통

표 6-4　서비스 구분에 따른 서비스 내용

구분	유형	서비스 내용
서비스 대상	발달 장애인	제23조(조기 진단 및 개입) 발달장애 의심 영유아에 대한 정밀진단 비용 지원 제24조(재활 및 발달지원) 재활치료, 발달재활서비스, 발달장애인 거점병원 이용 지원, 행동문제 지원 제25조(고용 및 직업훈련) 직업훈련 서비스 제26조(평생교육 지원) 평생교육 제공 제27조(문화, 예술, 여가, 체육 활동 등 지원) 영화, 전시관, 박물관 및 국가·지방자치단체 등이 개최하는 각종 행사 등에 대한 관람·참여·향유 지원, 발달장애인의 특성과 흥미에 적합한 방식으로 설계된 시설, 놀이기구, 프로그램 및 그 밖의 장비 지원, 생활체육 행사 및 생활체육 관련 단체 지원
	발달 장애인 가족	제30조(보호자에 대한 정보제공과 교육) 보호자 정보 제공, 교육 지원 제31조(보호자에 대한 상담지원) 보호자에 대한 전문적인 심리상담 서비스 제공 제32조(휴식지원 등) 돌봄 및 일시적 휴식지원 서비스 제공
서비스 제공 방법	개인 바우처	제24조(재활 및 발달지원) 재활치료 및 발달재활서비스 제27조(문화·예술·여가·체육 활동 등 지원) 문화행사 관람·참여·향유 제31조(보호자에 대한 상담지원) 전문적 심리상담 서비스 제32조(휴식지원 등) 돌봄 및 일시적 휴식지원 서비스
	기관 (시설, 단체) 서비스	제24조(재활 및 발달지원) 발달장애인 거점병원 운영, 행동발달증진센터 운영 제25조(고용 및 직업훈련 지원) 직업훈련을 하는 직업재활시설 설치·운영 제26조(평생교육 지원) 발달장애인 평생교육기관 지정·운영 제27조(문화·예술·여가·체육 활동 등 지원) 생활체육 단체 지원

한 서비스와 기관, 시설을 통한 서비스로 구분할 수 있다. 이를 구체적으로 나타
내면 〈표 6-4〉와 같다.

① 조기 진단 및 개입

발달장애라는 용어를 새롭게 규정함에 따라 지적 장애 또는 자폐성장애로 명
확히 판정되지 않은 발달장애인에 대한 진단을 효과적으로 수행할 수 있는 타당
하고 신뢰로운 검사도구를 개발하고 보급할 수 있도록 하였다.

또한 발달장애 의심 영유아에 대한 정밀진단 비용을 모든 발달장애 의심 영유
아를 대상으로 지원할 수 있도록 하였다.

② 재활 및 발달 지원

「장애아동복지지원법」에 따른 발달재활서비스를 성인 발달장애인에 대해서
도 지속적으로 제공받을 수 있도록 규정하였다. 발달장애의 치료 및 행동 문제
를 연구하고 지원 체계를 강구할 수 있도록 하였다. 김정록 의원 안에서 제안한
발달장애인전문병원을 이 조항에 반영하고자 하였으나, 이미 전문병원 제도가
난이도가 높은 의료행위를 하는 병원으로 운영되고 있으므로(「전문병원의 지정
및 평가 등에 관한 규칙」), 명칭을 거점병원으로 변경하여 규정하였다. 이 조항 도
입으로 향후 지역사회에서 발달장애인에 대한 이해가 높은 의료진으로 구성된
발달장애인 거점병원이 설치·운영될 수 있을 것으로 기대된다.

발달장애인의 문제행동을 효과적으로 중재하기 위하여 별도의 **행동발달증진
센터**를 설치·운영할 수 있도록 규정하였다. 당초 이 조항은 문제행동치료실이
라는 용어를 사용하였으나, 치료라는 용어 도입으로 인해 병의원에만 국한되어
의사 중심의 치료실 설치, 운영이 우려되어 행동발달증진센터로 그 명칭을 변경
한 것이다. 보건복지부(2012)의 발달장애인지원종합계획에 따라 2013년도부터
국립서울병원에서 문제행동치료실이 시범 운영되고 있기도 하다. 이를 통해 향
후 행동발달증진센터는 우수한 행동지원 전문가(응용행동분석전문가(BCBA) 자격

소지자 등)가 배치되고, 병원뿐만 아니라 다양한 곳에서 이러한 시설이 설치, 운영될 수 있도록 하였다.

③ 고용 및 직업훈련 지원

김정록 의원 안에서는 별도의 발달장애인 고용지원계획 수립 및 고용사업주에 대한 발달장애인 고용할당제도(0.5%)·고용부담금 납부 실시(안 제38조), 고용사업주에 대한 발달장애인 더블카운트 인정·시설 지원·지급 임금의 일정 금액 지원(안 제39조), 지원고용 활성화를 위한 훈련수당·훈련준비금·훈련수당·직무지도원 수당 지원(안 제40조), 발달장애인을 위한 별도의 직업훈련 서비스 실시·시설 운영 지원·훈련수당 지원(안 제41조) 등 다양한 고용지원에 관한 사항을 규정한 바 있다. 그러나 이러한 조항이 이미 실시되고 있거나 타 부처에서 준비 중인 내용이 있다고 판단되어, 발달장애인만을 위한 특화된 직업훈련 시설을 별도로 설치·운영하는 조항만 반영되었다. 현재 발달장애인을 위한 직업재활시설이 설치·운영 중에 있지만, 이는 경도의 발달장애인을 위한 작업활동 및 판매 활동 등을 중심으로 운영되고 있고, 학교를 졸업한 중증의 발달장애인의 경우 직업과 곧바로 연계된 직업재활시설을 이용하기 어려움, 중증의 발달장애인이 학교를 졸업한 이후 직업을 획득하기 위해 필요한 기초적인 직업 준비 교육 및 훈련을 보다 체계적이고 종합적으로 제공하는 직업재활훈련 전문기관을 별도로 설립할 필요가 있다고 판단하여 이러한 조항을 새롭게 마련한 것이다.

국회 논의 과정에서 기존의 직업재활시설을 이용하기보다는 새로운 훈련 중심의 직업재활시설을 설치, 운영하기 위해서는 기존의 「장애인복지법 시행규칙」 [별표 4]를 개정할 필요가 있다고 제안되었고, 보건복지부장관은 이를 개정하도록 추진하겠다고 답변하기도 하였다. 개정안의 방향은 장애인 직업재활시설의 범위에 장애인 보호작업장, 장애인 근로사업장뿐만 아니라 장애인 직업훈련시설, 장애인 작업활동시설, 생산품 판매시설까지 포함시키는 것으로 추진할 것으로 예상된다.

④ 평생교육 지원

평생교육을 운영하고 있는 모든 기관, 시설 및 단체가 일정한 요건을 갖추면 **발달장애인 평생교육기관**으로 지정될 수 있도록 규정하고(제1항 및 제2항), 이에 필요한 경비를 지원받을 수 있도록 하였다(제3항). 「평생교육법」 및 「장애인 등에 대한 특수교육법」의 경우, 발달장애인의 평생교육을 지원하는 규정이 미비하여, 책임 주체가 불명확하고 지원 근거가 부족하여, 지역사회의 발달장애인의 평생교육을 활성화시키는 데 어려움이 존재하였다. 발달장애인을 위한 별도의 평생교육 지원 규정을 통해 발달장애인 평생교육 지정 기관이 발굴, 육성되어 발달장애인의 평생교육이 활성화될 수 있을 것으로 기대된다. 당초 이 규정은 교육부가 기존의 「평생교육법」을 통해 해소할 수 있을 것으로 보고, 별도의 조항으로 명시하는 것에 대해 부담스러워하였으나, 발달장애인법제정추진연대와 복지부의 논의 과정에서 추가로 반영시킨 것이다.

⑤ 문화 · 예술 · 여가 · 체육 활동 등의 지원

이 내용은 김정록 의원 안에 제안되었던 문화 · 예술, 여가 · 체육 활동에 관한 조항을 축약하여 1개의 조항으로 반영시킨 것이다. 문화 · 예술 관련 행사 관람 · 참여 시 필요한 경비를 지원하고(제1항), 발달장애인에게 적합한 방식으로 설계된 시설, 놀이기구 또는 프로그램을 제공할 수 있도록 하였다(제2항). 제2항의 경우 발달장애인의 여가, 문화, 체육 활동 활성화를 위하여 **특수여가서비스**(special recreation service)를 제공하고자 도입된 조항이다. 이때의 특수여가서비스는 별도의 여가놀이 전문가 및 전담 기관에서 지역사회의 여가놀이 시설 또는 기구 설계 및 보수 지원, 놀이 방법 컨설팅 지원, 여가, 놀이 프로그램 운영 등을 의미한다.

발달장애인의 생활체육 활동 참여를 증진시키기 위하여 생활체육 행사 및 관런 단체를 지원할 수 있도록 규정하였다. 지역 차원의 스페셜 올림픽 대회 등 개최 지원, 지역 차원의 스페셜올림픽 운영(조직)위원회 설치, 운영 지원 등이 가능할 수 있도록 규정한 것이다.

⑥ 소득보장 지원

발달장애인은 장애로 인해 추가로 발생되는 월평균 비용이 다른 유형의 장애인보다 높은 반면, 소득 수준은 다른 유형의 장애인에 비해 현저히 낮은 것으로 파악되고 있다(김성희, 변용찬, 손창균, 이연희 등, 2011; 조흥식 외, 2012). 기존의 장애인 소득보장 제도는 장애유형에 관계없이 운영되고 있고, 발달장애인의 낮은 소득 수준을 고려하지 않고 있다. 발달장애인의 소득 불평등 문제를 해소하기 위해서는 발달장애인을 위한 별도의 소득보장 제도를 마련할 필요가 있다. 발달장애인의 추가 소득보장은 발달장애인의 인간다운 생활 보장을 위한 최소한의 규정이다.

이에 따라 김정록 의원 안에서는 표준소득보장금액의 범위 내에서 개인별 소득보장을 지원하고(안 제42조), 재산 신탁을 지원하는 규정을 제안한 바 있다(안 제43조). 이 조항에 따르면 매년 최소 1조 원 이상의 추가 재원이 소요되어, 재원 조달 방안을 마련하기 어렵고, 다른 유형의 장애인과의 형평성 문제가 제기되어, 국회 논의 과정에서 수정·제안된 것이다.

수정 논의 과정에서 별도의 소득보장 제도 도입이 어렵다면 「국민기초생활보장법」 상의 부양의무제 적용 기준 완화를 통해 소득보장 장치를 마련해 줄 것을 요구하였다. 이러한 제안 역시 보건복지부의 기초생활보장과 및 기획재정부의 반대로 추진하기 어려웠고, 그 대안으로 기존의 장애인연금 제도를 활용하는 안이 제안되었다. 이 제안에 따르면 장애인연금 중 부가급여의 지급 기준을 별도로 마련하여 발달장애인 등 중증 장애인의 경우, 중증장애로 인해 추가로 발생될 수 있는 비용을 고려하여 추가 비용만큼 부가급여를 지급하는 방안을 마련하는 방향으로 합의하게 되었다.

이에 따라 국회 논의 과정에서 법률의 조항에는 기존의 장애인연금 제도를 개선하는 수준으로 제시하고, 대신, 보건복지부가 장애인연금 제도 개편안을 마련하여 부가급여 추가 지급 방안을 마련해 오는 것으로 하였다.

⑦ 거주시설, 주간활동, 돌봄 지원

거주시설, 주간활동 및 돌봄 지원에 관한 조항은 김정록 의원 안에 제시되었던 3개의 조항을 1개 조항으로 축약하여 반영한 것이다. 거주시설의 경우 김정록 의원안에서는 다양한 거주시설 스펙트럼을 제시하고, 새로운 거주시설 유형에 대한 지원 근거를 제시하였다. 그러나 국토해양부 등 관계 부처의 반대, 새로운 거주시설 설치, 운영에 따른 기존 시설과의 충돌 문제 등으로 인해, 향후 발달장애인에 대한 새로운 거주시설 모델 및 유형을 개발한 이후에 법적 근거를 마련하는 것이 적절하다고 판단하여, 최소한의 근거 규정만 마련한 것이다.

보건복지부는 중증장애인 보호대책의 일환으로 향후 활동지원의 유형으로 주간활동 및 돌봄 지원을 포함시킬 것이므로, 이 규정을 별도로 제시하기보다는 추후 활동지원 제도 개편 과정에서 이 내용을 반영하여 추진하는 것이 합리적이라고 주장하였다. 따라서 주간활동 및 돌봄 지원에 관한 규정을 구체적으로 제시하지 않고, 선언적 내용만 반영한 것이다.

⑧ 보호자 등 가족 지원

보호자에 대한 정보제공과 교육(제30조)은 보호자에게 제공하는 정보와 교육의 내용과 방법 등을 규정하고자 한 것이다. 이는 지난 2012년도부터 시행해 왔던 발달장애인 부모교육 사업에 대한 근거를 마련한 것으로 볼 수 있다. 보호자에게 정보와 교육을 제공하는 방법을 하위 법령으로 위임하였으므로, 이러한 기능을 담당하는 곳에 장애인 가족지원센터를 추가시키거나, 장애인 가족지원센터의 주요 기능 중 하나로 하위 법령에 명시하는 것을 제안해 볼 수도 있다.

보호자에 대한 상담 지원(제31조)은 보건복지부가 지난 2013년도부터 실시하고 있는 발달장애인 부모 심리상담 서비스에 대한 법적 근거를 마련하고자 한 것이다.

보호자에 대한 휴식 지원 등(제32조)은 김명연 의원 안 및 김정록 의원 안의 발달장애인 가족을 위한 돌봄 및 일시적 휴식 지원서비스와 형제·자매를 위한 프로그램 운영을 하나의 조항으로 통합·규정한 것이다. 이미 실시되고 있는 발달장애인 가족지원 프로그램에 대한 법적 근거를 마련하기 위하여 도입된 조항이다.

5) 지원 체계

「발달장애인법」은 발달장애인에게 적합한 맞춤형 서비스를 제공하기 위하여 별도의 독립적인 서비스 전달체계를 구축하도록 규정하고 있다. 이를 위하여 중앙과 지역에 각각 발달장애인지원센터를 설치·운영하도록 규정하고 있다. 보건복지부장관은 중앙발달장애인지원센터를 시·도지사는 지역발달장애인지원센터를 설치·운영하도록 하였다. 지역발달장애인지원센터의 경우 시·도에 우선 설치하고, 필요하다고 판단되면 시·군·구에도 설치·운영할 수 있도록 하였고, 그 경비를 시·도와 시·군·구가 공동으로 부담하도록 하였다.

발달장애인지원센터의 임무는 김정록 의원 안과 김명연 의원 안을 절충하여 마련한 것이다. 김정록 의원 안(안 제12조 및 제13조)은 서비스 판정 및 심사를 골자로 한 공적 서비스 전달 기구로서의 임무를 주로 규정한 반면, 김명연 의원 안(안 제31조 및 제32조)은 발달장애인 복지서비스를 지원하기 위한 교육, 홍보, 정보관리, 연구 및 권리옹호 지원 등의 서비스 제공기관으로서의 임무를 주로 규정하였다. 법률안의 협의 과정에서 복지서비스에 대한 심사, 판정은 지방자치단체의 장이 결정하도록 규정되었으므로, 센터가 서비스 판정 및 심사 업무를 별도로 수행할 필요가 없게 됨에 따라 센터는 개인별지원계획을 수립하고, 복지서비스 제공기관을 연계하는 업무를 주로 담당하는 것으로 조정되었다. 또한 국회 법안 심사 과정에서 김정록 의원 안에서 제안된 발달장애인권리옹호센터의 기능도 발달장애인지원센터에서 담당하도록 하여, 권리구제 지원 업무가 추가되었다.

미국, 일본 및 우리나라의 발달장애인지원센터의 임무(역할)를 비교한 결과는 〈표 6-5〉와 같다.

표 6-5 미국(캘리포니아 주), 일본 및 우리나라의 발달장애인지원센터 비교

		미국 캘리포니아 주	일본	우리나라
센터명		리저널 센터	발달장해지원센터	발달장애인지원센터
설치 개수(관할 지역)		21개소(58개 카운티)	도도부현 및 지정 도시 등에 37개소에 설치	중앙 및 시도, 시·군·구 (시도별 1개소 설치 예정)
주요 역할	서비스 대상자 심사·판정	• 진단 및 서비스 대상자 적격성 판정	• 없음	• 없음
	개인별지원계획 수립 및 지원	• 전 생애에 걸친 개인별 서비스 계획 및 서비스 조정 • 개인별 서비스 프로그램 계획에 명시된 서비스의 구입	• 없음	• 발달장애인에 대한 개인별지원계획의 수립
	기관 연계	• 정보제공 및 타 기관 의뢰 • 지역사회 자원개발	• 발달장애아(인) 관계 시설, 복지사무소, 아동 상담소, 갱생상담소, 보건소, 의료기관, 학교, 공공 직업 안정소 등의 관계 기관과의 연락 조정	• 발달장애인을 위한 복지 지원 정보의 제공 및 연계 • 발달장애인에게 서비스를 제공하는 기관에 대한 정보의 축적 및 관리
	상담 및 정보제공	• 상담, 유전학적 (유전 이상) 상담 • 가족지원	• 발달장애아(인)의 제반의 문제에 대해서, 발달장애아(인)나 그 가족, 관계 기관 등으로부터의 상담에의 대응, 조언 지도, 정보 제공	• 발달장애인 및 그 가족에 대한 상담지원

인식개선	• 발달장애에 대한 지역 사회 교육 • 지역사회 홍보 및 장애 발견 활동(Outreach)	• 없음	• 발달장애 조기 발견과 발달장애인에 대한 인식개선을 위한 지역사회 홍보
가족(종사자) 교육	• 장애인 및 가족에 대한 훈련과 교육	• 발달장애아(인)의 관계 시설 직원, 초중학교, 양호학교 등의 교직원 등의의 정보제공, 연수	• 발달장애인 가족 및 관련 서비스 종사자에 대한 교육지원
권리구제 또는 권리옹호 지원	• 법적, 시민권적, 서비스적 권리 보호를 위한 옹호활동 • 24시간 비가정 시설보호에 따른 계획, 배치 및 감독(monitoring)	• 없음	• 보호자에 대한 감독 • 선임된 후견인에 대한 감독지원 및 후견업무의 지원 • 유기 등의 사건에 대한 현장조사 및 보호조치 등 발달장애인의 권리구제 지원
기타	• 장애고위험 영아 및 그 가족을 위한 조기중재 서비스	• 요육, 취업 지원을 희망하는 발달장애아(인)에 대한 적절한 요육, 취업 지원	• 그 밖에 보건복지부장관이 필요하다고 인정하는 사항
위임, 위탁	민간 비영리기관 위탁 운영	사회복지법인 또는 그 외의 령으로 정하는 법인	공공기관에 위탁

출처: 전국장애인부모연대(2009)의 제8회 전국장애인부모활동가대회 자료집.

〈표 6-5〉에서 제시한 바와 같이 미국 캘리포니아 주의 발달장애인지원센터인 리저널 센터(regional center)는 서비스 대상자에 대한 심사·판정에서부터 개인별지원계획 수립 및 지원, 서비스 기관 연계, 정보제공 및 상담, 인식개선, 가족(종사자) 교육, 권리옹호 등에 이르기까지 다양한 역할을 담당하고 있다. 우리나라의 발달장애인지원센터는 이러한 역할 중 서비스 대상자 심사·판정 기능, 조기중재 서비스와 관련된 기능 등을 제외한 대부분의 기능이 미국의 리저널 센터와 유사하게 구성되어 있음을 알 수 있다. 반면 일본의 발달장해지원센터는

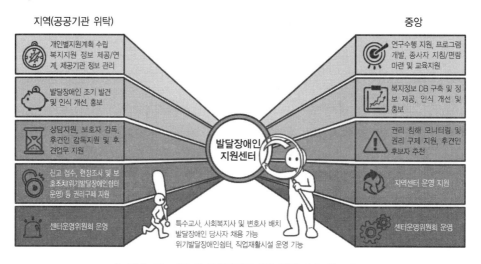

지역(공공기관 위탁)   중앙

| 개인별지원계획 수립 복지지원 정보 제공/연계, 제공기관 정보 관리 | 연구수행 지원, 프로그램 개발, 종사자 지침/편람 마련 및 교육지원 |

[그림 6-6] 지역 및 중앙발달장애인지원센터의 기능 비교

발달장애인을 대상으로 직접 서비스를 제공하는 것에 초점이 맞추어져 있어, 서비스를 조정하고 연계하는 기능은 다소 부족한 것을 알 수 있다.

중앙 및 지역발달장애인지원센터의 주요 임무를 도식화한 결과는 [그림 6-6]과 같다.

[그림 6-6]에서 제시한 바와 같이, **중앙발달장애인지원센터**는 연구 · 개발을 통하여 발달장애인 복지서비스의 품질을 개선하고, 전문 인력을 양성하며, 매뉴얼을 개발 · 보급하는 선도적 기능을 담당하며, 지역의 발달장애인지원센터는 발달장애인 복지서비스의 출입구로서 발달장애인과 기관 간의 복지서비스를 연결하고 지원하는 기능을 담당한다. 중앙과 지역의 발달장애인지원센터의 구체적인 역할은 〈표 6-6〉과 같다.

중앙 및 지역발달장애인지원센터에는 대통령령으로 정하는 자격을 가진 특수교사, 사회복지사, 변호사 등 필요한 인력을 배치하도록 하였고, 발달장애인 동료에 대한 상담 및 교육을 지원하기 위하여 발달장애인을 채용하도록 하였다. 특히 지역발달장애인지원센터의 경우 모든 발달장애인을 대상으로 개인별 지원계획을 수립하여야 하고, 발달장애인을 위한 맞춤형 복지서비스를 연계하

표 6-6	중앙 및 지역의 발달장애인지원센터 임무

중앙	지역
1. 발달장애인에 대한 연구수행 지원	1. 발달장애인에 대한 개인별지원계획의 수립
2. 발달장애인이 이용 가능한 복지정보 데이터베이스 구축 및 정보 제공	2. 발달장애인을 위한 복지지원 정보의 제공 및 연계
3. 발달장애인 가족 및 관련 서비스 종사자에 대한 지침 · 편람 마련 및 교육지원	3. 발달장애인 가족 및 관련 서비스 종사자에 대한 교육 지원
4. 발달장애인에 대한 인식개선 홍보	4. 발달장애인에게 서비스를 제공하는 기관에 대한 정보의 축적 및 관리
5. 발달장애인 지원 프로그램 개발	5. 발달장애 조기 발견과 발달장애인에 대한 인식 개선을 위한 지역사회 홍보
6. 지역발달장애인지원센터의 지원	6. 발달장애인 및 그 가족에 대한 상담 지원
7. 제9조 제3항에 따른 후견인 후보자의 추천	7. 제2조 제2호 라목에 따른 보호자에 대한 감독
8. 발달장애인 권리침해의 모니터링 및 권리구제의 지원	8. 제9조에 따라 선임된 후견인에 대한 감독지원 및 후견업무의 지원
9. 그 밖에 보건복지부장관이 필요하다고 인정하는 사항	9. 제16조 및 제17조에 따른 현장조사 및 보호조치 등 발달장애인의 권리구제 지원
	10. 그 밖에 보건복지부장관이 필요하다고 인정하는 사항

여야 하는 임무를 맡고 있다. 미국 캘리포니아 주정부가 운영하고 있는 리저널 센터에 유사한 기능을 담당하는 서비스 조정자(service coordinator)의 경우 서비스 조정자와 발달장애인의 비율을 1:62에서 1:66로 하여 서비스 조정자를 배치하고 있다(전국장애인부모연대, 2009). 이러한 사례를 볼 때, 개인별지원계획을 수립하기 위한 인력 1명이 최대 100명의 발달장애인을 담당한다고 가정하는 경우 최소 1,900명 정도의 인력이 필요한 것으로 판단된다. 뿐만 아니라, 지역발달장애인지원센터는 복지서비스 연계를 위한 자원 개발 및 정보 구축 업무, 발달장애인과 가족을 위한 교육지원 및 상담지원, 발달장애인의 조기 발견 및 인식 개선을 위한 홍보 업무, 후견인에 대한 감독지원 및 후견업무 지원 업무, 유기 등의 사건 발생 시 현장조사 및 보호조치 업무 등 다양한 업무를 수행하기 위한 특수

교사, 사회복지사 등을 추가로 배치하여야 한다.

국회 보건복지위원회의 법안심사소위원회의 회의록에 따르면 보건복지부는 현재 지역발달장애인지원센터를 시·도별로 1개소를 우선 설치하고, 연차적으로 확대하겠다는 계획을 갖고 있으며, 지역발달장애인지원센터는 약 5억 원의 예산을 편성할 계획을 갖고 있다. 이러한 계획만을 놓고 본다면, 시·도발달장애인지원센터는 약 10명 안팎의 인력을 배치하게 될 것으로 예상되는데, 개인별 지원계획 수립 업무 등 막대한 인력이 소요되는 업무의 경우 사실상 형식적으로 수행할 수밖에 없을 것으로 예상된다. 이러한 한계를 보완하기 위하여 센터 운영에 필요한 예산 확보 방안을 마련할 필요가 있다.

또한 제41조 2항의 규정에 따라 중앙 및 지역발달장애인지원센터는 보건복지부령이 정하는 바에 따라 「공공기관의 운영에 관한 법률」 제4조에 따른 공공기관을 지정하여 위탁·운영할 수 있도록 하였다. 보건복지부 소관의 공공기관은 총 18개로 그 구체적인 현황은 〈표 6-7〉과 같다.

한편, 「발달장애인법」 제33조 제5항에서는 발달장애인지원센터 운영위원회를 설치·운영하도록 규정하고 있다. 김정록 의원 안에서는 국무총리 산하의 발

표 6-7 보건복지부 소관 공공기관 현황

구 분	공공기관명
기금관리형 준정부기관 (1)	국민연금공단
위탁집행형 준정부기관 (6)	건강보험심사평가원, 국민건강보험공단, 한국보건산업진흥원, 한국노인인력개발원, 한국보건복지정보개발원, 한국보건복지인력개발원
기타 공공기관 (11)	국립암센터, 대한적십자사, 한국보건의료인국가시험원, 한국장애인개발원, 한국국제보건의료재단, 한국보육진흥원, 한국사회복지협의회, 국립중앙의료원, 한국건강증진재단, 한국의료분쟁조정중재원, 한국보건의료연구원

출처: 기획재정부(2013). 정부조직 개편에 따른 공공기관의 변동 현황 보도 참고자료.

달장애인위원회를 설치·운영하도록 제안하였고, 김명연 의원 안에서는 발달장
애인지원센터 내 자문위원회를 설치·운영하도록 제안하였다. 김정록 의원 안
의 경우 국무총리 산하에 장애인복지조정위원회가 설치·운영 중에 있으므로,
별도로 설치·운영하게 될 경우 효율성이 떨어질 수 있다고 하여 수정의 필요성
이 제기되었다. 김명연 의원 안의 경우 자문위원회 수준에서는 센터 운영 전반
에 대한 발달장애인과 가족의 참여가 원활하게 이루어지지 않을 것이라 하여 보
다 상향된 체계가 마련될 필요가 있다고 제안되었다. 이러한 요구를 고려하여
최종 법률안에는 별도의 운영위원회를 설치·운영하지 않고 발달장애인지원센
터 내에 자문위원회가 아닌 운영위원회를 설치·운영하도록 하여, 센터 운영 전
반에 대한 심의 기능을 담당하도록 하였다. 앞으로 센터 운영위원회는 센터 운
영 계획 심사, 센터 발전 방향 논의, 복지서비스에 대한 이의 신청 심사, 인권 침
해 예방 및 권리구제 지원 등의 기능을 담당할 것으로 예상된다. 또한 이 운영위
원회에는 발달장애인과 보호자가 반드시 참여할 수 있도록 하였다.

6) 기타

(1) 서비스 제공 및 서비스 제공기관의 지정·변경

「발달장애인법」 제37조에서는 「발달장애인법」에 의한 복지서비스의 제공
방법에 대해 규정하고 있는데, 이 규정에 따르면 보호자에 대한 정보제공·교
육(제30조), 상담지원(제31조) 및 휴식지원(제32조) 등에 대한 서비스의 경우 사회
서비스 이용권으로 서비스를 제공할 수 있도록 규정하였다. 그러나 제24조부터
제29조까지의 발달장애인 복지서비스의 경우 사회서비스 이용권 제공 대상 서
비스에 포함되지 않았다. 따라서 이러한 서비스를 기관 중심으로 제공할 것인지
아니면, 위와 같이 사회서비스 이용권을 통해 제공할 것인지에 대한 판단이 필
요하다.

만일 사회서비스 이용권을 통해 서비스를 제공한다면, 제37조 전단의 제30조

부터 제32조를 제24조부터 제32조까지로 규정하거나, 별도의 단서 조항을 마련하는 등의 개정이 필요하다. 그러나 기존의 사회서비스 이용권이 법률에서 규정하고 있지 않더라고 보건복지부가 정책적으로도 추진할 수 있으므로, 법률 개정 유무와 관계없이 제24조부터 제29조까지의 복지서비스를 사회서비스 이용권의 형태로 지급할 수도 있다.

서비스 제공기관의 지정 기준 및 절차는 「장애아동복지지원법」의 서비스 제공기관 관련 규정을 준용할 것으로 예상된다. 기존의 지정된 서비스 제공기관이 지정된 업무 이외의 업무를 수행하고자 할 경우 변경 지정을 받을 수 있도록 규정하고 있다(제38조). 서비스 제공기관의 폐업 또는 휴업이 갑자기 이루어짐으로써 발생될 수 있는 문제점을 예방하기 위하여 폐업 휴일 예정 30일 전에 신고를 하도록 하고, 필요한 경우 폐업이나 휴업 철회를 권고할 수 있도록 하였다. 이를 통해 갑작스러운 서비스 중단으로 인한 피해를 최소화하고자 하였다. 또한 서비스 제공기관의 책무성을 부여하기 위하여 업무 정지 또는 지정 취소에 대한 규정을 명시하였고, 지정취소를 받은 서비스 제공기관은 2년 동안 서비스 제공기관으로 지정받을 수 없도록 하였다.

(2) 국민의 의무

「발달장애인법」 제5조에서는 국민의 책무를 규정하고 있는데, 이 조항은 발달장애인에 대한 인식 제고 및 국민의 역할을 알리기 위하여 마련된 조항이다. 이 조항은 발달장애인 지원에 대한 국가의 책무 이외에도 국민이 발달장애인을 올바로 이해하고, 국가가 시행하는 각종 발달장애인 복지 시책에 대해 편견 없이 수용할 수 있도록 권고하기 위한 조항이다.

(3) 위임 · 위탁

「발달장애인법」에 의한 위임 · 위탁 대상 기관은 직업재활시설, 중앙 및 지역 발달장애인지원센터, 발달장애인지원정보시스템 구축 · 운영, 위기발달장애인

표 6-8 「발달장애인법」에 의한 위임 · 위탁 대상 기관(업무) 및 위임 · 위탁 가능 기관

구분	위임, 위탁 대상 기관(업무)	위임, 위탁 가능 기관
보건복지부장관	직업재활시설 운영	공공기관
	중앙발달장애인지원센터 운영	공공기관
	발달장애인지원정보시스템 구축 · 운영	공공기관
시 · 도지사 (시장 · 군수 · 구청장)	직업재활시설 운영	공공기관
	지역발달장애인지원센터 운영	공공기관
	위기발달장애인쉼터 운영	지역발달장애인지원센터
	계좌관리 점검	지역발달장애인지원센터

쉼터, 계좌관리 점검 등의 기관(시설)을 위임 · 위탁하도록 규정하고 있다. 이 중 직업재활시설, 중앙 및 지역발달장애인지원센터 및 발달장애인정보지원시스템 구축 · 운영 등은 공공기관에 위임 · 위탁하도록 하였고, 위기발달장애인쉼터 및 계좌관리 점검은 지역발달장애인지원센터에 위임 · 위탁하도록 하였다. 공공기 관만을 위임 · 위탁 대상 기관으로 한정한 것은 「발달장애인법」에 의한 복지서 비스에 대한 국가의 책무성을 강화하기 위한 차원이라고 볼 수 있다.

「발달장애인법」에 의한 위임 · 위탁 대상 기관(업무) 및 위임 · 위탁 가능 기관 은 〈표 6-8〉과 같다.

(4) 벌칙

「발달장애인법」은 제7장 벌칙에 벌칙과 과태료 조항을 규정하고 있다. 벌칙 과 과태료는 성격과 목적이 다르기 때문에 별도의 장으로 배치하여야 하나, 효 율적인 조문 체계 구성을 위하여 이 두 종류의 벌칙 관련 내용이 하나의 장으로 정리되었다.

「발달장애인법」에서 규정한 벌칙 관련 조항을 정리하면 〈표 6-9〉와 같다.

표 6-9 벌칙의 유형에 따른 대상자 및 처분 또는 부과 벌칙

구분	대상자	처분 또는 부과 벌칙
벌칙	거짓이나 부정한 방법으로 다음과 같은 서비스를 받거나 다른 사람으로 하여금 이를 받게 한 자 -조기 진단 및 개입, 재활 및 발달 지원, 고용 및 직업훈련 지원, 평생교육 지원, 문화 · 예술 · 여가 · 체육 활동 등 지원, 보호자에 대한 정보 제공과 교육, 보호자에 대한 상담지원, 휴식 지원 등	1년 이하 징역 또는 1천만 원 이하 벌금
	발달장애인 유기 등의 사건에 대한 신고인의 인적사항 또는 신고인임을 미루어 알 수 있는 사실을 다른 사람에게 알려 주거나 공개 또는 보도한 발달장애인지원센터의 장 또는 직원	
과태료	신고의무자가 발달장애인에 대한 유기 등의 사건을 신고하지 아니한 사람	300만 원 이하 과태료
	정당한 사유 없이 발달장애인 유기 등의 사건에 대한 현장조사를 거부 · 기피하는 등 업무 수행을 방해한 사람	
	지방자치단체의 장에 대하여 계좌 관리 상황과 관련한 자료열람 또는 제출을 거부하거나 거짓으로 한 발달장애인의 보호자 및 계좌관리인	
	서비스 제공기관으로 지정받은 기관이 중요 사항에 대한 변경지정을 받지 않고 중요 사항을 변경한 자	
	서비스제공기관이 폐업 또는 휴업을 30일 전까지 지정권자에게 신고하지 아니하거나 거짓으로 신고한 자	
	서비스 제공기관이 정당한 사유 없이 보건복지부장관, 시 · 도지사, 시장 · 군수 · 구청장의 자료제출 · 보고를 거부하거나 거짓으로 한 자 또는 관계 공무원의 조사 · 검사를 거부 · 방해하거나 기피한 자	

3. 향후 과제

「발달장애인법」은 「정신보건법」을 제외하고는 특정한 장애유형의 복지 및 권리 보장을 위해 제정된 보기 드문 법률 중 하나다. 이는 기존의 장애인과 관련된 법률 및 제도가 발달장애인의 특성과 요구를 반영하지 못했고, 이들을 위한 별도의 법률을 제정해야만 이러한 문제점을 해결할 수 있을 것이라고 판단했기 때문이다. 「발달장애인법」은 발달장애라는 특성을 고려하여 별도의 사회적 지원 체계 구축의 필요성을 우리 사회가 인정했기 때문에 제정된 법률이다. 따라서 「발달장애인법」은 법률의 취지와 목적을 달성하기 위하여 국회, 정부, 지방자치단체, 발달장애인과 관련 단체 및 국민 등이 다 함께 노력하여야 할 것이다.

첫째, 국회는 제정된 「발달장애인법」이 법률의 취지와 목적을 달성하고 있는지에 대해 「국회법」에 따른 권한을 행사하여야 한다. 예를 들어, 정기국회 때 개최되는 국정감사를 통해 정부가 「발달장애인법」 시행을 위해 무엇을 준비하고 있으며, 앞으로 무엇을 준비할 것인지에 대해 확인하고, 부족한 것이 확인되면 이를 시정하도록 요구하여야 한다. 또한 「발달장애인법」 시행 준비를 위해 소요되는 예산을 확인하고, 필요하다면 예산을 증액하기 위해 노력하여야 할 것이다.

둘째, 정부는 「발달장애인법」 시행을 위한 하위 법령을 제정하는 작업을 조속한 시일 내에 추진하여야 한다. 이를 위하여 전문가 및 다양한 이해관계자의 의견과 요구를 수렴하고 필요한 경우 정책 연구를 실시하는 등 법률의 실효성을 담보할 수 있는 하위 법령을 제정하도록 노력하여야 한다. 발달장애인지원종합계획 수립을 위하여 지난 2011년에 구성되었던 발달장애인정책기획단 구성의 예를 참고하여, 「발달장애인법」 하위 법령 제정을 위한 기획단 등을 구성하는 방법도 검토해 볼 수 있다. 또한 시행 준비에 필요한 예산, 시행 이후에 소요되는 예산 등 법률 시행에 소요되는 예산을 계측하여, 필요한 예산을 확보하기 위해 노력하여야 한다.

셋째, 지방자치단체는 「발달장애인법」 시행을 위한 후속 정책 개발 및 자치법규 제정을 위해 노력하여야 한다. 「발달장애인법」에 규정된 복지서비스 중 재활 및 발달 지원, 보호자 교육 및 상담 지원, 휴식 지원 등의 서비스를 제외하고 나머지 복지서비스는 국가와 지방자치단체가 신규로 추진해야 할 복지서비스다. 정부가 먼저 이러한 신규 복지서비스에 대한 추진 방향을 마련하고 후속 정책 개발 및 관련 예산 확보 등을 위해 노력할 수도 있겠지만, 이러한 복지서비스가 현실화되기 위해서는 많은 시간이 소요될 수 있다. 따라서 지방자치단체는 정부가 추진하는 것을 기다리기보다는 지방자치단체의 발달장애인과 가족의 복리 향상을 위해 필요하다면 선제적으로 「발달장애인법」에 근거한 정책을 개발하고 관련 예산을 확보하여 독자적인 복지서비스를 제공하는 방법도 고려해 볼 수 있다. 이를 위해서는 별도의 자치법규를 제정하는 것도 필요하다. 「발달장애인법」 시행 이전이지만 이미 대전광역시, 부산광역시, 제주특별자치도 등 광역자치단체, 서울 구로구·노원구·영등포구, 아산시 및 포항시 등 기초자치단체에서는 별도의 발달장애인 지원 조례를 제정하여 시행 중에 있다. 지방자치단체가 별도의 복지서비스를 독자적으로 추진하고, 이에 대한 성과가 축적되고 성공적인 운영 모형이 제안된다면, 추후 국가 차원의 복지서비스로 확대될 수도 있을 것이다.

넷째, 발달장애인 관련 단체는 「발달장애인법」의 실효성을 높이기 위해 상시적인 모니터링 및 정책 개선 활동을 지속적으로 추진하여야 한다. 「발달장애인법」 입법 활동 과정에서 보여 준 역량 이상으로 국회와 정부를 상대로 「발달장애인법」의 실효성을 높이기 위한 활동을 적극적으로 수행할 수 있어야 할 것이다.

다섯째, 발달장애인 관련 단체는 「발달장애인법」에 규정된 자조단체 결성 및 운영 지원 규정을 적극 활용하여, 발달장애인이 자기권리 옹호 역량을 확보하고, 집단을 구성하여 영향력 있는 목소리를 낼 수 있도록 지원할 수 있어야 할 것이다.

여섯째, 국회, 정부, 지방자치단체 및 발달장애인 관련 단체 등은 발달장애인에 대한 우리 사회의 인식을 제고하고, 발달장애인을 존중하고 이들의 인권 수준을 향상시키기 위하여 노력하여야 할 것이다.

「발달장애인법」은 발달장애인의 권리 보장 및 복지지원을 위한 국가 수준의 최소한의 지침이다. 앞으로 법률 개정을 통하여 이보다 더 많은 내용이 법률의 조항으로 명문화되어야 할 것이다. 정부와의 협의 과정, 국회의 심사 과정 등을 지켜보면서 발달장애인과 가족이 「발달장애인법」에 거는 기대와 국회·정부가 거는 기대가 일치하지 않았고, 우리나라의 법 체계가 모든 내용을 법률에 반영하기보다는 법률에는 최소한의 내용만 반영하고 나머지 구체적인 내용은 하위 법령에 반영하려는 관행이 있는 것이 발견되었다. 또한 다른 장애유형과의 형평성 문제가 제기되었고, 기존의 장애인 복지 체계를 근본적으로 뒤흔들 수 없을 것이라는 보이지 않는 기득권이 확인되었으며, 기획재정부와 관련 부처의 강력한 반발로 많은 예산이 소요되는 서비스는 포함시키기 어려울 것이라는 현실적인 문제도 있었다. 「발달장애인법」 제정을 통해 발달장애인의 삶을 근본적으로 변화시키고자 했던 발달장애인법제정추진연대의 의도와 노력은 이러한 기대의 불일치, 국회의 입법 관행, 기득권의 반대 및 예산 문제 등으로 인해 장벽에 부딪힐 수밖에 없었다. 이번에 제정된 「발달장애인법」은 이러한 발달장애인법제정추진연대의 높은 수준의 기대와 국회·정부의 낮은 수준의 기대를 조정하여 탄생한 법률이다.

「발달장애인법」 제정 활동은 법률이 제정되었기 때문에 중단되는 것이 아니라 좀 더 우리의 높은 기대를 충족할 수 있는 형태가 될 수 있도록 계속 진행되어야 한다. 해외에서 시행되고 있지만 우리나라에서 곧바로 적용하기에 곤란하여 법률에 포함시키지 못했던 발달장애인 보충적 소득보장 제도, 발달장애인의 정보 접근권 보장을 위한 각종 서비스, 발달장애인복지사 제도, 발달장애노인을 위한 지원 제도 등은 미래의 「발달장애인법」 개정 논의 과정에서 반드시 고려되어야 할 것이다.

제**7**장
발달장애인 권리 보장

1. 발달장애인 인권 침해 실태 및 권리 보장 현황

　최근 조사 결과에 따르면, 발달장애인의 51.1%가 인권 침해를 경험하고 있고, 인권 침해 피해를 당한 발달장애인 중 48.9%가 재산권, 신체자유권, 노동권 등 두 가지 이상의 인권 침해를 당하고 있는 것으로 나타났다(조흥식, 박희찬, 이준영, 강상경 등, 2013). 혼자서 일상생활을 모두 처리할 수 있는 발달장애인의 비율은 10.2%(지적 장애 10.5%, 자폐성장애 7.1%), 하루 종일 다른 사람의 도움을 받아야 하는 비율은 36.4%(지적 장애 34.4%, 자폐성장애 57.8%)인 것으로 나타났다. 발달장애인은 여행, 문화예술관람, 컴퓨터 게임이나 인터넷 등을 요구하고 있지만 TV나 비디오 시청으로 대부분의 여가 시간을 사용하고 있고(78.0%, 지적 장애 79.6%, 자폐성장애 61.1%), 17세 이하의 발달장애인 중 친구가 한 사람도 없다고 응답한 비율이 57.1%로 나타났고, 비장애인 친구의 경우 76.6%인 것으로 나타났다.

스스로를 보호하는 능력이 부족한 발달장애인은 학대나 성폭력, 인신매매 등
범죄의 피해자가 되기 쉽고, 식당, 병원 등 일상적인 시설을 이용할 때조차도 많
은 차별을 당하고 있다(보건복지부, 2012). 각종 언론매체에서도 발달장애인은 독
립적인 인격체라기보다는 수동적인 존재로 묘사되고 있고 이는 발달장애인의
사회활동이나 권리 보장에 걸림돌이 되기도 한다(조홍식 외, 2012).

학교를 다니고 있는 발달장애학생의 경우, 관련 법률을 지키지 않아 결과적으
로 장애학생에게 인권 침해를 경험하게 하는 경우가 있고, 학교폭력, 성폭력 등
에 노출되어 인권 침해를 경험하는 경우가 있다. 또한 장애를 이유로 입학을 거
부당하거나 전학을 강요한 사례, 장애를 이유로 교육 참여 기회를 제한, 배제, 분
리, 거부한 사례, 장애를 이유로 입학 과정에서 추가 시험을 요구하는 사례 등이
보고되고 있다(조홍식 외, 2012). 발달장애학생이 학교생활 중에 경험하고 있는
주된 어려움의 경우 수업 내용의 이해(진도 따라가기 어려움), 친구들의 이해 부
족, 놀림, 등하교 불편(교통수단 이용), 돌발행동 등으로 인한 적응의 어려움 순으
로 높다(조홍식 외, 2012). 김성희 등(2011)의 연구결과에 따르면 발달장애학생의
학교생활의 어려움으로는 친구들의 이해 부족, 놀림(27.6%), 수업 내용의 이해
(24.1%), 특수교사의 부족(10.0%), 등하교 불편(9.1%), 학교 내 편의시설의 부족
(5.4%)의 순으로 높은 것으로 나타났다.

발달장애학생은 일반학생보다 좀 더 쉽게 학교폭력에 노출되어 있는 것으로
알려져 있다(이현수, 김다현, 2012). 학교폭력의 유형으로는 신체적 폭력, 금품갈
취, 욕설 및 모욕, 무시, 괴롭힘, 집단따돌림 등이 있다.

이와 같이 발달장애인에 대한 인권 침해는 발달장애인, 발달장애인의 가족,
학교 및 지역사회의 특성에 의해 일어날 수 있거나 심화될 수 있다. 특히 발달장
애인의 경우 타인의 도움에 의존하고, 과잉 순응하며, 의사소통기술, 사회성 기
술, 성지식의 부족 때문에 이러한 인권 침해가 발생하고 있다(김유리, 2010). 또한
부모의 부적절한 양육행동, 자녀에 대해 정확하지 않은 지식, 정보의 보유 등 장
애인 부모의 특성, 교사의 준비 부족, 발달장애인에 대한 관리 및 감독의 부재 등

학교 또는 지역사회의 환경적 특성, 발달장애인에 대한 왜곡된 인식이나 낮은 가치평가 등 인식적인 문제가 발달장애인에 대한 인권 침해의 원인이 되기도 한다(김유리, 2010).

발달장애인에 대한 인권 침해를 예방하기 위해서는 발달장애인의 가족, 학교 또는 지역사회의 구성원 등이 발달장애인을 위한 인권 침해를 예방하는 데 중요한 역할 또는 옹호자의 역할을 담당해야 한다는 것을 시사해 준다. 또한 타인에 의해 자신의 권리를 옹호받는 것뿐만 아니라, 스스로의 힘에 의해 자신의 권리를 보호하고 인권 침해를 예방할 수 있는 방안도 함께 마련되어야 할 것이다.

2. 발달장애인에 대한 권리옹호 지원

발달장애인이 인권 침해를 당하는 경우 이를 효과적으로 대처하고 피해 발달장애인의 권리를 구제하기 위하여 적극적으로 노력하여야 한다. 발달장애인의 인권이 침해되었을 때 효과적으로 대처하고 권리구제를 지원하기 위한 방법으로는 크게 「발달장애인법」에 의한 권리구제 지원, 「장애인차별금지법」에 의한 권리구제 지원, 「국가인권위원회법」에 의한 진정 또는 민원 제기, 국민고충처리위원회를 통한 권리구제 지원, 형사 또는 사법 절차 활용 및 민간옹호 단체 활용 등이 있다. 이에 대한 구체적인 방법을 제시하면 다음과 같다.

1) 「발달장애인법」에 의한 권리구제 지원

「발달장애인법」에서는 누구든지 발달장애인에 대한 유기 등의 발생 사실을 알게 된 경우 발달장애인지원센터 또는 수사기관에 신고할 수 있도록 규정하고 있다. 〈표 7-1〉의 직종에서 일하는 사람은 신고의무자로 규정되어, 유기 등의 인권 침해 사건이 인지되었을 경우 반드시 신고하여야 하고, 이를 위반할 경우

표 7-1 「발달장애인법」에 따른 신고의무자 현황

1. 사회복지시설의 장과 그 종사자
2. 활동지원인력, 활동지원기관의 장과 그 종사자
3. 의료인과 의료기관의 장
4. 의료기사
5. 응급구조사
6. 구조대 및 구급대의 대원
7. 정신보건센터의 장과 그 종사자
8. 어린이집의 원장 등 보육교직원
9. 유치원 교직원 및 유치원 강사, 기간제 교사 또는 명예교사 등
10. 교직원, 전문상담교사 및 산학겸임교사 · 명예교사 또는 강사 등
11. 학원의 운영자와 그 종사자 및 교습소의 교습자 등 종사자
12. 성폭력피해상담소의 장과 그 종사자, 성폭력피해자 보호시설의 장과 그 종사자
13. 성매매피해상담소의 장과 그 종사자
14. 가정폭력 관련 상담소의 장과 그 종사자, 가정폭력피해자 보호시설의 장과 그 종사자
15. 건강가정지원센터의 장과 건강가정사 등 그 종사자
16. 장기요양요원

300만 원 이하의 과태료가 부과될 수 있다.

　신고의무자의 신고 대상 발달장애인 대상 범죄는 「형법」 제271조에 따른 유기 또는 존속 유기, 「형법」 제273조에 따른 학대 또는 존속학대, 「형법」 제287조부터 제292조까지에 따른 약취, 유인, 인신매매, 상해 · 치상, 살인 · 치사, 수수 · 은닉 등, 「성폭력범죄의 처벌 등에 관한 특례법」 제2조에 따른 성폭력 범죄, 「아동학대 범죄의 처벌 등에 관한 특례법」 제2조 제4호의 아동학대 범죄 등이 있으며(「발달장애인법」 제14조), 「형법」 제250조부터 제255조까지의 규정에 따른 살인의 죄, 「형법」 제270조 제2항에 따른 부녀의 촉탁 또는 승낙 없는 낙태의 죄, 「성매매알선 등 행위의 처벌에 관한 법률」 제4조에 따른 금지행위를 한 죄, 「가정폭력범죄의 처벌 등에 관한 특례법」 제2조 제3호에 따른 가정폭력범죄 등도 신고 대상으로 규정하고 있다(「발달장애인법」 시행령 제9조). 범죄 유형별 구체적

표 7-2 「발달장애인법」에 따른 범죄 유형별 내용 및 판단 기준

범죄 유형	범죄 내용	범죄 판단 기준
유기 또는 존속유기	발달장애인을 돌보지 않고 버리거나 방치하는 행위	-발달장애인을 보호할 법률상 또는 계약상 의무 있는 자(부양의무자, 시설종사자 등)만 해당 -자기 또는 배우자의 직계존속(부모, 조부모, 외조부모)을 유기하는 경우
학대 또는 존속학대	보호 또는 감독을 받는 발달장애인에게 가혹한 행위를 하여 정신적·육체적 고통을 가하는 행위	-법률상, 계약상 보호의무자에게 한정되지 않음(미신고 시설장, 고용주 등 포함)
약취	발달장애인을 폭행하거나 협박해서 자기 또는 제3자에게 데려오거나 데려가는 행위	-보호자의 동의를 받더라도 본인의 동의를 받지 않으면 약취·유인에 해당(동의한 보호자는 공범이 될 수 있음) -본인의 동의를 받았더라도 보호자의 동의를 받지 않은 경우 약취·유인에 해당
유인	발달장애인을 속이거나 유혹하여 자기 또는 제3자에게 데려오거나 데려가는 행위	-발달장애인의 인지적 특성을 이용해 약취·유인한 경우도 이에 해당 ※염전노예 사건과 같이 노동력을 착취하기 위한 경우 약취·유인에 해당
인신매매	발달장애인을 매매하는 경우	-발달장애인을 돈을 주고 사고파는 행위
상해·치상	발달장애인의 신체를 훼손하거나 훼손에 이르게 하는 것	-신체 내부 기능손상 포함 -약물의 의도적 오·남용에 의한 경우 포함
살인·치사	발달장애인을 죽이거나 죽음에 이르게 하는 행위	
수수·은닉	약취·유인된 사람을 넘겨받거나 숨긴 행위	
성폭력	음행매개, 음화반포, 음화제조, 공연음란 성매매와 성적 착취 목적의 약취, 유인, 인신매매 강간, 강도강간, 유사강간, 강제추행, 준강간, 준강제추행 등	「성폭력범죄의 처벌 등에 관한 특례법」 제2조

아동학대	상해, 폭행, 유기, 학대, 체포, 감금 협박, 약취, 유인, 인신매매, 강간, 강제추행, 명예훼손, 모욕, 주거ㆍ신체 수색, 강요, 공갈, 재물손괴	「아동학대범죄의 처벌 등에 관한 특례법」 제2조 제4호
	매매, 성적 학대, 신체적 학대, 정서적 학대, 방임, 장애아동을 공중에 관람시키는 행위, 구걸을 시키거나 아동을 이용하여 구걸하는 행위	
	공중의 오락 또는 흥행을 목적으로 건강 또는 안전에 유해한 곡예를 시키거나 이를 위하여 제3자에게 인도하는 행위	
살인	발달장애인을 살해하는 행위	─출산한 영아가 장애아라는 이유로 영아를 살해하는 행위 포함
부녀의 촉탁 또는 승낙 없는 낙태	발달장애인의 의사와 상관 없이 낙태를 하는 경우	─형식적인 동의서를 받아 놓았다 하더라도 발달장애인이 낙태의 의미와 효과를 구체적으로 알고 동의하지 않은 경우 성립 가능함
「성매매알선 등 행위의 처벌에 관한 법률」 위반	1. 성매매 2. 성매매알선 등 행위 3. 성매매 목적의 인신매매 4. 성을 파는 행위를 하게 할 목적으로 다른 사람을 고용ㆍ모집하거나 성매매가 행하여진다는 사실을 알고 직업을 소개ㆍ알선하는 행위 5. 성매매행위 및 성매매업소에 대한 광고행위	─가정구성원 간의 범죄 ─가정구성원: • 배우자 또는 배우자였던 사람(사실혼 배우자 포함) • 자기 또는 배우자의 직계존비속관계(부모, 조부모, 자녀, 손자녀) • 계부모(새아버지, 새어머니)와 자녀 또는 적모와 서자(혼인 외의 자녀와 본처) 관계 • 동거하는 친족(8촌 이내의 혈족, 4촌 이내의 인척)

	상해, 폭행, 유기, 영아유기, 학대, 아동혹사, 체포, 감금, 협박	
「가정폭력 범죄의 처벌 등에 관한 특례법」 위반	강간, 유사강간, 강제추행, 준강간, 준강제추행, 강간등 상해 · 치상, 강간등 살인 · 치사, 미성년자 등에 대한 간음, 미성년자에 대한 간음, 추행	
	명예훼손, 모욕	
	주거 · 신체 수색	
	강요, 사기, 공갈, 손괴	

출처: 조윤경, 김치훈, 김강원, 고명균(2015). 지역발달장애인지원센터 운영 매뉴얼 개발 연구. 서울: 한국장애인개발원.

인 내용과 판단기준을 제시하면 〈표 7-2〉와 같다.

신고의무자 등이 발달장애인 대상 범죄 행위 발생 사실을 발달장애인지원센터 또는 수사기관으로 신고할 수 있다. 이때 발달장애인지원센터 또는 수사기관은 해당 범죄 사실이 「발달장애인법」에 따른 범죄로의 해당 여부를 확인한 후, 발달장애인 대상 범죄에 해당되면 발달장애인지원센터의 권리구제 담당 직원 또는 경찰(파출소)의 경찰관과 함께 현장조사를 실시하고, 그 범죄에 해당되지 않으면 상담 또는 정보제공 방법 등을 활용하여 다른 조치를 취하여야 한다(조윤경, 김치훈, 김강원, 고명균, 2015).

현장조사는 범죄 행위가 발생되는 곳에 직접 방문하여 실제 범죄 발생 유무와 그 정도, 관련 증거 자료의 수집, 피해 발달장애인에 대한 보호조치 여부의 판단 등을 수행하기 위해 이루어진다. 현장조사 과정에서 가해자 등이 현장조사를 거부하는 등 업무를 방해하는 행위는 금지되고 정당한 사유 없이 조사를 방해하는 경우 과태료가 부과된다.

현장조사 후 범죄 사실이 확인되면 함께 동행한 경찰관에 의해 사법처리 절차를 밟게 되고, 피해 발달장애인의 경우 가해자로부터의 격리가 필요하거나 일정 기간 동안의 치료가 필요하다고 판단되는 경우 발달장애인지원센터는 해당 피해 발달장애인을 위기발달장애인쉼터 또는 의료기관으로 인도할 수 있다. 이때 임시보호 기간은 7일을 넘어서는 안 되고 발달장애인이 거주할 곳이 없거나 가해자로 추정되는 사람으로부터 추가적인 격리가 필요하다고 판단되는 경우 7일 더 연장이 가능하다.

임시보호 기간이 지나거나 더 이상의 치료가 필요 없을 경우 원래의 가정에 복귀시키는 것이 원칙이지만, 발달장애인이 거주할 곳이 없거나 주거 환경이 열악하거나 발달장애인을 보호할 사람이 없거나 범죄가 추가로 발생할 가능성이 있는 경우 발달장애인지원센터의 장은 시·도지사 또는 시장·군수·구청장에게 피해 발달장애인에 대한 시설 입소를 의뢰할 수 있다. 이때 의뢰 가능한 입소 시설로는 「장애인복지법」 제60조에 의한 거주시설, 「성폭력방지 및 피해자 보호 등에 관한 법률」 제12조에 따른 성폭력 피해자 보호시설, 「가정폭력 방지 및 피해자 보호 등에 관한 법률」 제7조에 따른 가정 폭력 피해자 보호시설 등이 있다.

2) 「장애인차별금지법」에 의한 권리구제 지원[8]

「장애인차별금지법」상 권리구제 절차로 국가인권위원회의 진정 및 시정권고, 법무부장관의 시정명령, 법원의 구제명령 제도를 두고 있다. 국가인권위원회의 진정과 시정권고를 중심으로 살펴보면 다음과 같다.

「장애인차별금지법」에 따라 장애로 인한 차별 사건이 발생될 경우 장애인 또는 그 관련자는 국가인권위원회에 진정을 할 수 있고, 국가인권위원회는 해당 사건에 대한 조사를 실시하여 장애 차별 여부를 판단하고 가해 기관 또는 개인에 대해 차별에 대한 시정을 권고할 수 있다. 국가인권위원회는 이와 같은 장애

---

8) 이 내용은 유동철, 김명연, 박숙경, 김정하 등(2014)의 장애인 복지시설 인권교육 교재: 장애인 인권 길라잡이를 이 책의 목적에 맞게 수정, 보완한 것임.

차별 사건에 대한 처리를 「국가인권위원회법」에 따른 진정 처리 절차에 따라 수행하고 있다.

진정(陳情)은 국가 또는 지방자치단체나 기타의 공적 기관에 대하여 국민이 그 사정을 진술하고 어떤 조처를 취하여 주도록 요청하는 행위를 말한다(한국민족문화대백과사전, 2015). 국가인권위원회는 인권 침해를 당하거나 차별 행위를 당한 사람의 진정을 조사하고, 법령에 따라 조치를 취할 수 있는 권한을 갖고 있다. 지난 2001년 설립된 국가인권위원회는 「국가인권위원회법」에 따라 입법, 사법, 행정부 어디에도 소속되지 않은 독립적 국가기관으로서 인권 침해 구제 기능을 담당하고 있다. 국가기관, 지방자치단체 또는 구금·보호시설의 업무 수행과 관련하여 인권을 침해당하거나 차별 행위를 당하거나 법인·단체 또는 사인(私人)에 의하여 차별 행위를 당한 사람은 이 국가인권위원회에 진정을 할 수 있고, 국가인권위원회는 이에 대해 조사를 실시하여 법령에 따라 조치를 취한다. 발달장애인 역시 인권 침해 또는 차별 행위를 당한 경우 국가인권위원회에 진정을 할 수 있으며, 권리를 구제받을 수 있다. 진정의 자격, 진정의 범위, 진정 처리 절차를 구체적으로 살펴보면 다음과 같다.

(1) 진정의 자격

인권 침해나 차별 행위를 당한 사람(이하 '피해자'라 한다) 또는 그 사실을 알고 있는 사람이나 단체는 국가인권위원회에 그 내용을 진정할 수 있다(〈표 7-3〉 참조). 다른 일반적인 권리 구제 수단이 대체로 청구인 내지 신청인의 권익을 침해

표 7-3 국가인권위원회에 진정을 제출할 수 있는 사람의 자격

1. 대한민국 국민과 대한민국 영역 안에 있는 외국인
2. 인권 침해를 당한 사람(피해자)
3. 인권 침해 사실을 알고 있는 제3자(개인 또는 단체)
* 진정이 없는 경우에도 인권 침해가 있다고 믿을 만한 상당한 근거가 있고 그 내용이 중대하다고 인정할 때에는 직권조사 가능

당한 자 또는 최소한의 이해관계인으로 한정하고 있는 데 반하여, 「국가인권위원회법」은 진정을 제기할 권한 있는 자를 피해자 또는 이해관계인으로 한정하지 않고, 다른 권리구제 수단에 비하여 포괄적으로 규정하고 있다(정호경, 2011).

〈표 7-3〉에서 제시한 바와 같이, 인권 침해를 당한 사람 또는 인권 침해 사실을 알고 있는 자라면 누구든지 국가인권위원회에 진정을 할 수 있다. 발달장애인의 경우 인권 침해를 당했을 때 스스로 진정을 할 수도 있지만, 혼자서 진정을 할 수 없을 수도 있으므로, 인권 침해를 인지한 사람이 대신 진정을 할 수 있다.

(2) 진정 대상

모든 사건에 대해 국가인권위원회에 진정을 할 수 있는 것은 아니다. 국가인권위원회에 진정할 수 있는 범위는 「국가인권위원회법」 제2조 제1호의 규정에 따라 제한하고 있다. 국가인권위원회는 국가기관, 지방자치단체 또는 구금·보호 시설의 업무 수행(국회의 입법 및 법원·헌법재판소의 재판을 제외한다)과 관련하여 「헌법」 제10조 내지 제22조에 보장된 인권을 침해당하거나 차별 행위를 당한 경우 및 법인·단체 또는 사인(私人)에 의하여 차별 행위를 당한 경우에 대한 진정에 대해서만 조사·결정할 수 있는 권한을 갖고 있다(제30조 제1항). 여기서 '구금·보호시설'이라 함은 교도소·소년교도소·구치소 및 그 지소, 보호감호소, 치료감호시설, 소년원 및 소년분류심사원, 경찰서 유치장 및 사법경찰관리가 그 직무 수행을 위하여 사람을 조사·유치 또는 수용하는 데 사용하는 시설, 군 교도소(지소·미결수용실 및 헌병대영창을 포함한다), 외국인 보호소, 다수인 보호 시설 등을 말한다(법 제2조 제2호). 이 중 다수인 보호시설이라 함은 아동복지시설, 장애인 복지시설, 정신보건시설, 부랑인 복지시설, 노인복지시설, 요보호자를 위한 복지시설, 갱생보호시설 등을 말한다(시행령 제2조). 따라서 국가 또는 지방자치단체 등 공권력에 의해 인권을 침해당했거나 차별을 당했을 경우, 또는 민간에 의해 차별을 당했을 경우에 한해 국가인권위원회에 진정을 할 수 있다.

진정 대상 이외에도 진정할 수 있는 사안의 범위에 대해서도 별도로 규정하고 있다. 국가인권위원회에 진정할 수 있는 사안으로는 「헌법」에 보장되어 있는 기본권 침해 행위, 평등권 침해의 차별 행위로 한정하고 있다. 국가기관, 지방자치단체 또는 구금, 보호 시설의 업무 수행과 관련하여 「헌법」 제10조 내지 제22조에 보장된 인권을 침해당하거나 차별 행위 제10조 생명권, 행복 추구권, 제11조 평등권, 제12조 신체의 자유, 적법절차 원칙, 제13조 신체의 자유, 형벌 불소급, 일사부재리 원칙, 제14조 거주 이전의 자유, 제15조 직업 선택의 자유, 제16조 주거의 자유, 제17조 사생활 비밀의 자유, 제18조 통신의 비밀과 자유, 제19조 양심의 자유, 제20조 종교의 자유, 제21조 언론, 출판, 집회, 결사의 자유, 제22조 학문과 예술의 자유 등과 같은 기본권이 침해되었을 때 진정을 할 수 있다. 또한 성별, 종교, 장애, 나이, 사회적 신분, 출신지역(출생지, 원적지, 본적지, 성년이 되기 전의 주된 거주지역 등), 출신 국가, 출신 민족, 용모 등 신체조건, 혼인 여부(기혼, 미혼, 별거, 이혼 사별, 재혼, 사실혼 등), 임신 또는 출산, 가족 형태 또는 가족 상황, 인종, 피부색, 사상 또는 정치적 의견, 형의 효력이 실효된 전과, 성적 지향, 학력 병력 등을 이유로 합리적 이유 없이 고용 관계, 재화, 용역, 교통수단, 상업 시설, 토지, 주거 시설의 공급이나, 이용 관계 또는 교육시설이나 직업훈련 기관에서 특정한 사람을 우대, 배제, 구별하거나 불리하게 대우하는 행위, 성희롱 행위 등을 평등권 침해 차별 행위로 보고 진정 대상 사안으로 다루고 있다.

「장애인차별금지법」 내의 장애 차별 행위도 함께 다루고 있다. 고용, 교육, 재화와 용역의 제공 및 이용, 사법·행정 절차 및 서비스와 참정권, 모·부성권, 성 등, 가족·가정·복지시설 및 건강권 등의 영역에서 장애로 인한 직접 차별, 간접 차별, 정당한 편의제공 거부에 의한 차별, 광고에 의한 차별을 진정 사건 대상으로 다루고 있다.

발달장애인의 경우에도 이와 같이 기본권을 침해당하거나 발달장애를 이유로 차별을 당했을 경우 발달장애인 또는 인권 침해 사실을 알고 있는 사람은 누구든지 국가인권위원회에 진정을 제출할 수 있다.

(3) 진정 처리 절차

진정을 하고자 하는 사람은 국가인권위원회와의 사전 인권 상담을 받은 후 국

인권 침해 사건 구제 절차 [국가인권위원회 진정 및 구제의 절차를 중심으로]

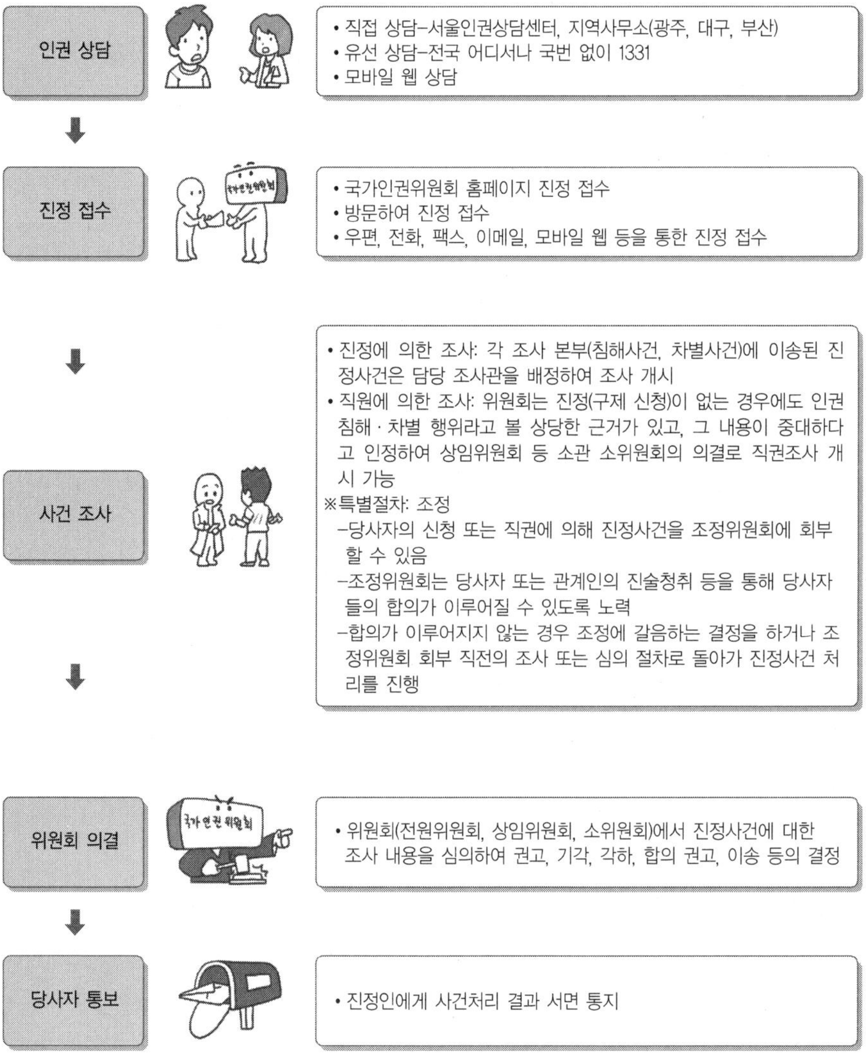

인권 상담
- 직접 상담-서울인권상담센터, 지역사무소(광주, 대구, 부산)
- 유선 상담-전국 어디서나 국번 없이 1331
- 모바일 웹 상담

진정 접수
- 국가인권위원회 홈페이지 진정 접수
- 방문하여 진정 접수
- 우편, 전화, 팩스, 이메일, 모바일 웹 등을 통한 진정 접수

사건 조사
- 진정에 의한 조사: 각 조사 본부(침해사건, 차별사건)에 이송된 진정사건은 담당 조사관을 배정하여 조사 개시
- 직원에 의한 조사: 위원회는 진정(구제 신청)이 없는 경우에도 인권 침해·차별 행위라고 볼 상당한 근거가 있고, 그 내용이 중대하다고 인정하여 상임위원회 등 소관 소위원회의 의결로 직권조사 개시 가능
※특별절차: 조정
  -당사자의 신청 또는 직권에 의해 진정사건을 조정위원회에 회부할 수 있음
  -조정위원회는 당사자 또는 관계인의 진술청취 등을 통해 당사자들의 합의가 이루어질 수 있도록 노력
  -합의가 이루어지지 않는 경우 조정에 갈음하는 결정을 하거나 조정위원회 회부 직전의 조사 또는 심의 절차로 돌아가 진정사건 처리를 진행

위원회 의결
- 위원회(전원위원회, 상임위원회, 소위원회)에서 진정사건에 대한 조사 내용을 심의하여 권고, 기각, 각하, 합의 권고, 이송 등의 결정

당사자 통보
- 진정인에게 사건처리 결과 서면 통지

[그림 7-1] 진정 접수 처리과정

출처: 명경미, 김다현, 민병란, 서현석 등(2013). 장애학생 인권 침해 예방을 위한 일반교사용 지침서. 충남: 국립특수교육원.

가인권위원회에 진정을 접수할 수 있고, 홈페이지, 직접 방문, 우편, 전화 등을 통해 상담을 받지 않고 곧바로 국가인권위원회에 진정을 접수할 수 있다. 진정은 반드시 문서의 형식을 요구하지는 않고, 방문, 우편, 전화, 팩스, 이메일을 통하여 접수할 수 있고, 구금보호 시설의 경우에는 면전 진정의 방법으로 진정을 접수할 수 있다(그림 7-1).

국가인권위원회는 접수된 진정 사건을 국가인권위원회 산하 조사 본부로 이송하고, 각 조사 본부의 담당 조사관은 해당 진정 사건에 대해 조사를 실시하게 된다. 우선 진정인·피해자·피진정인 또는 관계인에 대하여 진술서 및 자료 제출을 요구하고, 필요할 경우 조사사항과 관련이 있는 장소·시설·자료 등에 대한 실지 조사를 실시하며, 행위 당사자의 진술서만으로는 사안을 판단하기 어렵거나 인권 침해·차별 행위가 있었다고 볼 만한 상당한 이유가 있는 경우 피진정인에 대하여 출석 조사를 할 수 있다. 이때 정당한 이유 없이 조사를 거부할 경우 과태료를 부과할 수 있다. 조사가 끝나면, 조사관은 조사결과 보고서를 작성하여 해당 소위원회의 심의·의결 과정을 거치게 된다. 위원회는 진정이 없는 경우에도 인권 침해·차별 행위라고 볼 상당한 근거가 있고, 그 내용이 중대하다고 인정하여 상임위원회 등 소관 소위원회의 의결로 직권 조사를 할 수 있다.

사건 조사가 진행되는 과정에서 당사자의 신청 또는 직권에 의해 진정 사건을 조정위원회로 회부할 수도 있다. 이때 조정위원회는 당사자 또는 관계인의 진술 청취 등을 통하여 당사자들의 합의가 이루어질 수 있도록 노력하여야 한다. 합의가 이루어지지 않을 경우 조정에 갈음하는 결정을 하거나 조정위원회 회부 직전의 조사 또는 심의 절차로 돌아가 진정사건 처리를 진행하면 된다.

사건 조사가 이루어진 후 국가인권위원회는 해당 사건을 어떻게 처리할 것인지에 대해 결정을 내리게 되는데 이를 전원위원회, 상임위원회 및 소위원회라는 각 위원회에서 결정하게 된다. 각 위원회에서는 진정 사건에 대한 조사 내용을 심의하여 권고, 기각, 각하, 합의권고, 이송 등의 결정을 내릴 수 있다.

소위원회에서는 조사결과 보고서를 토대로 심의·의결을 한다. 이 과정에서 소위원회는 조사 부서에 추가 조사를 지시할 수 있다. 소위원회는 심의 · 당사자에게 합의를 권고할 수 있고, 인권 침해 또는 차별 행위가 일어났다고 판단할 경우 피진정인 등에게 필요한 구제 조치 및 법령 · 제도 · 정책 · 관행의 시정을 권고할 수 있으며, 인권 침해에 책임이 있는 자에 대한 징계를 권고할 수 있고, 진정의 내용이 범죄 행위에 해당하고 이에 대해 형사 처벌이 필요하다고 인정할 때에는 검찰총장에게 그 내용을 고발할 수 있다. 또한 권리 구제를 위해 필요하다고 인정할 경우 피해자에 대한 법률 구조를 요청할 수 있다. 한편, 진정 내용이 사실이 아니거나 인권 침해 또는 차별 행위에 해당하지 않을 경우, 별도의 구제 조치가 필요하지 않다고 판단되는 경우에는 진정 사건을 기각하고, 법 제32조 제1항 각호에 해당할 경우는 각하한다.

국가인권위원회는 해당 진정 사건에 대한 심의, 의결 후 진정인에게 사건처리 결과통지서를 송부한다.

3) 국민권익위원회를 통한 권리 구제[9]

국민권익위원회는 부패 방지와 국민의 권리 보호 및 구제를 위하여 과거 국민고충처리위원회와 국가청렴위원회, 국무총리 행정심판위원회 등의 기능을 합쳐 「부패방지 및 국민권익위원회 설치와 운영에 관한 법률」에 따라 2008년 2월 29일 새롭게 탄생한 기관이다. 주로 하는 일은, 첫째, 고충 민원의 처리와 이와 관련된 불합리한 행정제도 개선, 둘째, 공직사회 부패 예방 · 부패행위 규제를 통한 청렴한 공직 및 사회풍토 확립, 셋째, 행정 쟁송을 통하여 행정청의 위법 · 부당한 처분으로부터 국민의 권리 보호 등이다. 국민권익위원회의 권리구제 지원과 관련된 주요 업무를 살펴보면 다음과 같다.

---

9) 이하의 내용은 국민권익위원회 홈페이지(http://www.acrc.go.kr) 내용을 재구성한 것임.

(1) 고충 민원 처리

고충 민원이란 행정기관 등의 위법·부당하거나 소극적인 처분(사실행위 및 부작위를 포함) 및 불합리한 행정 제도로 인해 국민의 권리를 침해하거나 국민에게 불편 또는 부담을 주는 사항에 관한 민원(현역 장병 및 군 관련 의무 복무자의 고충 민원을 포함)을 말한다. 국민권익위원회 홈페이지에서 신청, 우편 신청, 전화 신청, 직접 방문 신청을 통해 고충 민원 신청이 가능하다. 고충 민원 처리 절차는 다음과 같다.

① 상담 및 신청

누구든지 본인 또는 대리인을 통하여 서면으로 직접 신청하거나 우편, 인터넷, 팩스 등을 통해 신청할 수 있다. 접수된 민원은 60일 이내 처리하나 부득이한 경우 60일 연장 가능하다.

② 민원 조사

접수된 고충 민원은 위원회 또는 위원회의 지시를 받은 조사관이 관계 행정기관에 접수된 고충 민원에 대한 설명 및 관련 자료 요구, 신청인·참고인 또는 관계 직원의 의견 진술 요구, 관계 행정기관 등에 대한 실질 조사 또는 전문가 감정 의뢰 등을 통해 민원 사안을 조사한다.

③ 심의·의결

조사가 완료되면 전원위원회 또는 소위원회에서 사실 관계와 증거 등을 심의하고, 재적위원 과반수의 출석과 출석위원 과반수의 찬성(위원회는 구성위원 전원의 출석과 출석위원 전원 찬성)으로 시정조치를 권고하거나, 법령·제도·정책 등의 개선 권고 또는 의견 표명 등을 하게 된다.

④ 처리 결과 통보

국민권익위원회는 의결이 있는 날로부터 3일 이내에 처리 결과를 양 당사자에게 송달한다. 국민권익위원회의 권고 또는 의견을 받은 관계 행정기관의 장은 정당한 사유가 있는 경우를 제외하고는 이를 존중해야 하며, 당해 권고 또는 의견을 받은 날로부터 30일 이내에 그 처리 결과를 위원회로 통보하게 된다. 행정기관 등이 위원회의 의결에 대해 이의가 있는 경우에는 처리 결과 통보를 받은 날로부터 30일 이내에 그 사유를 서면으로 작성해 위원회에 이의를 제기할 수 있고, 이 경우 위원회는 당해 사안을 재심의할 수 있다.

(2) 부패행위 처리

부패행위 신고 대상은 공직자가 직무와 관련해 그 지위 또는 권한을 남용하거나 법령을 위반해 자기 또는 제3자의 이익을 도모하는 행위, 공공기관의 예산 사용, 공공기관 재산의 취득 관리 처분 또는 공공기관을 당사자로 하는 계약의 체결 및 그 이행에 있어서 법령에 위반해 공공기관에 대해 재산상 손해를 가하는 행위, 위에서 규정한 행위 및 그 은폐를 강요, 권고, 제의, 유인하는 행위 등이다.

방문, 우편, 팩스, 출장, 국민권익위원회 홈페이지, 국민신문고 등을 이용해 부패 행위를 신고할 수 있다. 국민권익위원회에 부패 행위 신고가 접수되면 사실 확인 절차를 거쳐 조사가 필요한 경우 감사원, 수사기관 또는 해당 공공기관의 감독 기관에 이첩해 그 조사 결과를 통보받아 신고자에게 알려 주며, 신고자가 안심하고 부패 행위를 신고할 수 있도록 신고자, 협조자 등에 대한 신분 보장·신변 보호·비밀보장 제도를 운영하고 있다.

(3) 행정심판

행정심판이란 행정청의 위법·부당한 처분 그 밖에 공권력의 행사·불행사 등으로 권리나 이익을 침해받은 국민이 행정기관에 제기하는 권리구제 절차를 말한다. 행정 심판은 법원의 행정 소송에 비해 비용이 무료이고, 절차가 간편하며, 신속하게 처리되는 장점이 있다. 최근에는 온라인 행정심판 제도를 도입하고 있는데 이는 국무총리행정심판위원회에서 제공하는 인터넷 행정심판 시스템으로 기존에 서면으로 하던 행정심판 절차와는 달리 인터넷을 이용해 쉽고 편리하게 행정심판 청구, 진행 상황 및 결과 조회 등을 할 수 있다.

국민이 행정청의 위법·부당한 처분이나 부작위로 인해 피해를 본 경우에는 행정 심판을 제기할 수 있다. 처분이란 행정청의 공법상 행위로서 법규에 의해 국민에게 특정한 권리를 설정해 주거나 의무의 부담을 명하는 것과 같이 국민의 권리 의무에 직접적으로 관계되는 행정 행위를 말한다. 부작위란 행정청이 당사자의 신청에 대해 상당한 기간 내에 일정한 처분을 해야 할 법률상 의무가 있음에도 불구하고 이를 하지 않는 것을 말한다. 따라서 행정청의 행위라도 처분이나 부작위가 아닌 경우에는 행정심판의 대상이 되지 않는다.

행정심판에는 행정청의 위법 또는 부당한 처분의 취소 또는 변경을 하는 취소 심판, 행정청의 처분의 효력 유무 또는 존재 여부에 대한 확인을 하는 무효 등 확인 심판, 행정청의 위법 또는 부당한 거부 처분이나 부작위에 대하여 일정한 처분을 하도록 하는 의무이행 심판이 있으며, 이 중 취소 심판이 가장 대표적인 행정 심판이다.

(4) 형사 및 사법 절차의 활용

민·형사 사건이 발생했을 경우 법에 따라 경찰, 검찰, 법원 등 사법 기관을 통해 해결해 나가는 과정이 형사 사법 절차다. 형사 사법 절차는 다음과 같은 몇 가지 단계로 진행된다.

① 사건 관계자의 고소, 고발, 진정, 탄원 접수
② 경찰의 다양한 경로를 통한 사건 조사 및 관련 자료 수집
③ 경찰이 조사한 내용을 바탕으로 관련 자료와 함께 사건에 대한 의견을 검

찰로 송치

④ 송치된 사건에 대한 검찰 조사

⑤ 검찰 조사 결과에 따라 검사가 기소 유예, 불기소, 약식 기소, 벌금형, 등 판결

⑥ 검찰의 판단에 대해 정식 재판 청구

형사 또는 사법 절차상에서 그 권리를 보호하고 지원하는 절차로는 수사이의 신청 제도, 수사관 교체요청 제도, 피의자 · 피해자의 권리 지원, 변호사 지원 등과 같이 일반 국민 전체를 대상으로 한 지원과 「발달장애인법」에 의한 발달장애인을 위한 지원이 있다.

① 일반 국민 전체를 대상으로 한 권리 지원

수사이의 신청제도는 수사에 이의 및 불만이 있는 지방청 수사이의 조사팀에서 사건을 재검토하고 그 결과를 민간위원들로 구성된 위원회에서 공정하고 객관적으로 심사하는 제도다. 이 제도는 모든 이의사건을 대상으로 하며, 피해자(진정인 · 고소인), 피의자(피고소인 · 피진정인 · 피내사자), 참고인 등 사건관계자 등이 지방경찰청 민원실 방문 또는 우편 접수, 사이버경찰청 수사이의 제기 코너 등을 통해 신청할 수 있다. 자세한 내용은 국번 없이 182, 각 지방경찰청 수사과 수사이의 조사팀을 통해 문의하면 된다. 특히 발달장애인의 경우 사법기관에서의 수사가 발달장애의 특성을 고려하지 않고 수사관의 주관에 의해 이루어지는 경우 이러한 제도를 활용하여 수사 과정에서의 공정성을 기할 수 있다.

또한 담당 수사관의 편파 수사, 가혹 행위로 인해 공정한 수사를 기대하기 어려운 경우 경찰서 청문감사관실에 수사관 교체를 요청할 수 있는 수사관 교체요청 제도도 활용해 볼 수 있다. 경찰서에서 수사 중인 고소 · 고발 · 진정 · 탄원 사건에 대해 이와 같은 제도를 활용할 수 있으며, 대상 사건의 고소인 등과 그 상대방(참고인 제외) 및 변호인, 법정대리인 등이 서면을 통해 수사관 교체 요청을

할 수 있다. 구체적인 내용은 국번 없이 182 또는 각 경찰서 청문감사관실을 통해 알아보면 된다.

발달장애인이 피의자, 피해자 또는 참고인이 되었을 경우, 그 권리가 침해당하지 않도록 지원하는 제도가 있다. 발달장애인이 피의자가 되었을 경우 피의자 신문 시 진술을 거부할 수 있으며 변호인이 동석할 수 있도록 하는 피의자 권리 지원 제도가 있다. 발달장애인과 같이 특별한 보호를 요하는 자의 경우 신뢰관계자가 반드시 동석하게 할 수 있다.

발달장애인이 피해자가 되었을 경우, 피해 진술 시 변호인을 참여하게 할 수 있으며, 현저하게 불안 또는 긴장을 느낄 우려가 있는 경우 신뢰관계자를 동석하게 할 수 있는 피해자 권리 지원 제도도 있다. 이 제도를 활용하면 피해 회복을 위한 각종 권리와 지원 기관을 안내받을 수 있다.

발달장애인이 참고인으로 소환되어 진술하는 경우에도 변호인을 참여하게 할 수 있는 참고인 지원 제도도 있다. 수사 기관에서 출석 요구를 받고 참고인으로 출석한 경우 소정의 참고인 여비를 지급받을 수 있다. 또한 발달장애인이 범죄 피해자이거나 범죄 신고자로서 보복범죄가 예상되는 경우에는 관할 지구대, 파출소 또는 수사 부서를 통해 신변보호를 요청받을 수도 있다.

발달장애인이 피의자, 피해자 또는 참고인 신분이 되었을 때, 변호사가 필요하지만 비용 또는 섭외의 어려움 등으로 인해 변호사를 부를 수 없을 경우 대한법률구조공단 또는 국선변호인 제도를 활용할 수도 있다. 대한법률구조공단의 경우 국번 없이 132 또는 홈페이지(http://www.klac.or.kr)를 통해 알아볼 수 있으며, 국선변호인 제도는 재판 또는 심문이 진행 중인 법원을 통해 신청할 수 있다 (피의자만 해당).

한편, 폭행, 상해치사 등 형사사건의 피해자가 범인의 형사재판 과정에서 간편하게 민사적인 손해배상 명령까지 받아낼 수 있는 배상명령 제도라는 것이 있다. 상해, 폭행, 절도, 강도, 사기, 공갈, 횡령, 배임, 재물 손괴와 같은 사건일 경우, 대상 사건의 직접적인 피해자 또는 상속인이 재판이 진행 중인 법원에 신청할 수 있다. 이때 변론이 종료되기 전까지 배상명령신청서를 제출해야만 한다. 이 신청을 통해 범죄로 인한 직접적 물적 피해와 치료비 및 위자료 등을 받을 수 있다.

2,000만 원을 초과하지 않는 금전 지급을 목적으로 하는 청구(대여금, 금전 채권, 손해배상 청구 등)와 같이 비교적 단순한 사안에 대해 보통 재판보다 신속, 간편, 경제적으로 재판을 받을 수 있도록 만든 소액심판 제도도 알아둘 필요가 있다. 소송 목적 금액이 2,000만 원을 초과하지 않는 금전, 기타 대체물, 유가증권의 청구에 대해 대상자의 주소지 관할 지방법원 민원실에 신청하면 된다.

② 발달장애인을 대상으로 한 지원

「발달장애인법」 제12조에서는 사법 절차상 발달장애를 고려한 지원을 제공할 수 있도록 규정하고 있다. 먼저 발달장애인이 재판의 당사자가 된 경우 발달장애인의 보호자, 중앙 또는 지역발달장애인지원센터의 직원 또는 발달장애인과 신뢰 관계에 있는 사람은 법원의 허가를 받아 법원의 심리 과정에서 발달장애인을 위한 보조인이 될 수 있도록 규정하고 있다. 이때 보조인은 소송의 내용을 발달장애인이 이해하기 쉽도록 설명을 해 주고, 소송 절차에서 불이익을 받지 않도록 보호하며, 발달장애인의 의사 또는 의견을 판사 등 법원에 전달하는 역할을 담당하며, 발달장애인이 필요로 하는 적합한 사법 지원을 법원에 신청하는 역할을 담당할 수 있다(조윤경 외, 2015).

또한 법원은 발달장애인을 증인으로 심문하는 경우 발달장애인 본인, 검사, 보호자, 발달장애인지원센터의 장의 신청이 있을 경우 재판에 중대한 지장을 줄 우려가 있는 부득이한 상황이 아니면 발달장애인과 신뢰관계에 있는 사람을 동석하게 할 수 있다. 이때 신뢰관계인은 발달장애인이 심문을 받을 때 발달장애인 옆에 동석하여 발달장애인의 심리적 안정을 도모하고 원활한 의사소통을 담당하는 역할을 맡게 된다(조윤경 외, 2015).

또한 「발달장애인법」 제13조에서는 수사과정에서 발달장애인이 피해를 입지 않도록 발달장애인에 대한 전담조사 제도를 규정하고 있다. 수사 기관이 발달장애인을 조사 또는 심문하는 과정에서 발달장애인에게 불리한 상황이 발생되지 않도록 하기 위하여 발달장애인에 대한 특성 및 요구에 대해 교육 또는 훈련을 받은 검사 또는 경찰관이 조사 또는 심문을 전담하도록 규정하고 있다. 또한 기존의 검사 또는 경찰관이 전담 검사 또는 전담 경찰관으로 적극 참여할 수 있도록 하기 위하여 별도의 인센티브(수당 지급) 제도를 마련하였고, 해양경찰청 및 자치경찰(제주특별자치도)에서도 별도의 전담 경찰을 배치할 수 있도록 규정하고 있다.

(5) 민간 옹호 단체의 활용

장애인 관련 인권 침해 사건을 담당하는 단체를 중심으로 민간 차원의 **장애인 권리 옹호 단체**를 살펴보면 다음과 같다.

장애인차별상담전화는 장애인차별금지법추진연대에서 운영하는 부설기관으로서 「장애인차별금지법」을 기반으로 장애인 당사자와 당사자를 포함한 장애인 관련자에 대한 포괄적인 인권 침해 사건에 대응하는 기구다. 현재 60여 개 장애인 관련 단체가 이 기구의 활동에 참여하고 있으며, 1577-1330으로 전화하면 가장 가까운 지역 상담소로 연결된다. 또한 변호사 등 관련 전문가들로 구성된 법률자문위원회가 있어 상담 내용에 따라 법률가 자문 또는 권리구제 지원을 안내받을 수도 있다.

보건복지부가 장애우권익문제연구소에 위탁하여 운영하고 있는 장애인인권침해예방센터는 장애인 인권 침해 대응 및 장애인의 생활 전반에 대한 정보 제공 등 장애와 관련된 전반적인 사항에 대해 상담을 지원하고 있는 곳이다. 1577-5364로 연락을 하면 인권 침해와 관련된 대응 절차, 인권 침해 관련 정보 등을 제공받을 수 있다.

장애여성 인권운동단체인 장애여성공감에서 운영하는 성폭력상담소는 장애여성이 장애라는 신체적 정신적 제한으로 인해 겪는 폭력의 피해에 대해 장애감

수성을 갖고 대응하는 전문 상담소다. 성폭력 피해 장애여성을 위한 위기 개입을 통해 상담 및 심리적, 의료적, 법률적 지원을 기본 사업으로 피해자 보호시설(쉼터) 연계와 장애여성의 성적 자기결정권에 대한 이해를 높이기 위한 성교육도 진행하고 있다.

한국여성장애인연합이 운영하는 성폭력상담소는 서울에 사무국을 두고 운영하고 있으며, 전국에 지소가 있어 가까운 지역에서도 상담이 가능하다. 전국의 상담소 연락처는 홈페이지(http://www.kdawu.org)에 안내되어 있으며, 전화 상담 시간은 월~금요일(공휴일 제외) 오전 9시부터 오후 6시까지다. 한국여성장애인연합은 성폭력상담소 외에도 장애여성의 권리 신장과 관련된 여러 가지 사업을 하고 있다.

이와 같은 기관 이외에도 성폭력, 가정폭력, 학교폭력, 성매매 피해자와 그 가족을 위해 전문상담사와 여성경찰관이 365일, 24시간 상담 및 수사를 지원하는 여성 · 학교폭력 피해자 원스톱 지원센터가 전국적으로 운영되고 있다.

제**8**장
발달장애인 자기권리 옹호

1. 자기권리 옹호의 필요성

발달장애인의 인권 침해를 예방하고 권리를 보장하기 위해서는 사회복지 시스템을 개선하고 법적, 제도적 장치를 정비하는 등의 노력도 필요하지만 인권 침해가 더 이상 발생하지 않도록 하기 위한 예방적 차원의 노력이 필요하다. 예방적 차원의 방법으로는 가족, 친구, 동료 등 중요한 타인 또는 전문가가 발달장애인에 대한 인권 침해가 발생하지 않도록 감시하는 전문가옹호, 시민옹호, 가족옹호 또는 동료옹호와 같은 방법이 있고, 자기 스스로가 옹호자가 되어 자신을 보호하는 방법이 있다(강희설, 2010). 〈표 8-1〉은 권리옹호의 유형을 요약한 것이다.

대체로 발달장애인의 경우 의사소통기술, 대인관계기술 등 전반적인 사회적 기술의 부족으로 인해 스스로 자신의 권리를 옹호하기 어렵다(이숙향, 2009). 때문에 그동안 발달장애인의 인권 보호를 위해 발달장애인 주변의 학교 구성원,

| 표 8-1 | 권리옹호의 유형 |

행위 주체			옹호 대상	금전적 보상	옹호활동 기간
간접적 옹호	전문가 옹호	변호사, 법률전문가	개인	유료	단기
		서비스 전문가 옹호　사회복지사	개인	유료	단기
		의사, 간호사	개인	유료	단기
	시민옹호	지역 자원봉사자	개인	무료	장기
	가족옹호	가족	개인, 집단	무료	장기
	동료옹호	유사한 경험을 가진 동료	개인, 집단	무료	장기, 단기
직접적 옹호	자기옹호	개인적 자기옹호	개인	무료	장기
		집단적 자기옹호	집단	무료	장기

출처: 강희설(2010). 사회복지사의 지적 장애인 자기옹호 지원 과정. 성공회대학교 대학원 미간행 박사학위논문.

장애학생 부모 및 지역사회 등이 옹호자가 되어 왔다. 그러나 인권 침해 상황에서 외부의 누군가가 상시적으로 배치되어 이들을 옹호하는 것은 현실적으로 어렵다. 발달장애인을 위한 상시적인 옹호 시스템이 마련된다고 하더라도 발달장애인의 사생활 침해 문제, 경제적 비용 문제 등이 나타날 수 있으므로 발달장애인의 권리 옹호를 위한 보다 효과적인 방안이 마련될 필요가 있다. 중요한 타인 또는 외부의 전문가가 발달장애인을 옹호하는 것이 현실적으로 어렵다면 발달장애인이 스스로 자신의 권리를 옹호할 수 있는 능력을 갖도록 하여 자기권리 옹호자 또는 자기옹호자가 될 수 있도록 하여야 한다.

자기옹호는 상대방에게 자신의 감정이나 상황을 적절하게 표현하고, 자신의 권리를 이해하며, 이를 효과적으로 주장하고, 필요한 자원을 획득하는 활동을 의미한다(엄미선, 2003). 자기옹호는 자신의 문제에 자신이 최고의 전문가이며 자신의 문제에 대한 결정권을 갖게 함으로써 사회적 약자의 권익 또는 이익을 가장 효과적으로 강화시키는 옹호의 한 형태로 볼 수 있다.

발달장애학생이 학교 교육과정을 마치게 되면 학교 밖의 다양한 상황에 노출되고 더 많은 사람과 상호작용을 해야 하며 자신의 요구를 효과적으로 전달하고 때로는 이를 관철시킬 수 있어야 한다(이숙향, 2009). 필요에 따라서는 원하지 않는 상황에 대해 거부할 수 있어야 하고, 꼭 필요한 상황에서는 자신이 원하는 것을 요구할 수 있어야 하며, 자신의 권리가 침해될 때 이를 효과적으로 대처할 수 있어야 한다(정희승, 박승희, 2011). 적극적인 자기옹호자가 될 때, 학교 졸업 이후 지역사회에서 어려움 없이 다른 사람과 함께 질 높은 삶을 기대할 수 있다.

자기옹호는 자기결정과 밀접한 관계를 갖고 있으며 자기결정의 요소 중 하나로 간주된다(Test, Fowler, Wood, Brewer, & Eddy, 2005). 자기옹호는 자기결정을 강화시키는 중요한 요소이며, 자기옹호를 지도받은 학생들은 좀 더 자신감 있게 자신의 강점과 교육적 요구를 표현한다(Fiedler & Danneker, 2007). 또한, 자기결정기술의 필요성을 높게 인식하는 교사일수록, 자기결정기술 구성요소 중 학생이 반드시 습득해야 할 요소로 자기인식을 포함한 자기옹호를 가장 우선적으로 선택하고 있다(Test et al., 2005). 최근 연구들(강희설, 2010; 조인수, 2006; 하인숙, 2004)은 지적 장애나 발달장애인들도 자기옹호와 관련된 다양한 구성 요인들을 체계적으로 구성하여 접근하면 직접적 자기옹호가 가능하다는 것을 보여 주고 있다. 오히려, 지적 장애인의 경우 자신의 의견과 욕구가 잘못 해석될 가능성이 높아 장애학생 개인의 자기옹호기술의 필요성이 더욱 절실하게 제시되고 있다(강희설, 2010). 국내 중 · 고등부 특수학교 학생들을 대상으로 심층면담을 통한 질적 연구를 수행한 이숙향(2009)의 연구결과를 보면, 국내 특수학교 장애학생들은 자기옹호에 심각한 문제를 나타내고 있고, 학교에서 가장 시급하게 지도해야 할 지도영역이 자기옹호임을 지적하고 있다. 이처럼 장애학생의 성공적인 사회통합과 장애학생이 자기 삶의 주인이 되기 위해서 교육현장에서의 자기옹호 지도는 매우 중요하다.

자기옹호는 단시간에 습득되거나 저절로 얻어지는 것이 아니기 때문에 체계적이고 명백한 교수로서 지도되어야 한다(방명애, 2006). 또한 학습자가 평생을 걸쳐 장애의 경 · 중도와 상관없이 활용하는 능력이므로 지속적으로 지도되어야 한다(Stang, Carter, Lane, & Pierson, 2009). 이러한 자기옹호의 지도는 자기결정의 향상을 가져와 궁극적으로 장애학생들이 그들의 삶을 조정하고, 자신들 삶의 다양한 부분을 외부 환경의 영향에 의해 결정하는 것이 아니라 스스로 결정하게 할 것이다. 이와 같이 특수교육 현장에서 자기옹호 지도의 필요성이 늘어나는 것에 비하여, 자기옹호에 대한 정의나 개념이 여전히 불명확하고 교육에서의 자기옹호가 단순히 자기결정의 하위 요소로만 다루어지고 있다. 특히, 자기옹호의 개념이 개인의 이익을 우선하는 서구 문화적 가치에 근간을 두고 개발되어 국내 상황을 고려한 자기옹호의 사회 · 문화적 맥락에 대한 연구가 부족한 실정이다 (이재섭, 이재욱, 최승숙, 2011). 뿐만 아니라 자기옹호에 대한 인식이 부족하고 이를 실행할 수 있는 여건이 조성되어 있지 않아(이숙향, 2009) 국내 특수교육 현장에서의 자기옹호 교육을 촉진할 수 있는 다양한 방안이 제시될 필요가 있다.

2. 자기옹호의 역사

자기옹호는 다양한 학문 분야에서 논의되어 온 개념이고 장애인의 사회 참여가 활발해지고 그 필요성이 증가되면서 강조되어 온 개념이다(Sutcliffe & Simons, 1993). 일반적으로 자기옹호는 자신을 위해서 말하고 행동하는 것을 의미하는데, 어떤 사람이 다른 사람을 위해 말하고 대변하는 옹호와는 다른 개념이다(Crawley, 1988). 이것은 자신을 위해서 최선이 무엇인지 결정하고 그것을 구하는 데 책임을 지며 인간으로서 자신의 권리를 위해서 일어서는 것을 의미한다(Goodley, 2000). 이때 자신을 위한다는 것은 자신과 타인을 구분하고 자신의 이익을 위한 최선의 선택이 무엇인지 판단하는 것을 의미하고, 자신의 권리를 요구하고 책임을 지는 것은 자신이 선택한 것을 행동으로 옮기는 것을 말한다. 이러한 의미에서 자기옹호는 인지적 요소와 행동적 요소가 모두 포함된 심리적 개념으로 접근 가능하고, 인지 발달 과정에서 자연스럽게 나타나는 행동 특성 중 하나로 볼 수 있다. 성인기에 이러한 행동이 자연스럽게 나타난다면 일상생활이나 사회생활 과정에

서 다른 사람으로부터 권리를 침해당하지 않고, 자신의 이익을 주장할 수 있게
되고, 그 사회의 일원으로 살아갈 수 있게 된다. 그러나 인지적 제한이 있는 발달
장애인의 경우 자기옹호와 같은 성인기의 자연스러운 행동을 하기 어렵기 때문
에 권리를 침해당할 수 있고 사회생활의 걸림돌이 될 수 있다(Goodley, 2000). 자
기옹호는 발달장애인과 같이 사회적 약자의 목소리를 인정하고 부각시키며 이
들의 자기결정을 설명하기 위해 강조되는 개념이었다(Bhavnani, 1990).

자기옹호는 장애인의 인권 운동의 확장과 함께 변화, 발전되어 왔다. 자기옹
호라는 개념에서 옹호라는 의미가 개인과 사회의 변화를 촉구하기 위해 진행되
는 활동의 한 유형을 뜻하기 때문이다. 특히 옹호는 다른 사람, 집단 등에 의해
소외되고 차별받는 장애인 등 사회적 약자들에게는 그 사회나 공동체를 유지하
고 있는 가치, 문화, 질서에 대응하여 이를 변화시키기 위한 주된 동력이 되기도
했다. 장애인이 자신의 문제에 대해 인식하고 대응하는 활동의 과정을 전문가
가 아닌 당사자가 직접 담당하는 것을 자기옹호라고 명명하면서, 자기옹호는
장애인의 인권 운동의 성장과 함께 구조화되고 재생산되어 왔다고 볼 수 있다
(Goodley, 2000). 연구자에 따라 시각은 다를 수 있지만 전문가 중심의 재활패러
다임 또는 개인적 접근보다는 당사자 중심의 자립생활패러다임 또는 사회적 접
근을 강조하는 이론과 함께 장애인의 인권운동이 본격적으로 성장하고 발전해
왔다는 것에는 큰 이견이 없다(정종화, 2009). 장애인의 인권 운동은 누군가에 의
해 자신의 문제가 정의되고 해결방안이 마련되는 것보다 자신이 자신의 문제를
정의하고 이를 해결하기 위해 자신이 스스로 나설 수 있다는 자신감을 획득하는
과정이었다. 자신의 문제를 스스로 인식하고 자신의 권리를 주장하며 관찰시켜
나가는 활동이 자기옹호였던 것이다. 그래서 장애인의 인권 운동을 장애인의 자
기옹호 운동이라고 지칭해도 의미의 차이가 크게 나타나지 않는다. 특히 장애인
의 인권 운동의 흐름 속에 등장한 자기옹호 운동은 인지적 제한 때문에 자기 표
현이 어렵고 효과적으로 의사를 소통하기 힘들어 타인에 의한 옹호가 상대적으
로 많이 요구되는 발달장애인에게 더 의미 있게 적용되어 왔다(Goodley, 2000).

발달장애인의 **자기옹호** 운동이 언제 시작되었는지 확인하기는 어렵지만 (Goodley, 2000), 여러 학자들은 그 기원을 Nirje의 정상화 이론에 근거한 스웨덴 의 지적 장애인들의 활동으로 보고 있다. 1968년 스웨덴에서 지적 장애가 있는 사람들은 자신들을 위한 서비스가 어떻게 제공되어야 하는지에 대한 요구사항 목록을 만들었는데, 이들은 그 목록을 이들을 지원하는 단체에 제출하였다. 이 요구 사항들이 받아들여졌는지는 확인되지 않았지만 이러한 활동을 자기옹호 운동의 기원으로 보고 있는 것이다(Shoultz, 1997). 또한 1968년 11월 8일 스웨덴 스톡홀름에서 정신지체를 지닌 10명의 사람들과 6명의 대학생들은 특별한 모험 을 위해서 모였는데 이 16명은 평소 익숙하지 않은 커피숍에 가서 그들이 경험 했던 모든 것에 대해서 이야기했다. 이 사람들은 나중에 연극을 보기로 결정하 고 이를 위한 준비물 목록을 만들기 시작했다. 이들은 커피숍을 떠나면서 다시 집으로 돌아갔는데, 이들의 새롭고 익숙지 않은 곳에서의 자기 주도적 경험은 오늘날 정신지체인 자기옹호의 출발이 될 수 있었다고 한다(Goodley, 2000).

발달장애인의 자기옹호 운동은 1960년대의 68혁명, 신사회운동 등 새로운 사 회를 만들기 위한 운동의 맥락과 함께 발전되어 오기도 했다. 특히 집단적 가치 보다는 개인의 가치를 강조하고 소수자의 권익을 옹호하는 신사회운동, 민권운 동은 장애인의 인권 운동에도 영향을 미치고, 이는 자기옹호 운동으로 확장되었 다(Test et al., 2005).

스웨덴의 영향을 받은 정신지체인의 사회 참여 활동은 이후 미국, 캐나다, 호주 및 영국 등으로 확산되었다(Shoultz, 1997). 미국의 1969년 마이애미 정신지체인들 에 대한 제3차 전국청년회의(Third National Youth Conference on Mental Retardation in Miami)와 1974년 '사람 먼저(People First)' 대회(Dybwad, 1996), 캐나다의 1973년 브리티시 컬럼비아에서 열린 북미 발달지체인을 위한 자기권리주장 대 회(Furman, 1996), 호주의 1981년 제2차 정신지체인 남태평양지역 컨퍼런스 대회 (Bramley & Elkins, 1988), 영국의 1972년 정신지체인을 위한 캠페인(Crawley, 1988; Hersov, 1996; People First Liverpool, 1996) 등이 각국에서 최초로 진행한 자기옹호

유럽	북미
• 1960년대: (스웨덴) 지적 장애인을 위해 여가 클럽 설립(Nirje). 클럽을 운영하기 위해 지적 장애인 회원들이 위원회 설치 • 1968년: (스웨덴) 제1차 전국정신지체성인회의(여가 활동 논의) • 1970년: (스웨덴) 제2차 전국정신지체성인회의(여가 활동 이외의 확장된 주제 논의)	• 1950년: 옹호를 목적으로 부모들에 의해 전국 정신지체아동 협의회 결성 • 1960년대: 시민권 운동과 소비자 운동의 성장은 차별받는 집단에 대한 태도를 바꾸고 소비자와 시장 사이의 관계를 강조하게 되었다. 자조 그룹의 출현, 장애인이 모이고 조직되기 시작함

• 1972년: (영국) 지적 장애인을 위한 캠페인 개최. 전국 회의 조직	• 1970년대: 정책이 탈시설화와 정상화 및 장애인의 지역사회로의 사회통합을 강조하는 것으로 변화됨

• 1973년 11월: (캐나다) 전문가들이 캐나다 브리티시컬럼비아에서 유사한 정신지체인 회의 "우리가 결정해도 될까요?" 개최. 미국 페어뷰 병원 훈련 센터의 직원과 시설 생활인 참가 (이들은 오리건에서 개최한 People First 대회의 개최자가 됨)
• 1974년 1월: (미국) 캐나다 행사에 참여한 시설생활인 두 명이 만나 단체를 설립하고 같은 해 5월 People First 이름을 만듦
• 1974년 10월: (미국) 제1회 People First 대회 개최(오리건)

전 세계로 확산

• 1981년 (호주) 제2차 정신지체인 남태평양지역 회의 개최
• 1981년 (호주) 빅토리아에서의 첫 번째 자기옹호 그룹 조직
• 1983년 (호주) 뉴사우스웨일스에서의 그룹 조직
• 1984년 (영국) People First London Boroughs 설립
• 1984년 (미국) 국제 자기권리주장 리더십 대회(미국 워싱턴)
• 1991년 (미국) 자기권리주장연맹(Self-Advocates Becoming Empowered: SABE) 조직
• 1999년 (한국) 제1회 발달지체인자기권리주장대회 개최

[그림 8-1] 각국의 자기옹호 운동 과정

출처: 김기룡(2014). 발달장애학생의 자기옹호 측정 문항 개발 및 타당화. 공주대학교 대학원 박사학위 논문.

행사였다.

스웨덴, 영국 등 유럽 지역과 미국, 캐나다 등 북미 지역의 자기옹호 활동의 경험은 향후 '사람 먼저'와 같은 자기옹호 단체를 조직하고, 국제적인 연합 조직을 결성하는 등 정신지체인의 자기옹호 운동과 연계되어 발전되어 갔다. 국내의 경우 1998년 7월 Longhurst(1994)의 연구가 번역되고(김혜경, 2002), 1999년에는 발달지체인 자기권리주장운동 추진위원회가 결성되었으며, 1999년에는 제1회 발달지체인 자기권리주장운동을 개최하면서 발달장애인의 자기옹호 활동의 필요성이 제기되었다(김선, 2007). 김선의 연구에서 제시한 각국의 자기옹호 운동 발전 과정을 추가, 보완하여 각국의 발달장애인의 자기옹호 운동의 역사를 그림으로 나타낸 결과는 [그림 8-1]과 같다.

자기옹호는 발달장애인에게 통제와 지배에서 자기결정과 선택에 의한 삶으로 전환할 수 있는 기회를 부여하고, 소외와 배제에서 참여와 권한강화로 삶의 방식이 바뀌는 경험을 제공했다(Williams & Shoultz, 1982). 일상의 삶을 누군가 대신 해 주는 것이 아니라 장애인 스스로 결정하고 판단하는 활동을 통해 삶의 질을 높이고 미래의 삶에 대해 꿈꿀 수 있게 된 것이다. 자기옹호에 대한 확장된 경험은 자신에 대한 옹호를 뛰어넘어 타인에 대한 옹호로까지 이어지며 관련 단체를 결성하거나, 국제적인 협력을 도모하는 활동으로 이어졌다(Hersov, 1996).

자기옹호 운동의 역사를 통해 자기옹호는 개인적 수준에서 집단적 수준으로 확장되었고, 이러한 확장된 개념이 오늘날 자기옹호의 개념을 정의하는 근거가 되었다. 개인적 수준으로 접근되는 자기옹호는 어떤 사람이 자신의 느낌과 바람을 표현할 수 있는 자신감과 능력을 가지게 되는 개인적 발전 과정을 말한다(Simons, 1992). Sutcliffe와 Simons(1993)에 따르면 개인적 수준에서 자기옹호는 단정적인 방식으로 생각과 느낌을 표현하고 선택과 결정을 내릴 수 있으며 자신의 권리에 대한 명확한 지식을 가지고 있고 자신의 생활 방식을 변경할 수 있는 것을 의미한다. 개인적 수준의 자기옹호는 개인별 프로그램 계획(Sutcliffe & Simons, 1993), 경력 인터뷰, 교육 환경(Sievert, Cuvo, & Davis, 1988), 데이 센터, 가정과 병원(Crawley, 1982; Brooks, 1991)과 같은 공식적 환경들에서 나타난다.

어떤 문헌에서는 개인적 수준의 자기옹호와 집단적 수준의 자기옹호가 상호 보완적인 관계가 있다고 제안하고 있다(Simons, 1992; Goodley, 2000). Simons (1992)의 연구는 많은 연구 참여자들의 이야기 속에서 스스로 자기 자신을 옹호하는 것과 다른 사람들과 함께 그리고 다른 사람들을 위해 옹호하는 것 사이의 관계를 강조한다(Goodley, 2000). Simons(1992)는 자기옹호가 자기표현을 의미하고("자기 옹호는 자신을 옹호하는 것이다."), 자기 자신과 다른 사람을 대표할 수 있는 능력을 강조하며("당신보다 상황이 안 좋은 사람들을 도와준다."), 자기 계발을 위한 환경을 제공한다("자기옹호는 당신에게 자신감을 제공하며 따라서 사람들은 당신을 신뢰한다.")는 사실을 연구 참여자들로부터 발견했다. 연구 참여자들은 불만이 있으면 집단적으로 목소리를 내고 행동했고("우리는 미니버스에 안전벨트가 없는 것에 대해서 이야기를 한다."), 통합 문제를 조사했으며("주요 문제는 공동체 생활이다."), 서비스 제공을 평가하기 위한 장소를 제공했다("센터들에서 이루어질 수 있었던 것들에 대해서 이야기했다. 어떤 것을 더 나아지도록 만들 수 있는 방법. 더 많은 주택을 얻는 것은 끊임없는 전투다."). 이런 자기옹호의 집단적인 면은 자기옹호 그룹들에서 확인되고 있다(Goodley, 2000).

이와 같이 자기옹호는 개인의 권리를 인식하고, 주장하며, 요구하는 개인 차원의 개념으로 정의되기도 하고, 개인이 소속된 집단의 가치를 보호하고 집단의 권리를 옹호하는 집단 차원의 개념으로 정의되기도 하며, 개인과 집단 모두를 일컬어 정의되어 왔다(강희설, 2010).

개인적 수준에서의 자기옹호는 자신의 권리와 책임을 인식하고, 자신의 요구를 효과적으로 주장하며, 자신의 삶을 자기주도적으로 실천하는 행동 또는 기술을 의미한다. 개인적 수준의 자기옹호는 자기결정 개념과 유사한 측면이 있는데, Field(1996)는 자기결정과 자기옹호는 그 의미가 서로 유사하고 이를 획득하기 위한 교육방법도 큰 차이가 없기 때문에 두 개념에 대한 차이를 구분하지 않았다. Wehmeyer(1992)는 자기옹호를 자기결정능력을 구성하는 하위 구성요소 중 하나이고 자기결정기술 중 자율성, 자기조절과 유사한 특성을 지니고 있다고 하였고, Furney 등(1993)은 자기옹호를 자신과 자신의 요구에 대해 목소리를 낼 수 있는 능력인 반면, 자기결정은 개인이 선택할 권리를 가치 있게 만드는 개념이기 때문에, 자기옹호 등 수많은 기술과 능력이 자기결정이라는 구인을 구성한다고 하였다. 반면, 자기옹호는 개인의 요구와 목표를 충족시키기 위하여 정보를 얻고 도움을 구하기 위하여 다른 사람과 의사소통할 수 있는 능력(Balcazar, Fawcett, & Seekins, 1991), 자신의 능력을 이해하고 일상에서의 정당한 요구를 명확하게 설명할 수 있는 능력(Hartman, 1993), 효과적으로 의사소통하고, 전달하고, 협상하며, 자신의 관심, 희망, 요구 및 권리에 대해 주장하는 능력(VanReusen, Bos, Schumaker, Deshler, 1994), 개인의 권리를 위하여 지원을 이해하고 찾는 것(English, 1997), 자신의 장애에 대한 구체적인 요구를 인식하고 이를 충족시킬 수 있는 능력(Merchant & Gajar, 1997) 등 자기결정이론과는 별개의 개념으로 접근하여 정의되어 오기도 하였다.

집단적 수준의 자기옹호는 개인적 수준의 자기옹호보다 장애인의 자기옹호 운동의 영향을 받아 먼저 알려지고 사용되어 왔던 개념이었다(SABE, 2010). 특히 지적 장애인의 권리를 부모 또는 교사가 대신 주장하는 것이 아니라 지적 장애인 스스로의 힘으로 자신의 권리를 인식하고 주장하는 활동은 지적 장애인 옹호 그룹을 조직하는 데 기여하였고, 이러한 그룹의 적극적인 활동은 지적 장애인의 이익과 권리를 보호하는 데 기여하였다(Advocating Change Together, 2002). 집단적 수준의 자기옹호는 주로 정치적 행동에 참여하기, 우리 자신의 위치를 정의하기, 변화를 위한 연합을 구축하기, 장애인의 삶과 이슈에 대해 지역사회 리더로 참여하기, 장애에 대한 여론에 긍정적인 영향 미치기, 장애인 서비스 관련 회의에 참여하기 등의 내용을 포함하고 있다(SABE, 2010).

또한 자기옹호를 개인적 수준과 집단적 수준 모두를 고려하여 장애인의 자기옹호는 자신의 이익을 추구하고, 자신의 권리를 인식하며, 다른 사람의 권리를 침해하지 않는 책임을 가지며, 다른 사람과 함께 공동의 이익을 추구하기 위해 조직에 가입하는 것을 포함하여 정의되기도 한다(Williams & Shoultz, 1982). Test 등(2005)은 30여 개의 문헌에서 제시된 자기옹호 정의를 분석하였는데, 개인적 수준의 자기옹호에는 자기지식 및 권리지식이 포함될 수 있고, 집단적 수준의 자기옹호에는 집단에 대한 참여 및 지도를 의미하는 리더십이 포함될 수 있다고 하였다. 또한 개인적 수준의 자기옹호와 집단적 수준의 자기옹호는 의사소통기술을 통해 강화되고 의사소통기술이 있어야만 개인적 수준 및 집단적 수준의 자기옹호가 강화될 수 있다고 하였다. 이러한 자기옹호의 특성을 바탕으로 Test 등(2005)은 자기옹호를 자기지식, 권리지식, 의사소통 및 리더십 등 4개의 하위요소로 구성될 수 있다고 제안하였다.

3. 자기옹호의 개념

자기옹호는 개인의 권리를 인식하고, 주장하며, 요구하는 개인 차원의 개념으로 정의되기도 하고, 개인이 소속된 집단의 가치를 보호하고 집단의 권리를 옹호하는 집단 차원의 개념으로 정의되기도 하며, 개인과 집단 모두를 일컬어 정의되기도 한다(강희설, 2010). 개인적 수준에서의 자기옹호는 자신의 권리와 책임을 인식하고, 자신의 요구를 효과적으로 주장하며, 자신의 삶을 자기주도적으로 실천하는 행동 또는 기술을 의미한다. 개인적 수준의 자기옹호는 자기결정 개념과 유사한 측면이 있는데, Field(1996)는 자기결정과 자기옹호는 그 의미가 서로 유사하고 이를 획득하기 위한 교육방법도 큰 차이가 없기 때문에 두 개념에 대한 차이를 구분하지 않는다. Wehmeyer(1992)는 자기옹호를 자기결정능력을 구성하는 하위 구성요소 중 하나이고 자기결정기술 중 자율성, 자기조절과 유사한 특성을 지니고 있다고 하였고, Furney 등(1993)은 자기옹호를 자신과 자신의 요구에 대해 목소리를 낼 수 있는 능력인 반면, 자기결정은 개인이 선택할 권리를 가치 있게 만드는 개념이기 때문에, 자기옹호 등 수많은 기술과 능력이 자기결정이라는 구인을 구성한다고 하였다. 반면, 자기옹호는 개인의 요구와 목표를 충족시키기 위하여 정보를 얻고 도움을 구하기 위하여 다른 사람과 의사소통할 수 있는 능력(Balcazar, Fawcett & Seekins, 1991), 자신의 능력을 이해하고 일상에서의 정당한 요구를 명확하게 설명할 수 있는 능력(Hartman, 1993), 효과적으로 의사소통하고, 전달하고, 협상하며, 자신의 관심, 희망, 요구 및 권리에 대해 주장하는 능력(VanReusen et al., 1994), 개인의 권리를 위하여 지원을 이해하고 찾는 것(English, 1997), 자신의 장애에 대한 구체적인 요구를 인식하고 이를 충족시킬 수 있는 능력(Merchant & Gajar, 1997) 등, 자기결정이론과는 별개의 개념으로 접근하여 정의되어 오기도 하였다.

집단적 수준의 자기옹호는 개인적 수준의 자기옹호보다 장애인의 자기옹호 운동의 영향을 받아 먼저 알려지고 사용되어 왔던 개념이었다(Advocating Change Together, 2002; SABE, 2009). 특히 지적 장애인의 권리를 부모 또는 교사가 대신 주장하는 것이 아니라 지적 장애인 스스로의 힘으로 자신의 권리를 인식하고 주장하는 활동은 지적 장애인 옹호 그룹을 조직하는 데 기여하였고, 이러한 그룹의 적극적인 활동은 지적 장애인의 이익과 권리를 보호하는 데 기여하였다(Advocating Change Together, 2002; SABE, 2010). 집단적 수준의 자기옹호는 주로 정치적 행동에 참여하기, 우리 자신의 위치 정의하기, 변화를 위한 연합 구축하기, 장애인의 삶과 이슈에 대해 지역사회 리더로 참여하기, 장애에 대한 여론에 긍정적인 영향 미치기, 장애인 서비스 관련 회의에 참여하기 등의 내용을 포함하고 있다(Advocating Change Together, 2002).

자기옹호는 개인적 수준과 집단적 수준 모두를 고려하여 장애인의 자기옹호는 자신의 이익을 추구하고, 자신의 권리를 인식하며, 다른 사람의 권리를 침해하지 않는 책임을 가지며, 다른 사람과 함께 공동의 이익을 추구하기 위해 조직에 가입하는 것으로 정의되기도 한다(Williams & Shoultz, 1982).

Test 등(2005)은 20개 연구에서 제시된 자기옹호 정의를 분석하여, 자기옹호는 자신에 대한 부분으로 자기인식 및 권리인식이 포함되고, 집단에 대한 참여 및 지도를 의미하는 리더십이 포함되며, 이를 위해서는 의사소통기술을 확보하고 있어야 한다는 공통점을 발견하였다. 이는 자기옹호가 자신에 대한 이해뿐만 아니라 타인과의 효과적인 의사소통기술과 집단 내에서의 주도적 기술까지 포함하여야만 이론과 실천을 겸비한 실천 이론으로써 기능할 수 있기 때문일 것이다. 이상의 선행연구를 바탕으로 자기옹호에 대한 정의는 개인과 개인이 소속된 집단에 대한 이해를 바탕으로 자신의 권리와 요구를 효과적인 의사소통기술을 사용하여 보호하고 관철시키기 위한 표현 방법이자 실천 기술로 요약될 수 있다.

자기옹호는 자신과 집단과 권리를 주장하고 실천하기 위한 기술로 볼 수 있는데, Wehmeyer(1992)와 Field(1996)는 이를 자기결정기술과 겹치는 요소가 있음을 확인하고, 자기결정 연구자들은 자기결정을 구성하는 요소 중 하나로 자기옹호를 포함시켰다. 자기결정의 하위 기술로서의 자기옹호는 개인의 권리를 위하여 지원을 이해하고 찾을 수 있는 기술(English, 1997) 또는 자신의 요구를 명확히 표현하고, 그러한 요구를 충족시키는 데 필요한 지원에 대해 의사를 결정할 수 있는 기술(Stodden, 2000)을 포함하고 있는데, 이러한 기술 이외에 주장적인 의사소통기술, 협상기술, 설득기술, 리더십 등을 포함하는 기술을 포함하기도 한다(Wehmeyer & Schwartz, 1997).

Test 등(2005)은 자기옹호기술에 포함되는 26개의 하위 기술을 종합하여 4가지 영역으로 구성된 자기옹호의 개념적 틀을 제시하고 있다([그림 8-2]).

Test 등(2005)이 제시한 자기옹호는 자기지식, 권리지식, 의사소통 및 리더십 등 4가지 하위 요소로 구성되어 있다고 하였다. 이중 자기지식과 권리지식은 자기옹호를 이해하고 인식하는 기초적인 지식을 습득하는 과정이므로 맨 위에 함께 제시되어 있다. 왜냐하면 개인이 그들이 원하는 것을 다른 사람에게 말할 수 있기 전에 스스로에 대해 이해하고 알고 있을 필요가 있기 때문이다. 또한 자기옹호를 하기 위한 도구로 활용되는 영역이기도 하다. 자기옹호의 다음 구성요소는 자신과 권리에 대한 지식을 의사소통하는 것이다. 협상, 주장 그리고 개인과

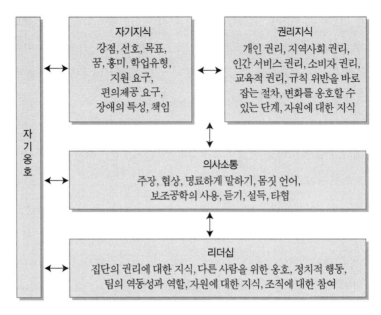

[그림 8-2] 자기옹호의 개념적 틀

출처: Test et al. (2005). A Conceptual Framework of Self-Advocacy for Students with Disabilities. *Remedial and Special Education, 26*(1), p. 49.

집단 상황에서의 문제해결을 통해 다른 사람과 효과적으로 정보를 의사소통하는 방법을 배우는 것이 자기옹호에 있어 중요하기 때문이다. 마지막 구성요소인 리더십은 개인적 자기옹호를 공통의 관심사를 가진 집단 차원에서 다른 사람을 위해 옹호하는 것을 말한다. 한 개인이 자신과 자신의 권리에 대해 알게 되고 이러한 지식을 효과적으로 의사소통하게 되면, 조직, 지역사회 모임 그리고 정치적 포럼을 통해 그들의 집단적인 요구와 희망을 위해 주장하기 위하여 다른 사람과 협력할 수 있게 된다. 그러나 리더십은 한 개인의 자기옹호를 집단적 차원으로 확장시킬 때 의의가 있는 구성요소이고, 반드시 자기옹호의 구성요소에 해당될 필요는 없다고 한다(Test et al., 2005).

4. 자기옹호 교육의 필요성

미국의 경우 발달장애인을 위한 자기옹호 교육은 법적 근거 및 사회적 변화에 그 뿌리를 두고 있다. 1990년과 1997년에 개정된 「장애인교육향상법」(Individual with Disabilities Education Improvement Act: IDEIA)은 16세 이상의 학생들의 전환 서비스의 중요성 및 학생들이 자신의 개별화교육계획 회의에 참여할 수 있는 권리를 명시한 바 있다. 또한 1992년 및 1998년에 개정된 「재활법」(Rehabilitation Act)은 장애성인이 개별화된 재활 계획의 개발에 참여해야 한다고 규정하고 있다. 이 규정은 학교 졸업 이후 교육적, 직업적, 사회적 및 독립적 생활과 관련된 삶을 결정하기 위하여 장애인 개개인의 기본적인 시민권 보장에 초점을 맞추고 있다. 이것은 「미국장애인법」(American with Disabilities Act: ADA)에서도 반영되어 있다. 또한 독립생활 운동의 기원인 정상화 원리의 진화, 시설에서 지역사회 기반 서비스로의 변화 및 피플퍼스트와 같은 자기옹호그룹의 설립은 장애인에 대한 사회적 태도 및 대우에 대한 변화를 촉진시켰다(SABE, 2010). 이러한 법적 근거 및 사회적 변화에 따라 장애인의 자기옹호의 중요성이 대두되었고, 자기옹호의 경우 장애학생이 공교육을 마치고 지역사회로 들어갈 때 긍정적인 전환 및 성과를 위해서는 필수적이기 때문에 학교 교육과정에서도 자기옹호 교수 또는 훈련의 중요성이 제기되었다.

자기옹호는 중등학교에서 후기 중등교육과 다른 성인기 삶으로의 성공적인 전환에 필수적인 영역 중 하나다(Wehmeyer & Schalock, 2001). 자기옹호기술을 갖고 있는 학생들은 고용이나 다른 사회적 상호작용이 필요한 영역에서 성공적인 삶을 살아가는 경향이 있으며(Eisenman & Tascione, 2002), 학교의 개별화교육회의에도 더 많이 더 주도적으로 참여하려고 한다. 또한 자신의 IEP 회의를 주도하도록 훈련된 학생들은 자신의 강점, 욕구, 목표 그리고 교사로부터 정당한 편의제공을 요청하기 위한 의사소통을 하는 데 더 효과적인 것으로 나타났다(Mason,

Field, & Sawilowsky, 2004). 또한 자기옹호기술을 습득한 학생이 대학에서도 자신이 필요로 하는 편의제공을 선택하고 요구할 수 있는 능력을 발휘하였다는 연구결과도 있다(Merchant & Gajar, 1997). 학교에서 자기옹호기술이 포함된 자기결정 훈련을 제공받은 학생들이 이를 받지 못한 학생들보다 고용이 더 잘 되고, 지역사회에 통합된 거주 시설에서 살고 있었으며, 더 높은 삶의 질을 보유하고 있다(Martin et al., 1993; Wehmeyer & Schwartz, 1997).

장애학생이 학교 졸업 이후 성인기 삶으로의 긍정적인 전환을 위해서 자기옹호기술 교수가 제공되어야 한다는 주장은 꾸준히 제기되어 왔다. 이에 따라 다양한 자기옹호기술 교육 프로그램이 개발되고, 이를 적용한 연구가 꾸준히 이루어져 왔다. 그러나 전환기를 앞둔 장애학생을 담당하는 교사들은 자기옹호기술 교수의 중요성을 인지하지 못하고 있거나 실제로 교육과정에 이를 반영하지 않고 있는 것으로 나타났다(Lancaster, Schumaker, & Deshler, 2002). 또한 자기옹호기술 교수가 학령기 과정에서 부족하다는 또다른 증거는 학교를 졸업한 학생들이 자신의 옹호자로서 기능하지 못하고 있다는 연구결과에서도 확인할 수 있다(Fiedler & Danneker, 2007).

Karvonen 등(2004)은 자기옹호기술을 가르치는 데 어려움을 겪는 이유로 다음과 같은 장벽을 언급하고 있다. 첫째, 교사의 훈련이 적절하지 못하다. 둘째, 교사 또는 담당자가 자기옹호 교수를 교육과정으로 통합시키기에는 부족하다. 셋째, 전통적인 교과목을 가르치는 데 초점을 맞추게 하는 국가의 책무성 요구가 증가하였다. 넷째, 교사의 다른 업무로 인해 자기옹호기술 훈련을 제공하기 위한 충분한 시간이 부족하다. 다섯째, 자기옹호기술 교수에 필요한 충분한 준비가 되어 있지 못하다.

Cunconan-Lahr와 Brotherson(1996)은 비록 자기옹호기술이 장애인에게 매우 중요하지만 시간, 돈, 감정이 자기옹호의 성공적인 발전에 장애가 될 수 있다고 하였다. 학교 또는 작업장에서 기본적으로 수행하여야 할 교육 또는 훈련 프로그램 이외에 별도의 자기옹호기술을 기획하고 지원하며 평가하기에는 시

간이 충분하지 않을 수 있기 때문이다. 또한 자기옹호기술을 지원하고, 자기옹
호 프로그램에 참여하며, 이를 지원할 수 있는 인력을 제공하게 되면 예상하지
못한 비용이 발생할 수도 있다. 필요에 따라서는 리더십을 향상시키기 위하여
모임을 구성하고 운영하는 데도 비용이 소요될 수 있을 것이다. 마지막으로 감
정도 장애물이 될 수 있는데 자기옹호 프로그램을 제공받는 과정에서 장애인들
은 원치 않게 자신의 이야기를 하게 되어 상대방으로부터 압도되거나 위축될
수도 있으며, 자신이 역량강화가 되는 것에 대한 두려움이 생길 수도 있기 때문
이다.

Fiedler와 Danneker(2007)는 장애학생을 위한 자기옹호 교육을 방해하는 다른
장애물들이 있다고 하였다. 이들은 의료적 모델이 우리 사회와 학교에 여전히
작동되고 있기 때문에 장애학생들이 치료의 대상으로 접근되었고, 스스로 무언
가를 선택할 수 있는 기회를 제공받지 못해 왔다고 하였다. 때문에 장애학생들
은 자기옹호자가 되는 것이 어려웠고, 이는 자기옹호기술 교육의 필요성을 강조
하는 데 장애물이 되었다.

또한 Fiedler와 Danneker(2007)는 관련 법령의 강제성이 미비하고, 우리 사회
와 학교의 인식이 부족하여 장애학생의 특성에 적합한 편의제공이 장애학생에
게 거의 제공되지 않았다고 하였다. 편의제공을 제공받지 못한 장애학생은 동등
한 교육 기회를 누리는 데 어려움을 겪었다. 뿐만 아니라 대부분의 교육 계획 수
립 및 실행 과정에서 교사와 부모가 이를 주도하고 결정해 왔는데, 장애학생은
그 결정이 좋든 나쁘든 간에 자신의 선택과 결정으로부터 배울 수 있는 기회를
제공받지 못했다. 학교 차원의 부정적 경험은 장애학생의 자기옹호기술을 습득
하는 데 장애물이 되었다. 따라서 자기옹호기술을 제공하는 데 필요한 장애물을
확인하여, 이를 극복할 수 있는 방향으로 초점이 맞추어질 필요가 있을 것이다.

장애학생이 학령기 교육과정을 마치게 된 후 성인기 삶은 학교보다 더 많은
상황에 노출되고 더 많은 사람과 상호작용을 하며 자신의 요구를 효과적으로 전
달하고 때로는 이를 관철시킬 수 있어야 한다. 필요에 따라서는 원하지 않는 상

황에 대해 거부할 수 있어야 하고, 꼭 필요한 상황에 대해 요구할 수 있어야 하며, 자신의 권리가 침해될 때 이를 효과적으로 대처할 수 있어야 한다. 또한 법률에 따른 보호를 제공받고 권리를 주장하기 위하여 자신의 장애를 고려한 의사소통 방식과 적합한 편의제공을 요청할 수 있어야 한다. 이를 통해 학교 졸업 이후 지역사회에서 보다 통합적이고 적극적인 삶을 살아갈 수 있어야 한다.

때문에 장애학생의 자기옹호기술 교육은 성인기 과정에서도 중요하지만 성인기를 앞둔 학령기 교육에서도 충분히 제공할 수 있어야 하고, 필요에 따라서는 더 이른 시기에 최소한의 자신을 옹호할 수 있는 기술을 습득할 필요가 있다. 대다수의 자기옹호 연구자들은 자기옹호 교육이 최소한 학교 졸업을 앞두고 있으나 직업을 얻기 이전에 교육되어야 한다는 주장에는 이견이 없는 것으로 보인다. 학교 교육을 통해 이러한 기술이 충분히 습득되지 못한다면, 학교 졸업 이후에 더 많은 인권 침해 상황에 노출될 가능성이 있을 것이다(이숙향, 2009).

5. 발달장애인 자기옹호자들의 모임-자조단체의 이해

> 옛날에 나는 전혀 말을 하려고 하지 않았다. 나는 '입 닥쳐'라는 말을 듣곤
> 했었다. 자기옹호 그룹에 참여하고 있는 지금 나는 내가 하고 싶은 말을 하는
> 방법을 배웠다(The views of a member, People First Liverpool, 1996).

최근 우리나라에서도 발달장애인을 위한 자기옹호 교육 프로그램이 소개되고 있고, 적극적인 자기옹호자로서의 역할을 수행하기 위한 자기옹호자들의 모임인 자조단체를 구성, 운영하고 있다. 「발달장애인법」에서도 발달장애인의 자기옹호를 지원하고, 발달장애인들 간의 교류를 증진시키고 집단적 옹호자로서의 역할을 촉진하기 위하여 발달장애인 자조단체를 발굴, 육성, 지원하도록 규정한 바 있다.

자조단체는 모임의 성숙 정도나 모임의 특성에 따라 다르지만, 발달장애인들이 서로 같이 생각하고 계획하고 실행하는 주체로서, 자신들이 공유할 이야기를 가지고 서로 생활이나 생각을 이해하며, 당사자인 본인들만이 감정을 공유할 수 있는 곳을 말한다(保積功一, 2007). 발달장애인 자조단체는 지역사회 구성원으로서 발달장애인이 기여할 수 있고 가치가 있는 존재라는 것을 인식시키기 위해 이야기하고 요구하는 자발적인 발달장애인 비영리 조직으로 정의되기도 한다(Perske, 1996). Goodley(2005)는 자조단체를 자기옹호자들이 모인 최고의 옹호 그룹으로 지칭하면서, 발달장애인이 스스로 자신의 권리를 옹호하면서 다른 발달장애인의 권리를 옹호하는 적극적인 모임이라고 하였다.

이와 같이 자조단체는 발달장애인들 간의 상호작용을 촉진하는 개인적인 변화를 목표로 하는 것에서부터 사회통합과 참여를 위하여 집단적인 자기옹호를 자발적으로 수행하는 권리옹호 활동의 일환으로 구성된 모임이라 할 수 있다(Nirje, 1980).

발달장애인 자조단체는 발달장애인의 주도성 정도에 따라 완전자율형, 부분자율형, 분할형 및 초기준비형으로 구분되는 그 구체적인 내용은 〈표 8-2〉와 같다.

〈표 8-2〉에서 제시한 바와 같이 다양한 유형의 발달장애인 자조단체가 있으나, 현재 우리나라에서는 장애인 복지관, 장애인 부모 단체, 장애인 자립생활센터 등 복지시설 또는 단체가 주도하여 발달장애인 당사자 그룹을 조직한 사례가 많다(최복천, 조윤경, 이미정, 성명진, 2014). 이는 발달장애인 자조단체에 대한 인식이 부족한 상황에서 자조단체 운영에 필요한 지원이 이루어지지 않고 있고, 자생적으로 운영할 수 있는 여건이 조성되지 못했기 때문이다. 기관 주도의 방식으로 자조단체가 운영되고 있기 때문에 당사자가 모든 것을 주도하는 완전자율형보다는 전문가 또는 조력자가 주도하고 당사자가 참여하는 방식인 초기준비형 또는 연합형의 방식이 주를 이루고 있다. 전국장애인부모연대(2015)는 장애인 부모 단체가 지원하고 있는 29개 자조단체의 운영 방식에 대해 조사한 결과

표 8-2 자조단체의 모델별 장점 및 단점 비교

모델	장점	단점
완전자율형: **자율 또는 이상적 모델** • 모든 것으로부터 독립되어 자율적으로 운영하는 모델 • 예를 들면, People First, Speak for Ourselves of Newcastle와 같은 조직	• 시간, 조직 그리고 재정과 관련해 전문 서비스 기관 또는 다른 단체로부터 독립되어 있다. • 조력자 역시 기존의 서비스 기관으로부터 독립되어 있다. • 그룹의 구성원들은 전문가나 서비스 기관의 '이해관계의 충돌'로부터 자유롭다. 따라서 곤란함이나 비난의 공포 없이 자유롭게 의견을 말하고 행동할 수 있다.	• 그룹은 반드시 시작부터 스스로를 책임지고 그룹의 구성원을 지원해야 한다. • 재정적 어려움과 자원의 부족이 문제다.
부분자율형: **분할 모델** • 기존 서비스 기관이나 전문가의 지원을 부분적으로 제공받는다. • 예를 들면, 영국의 MENCAP, 일본의 본인회와 같은 조직	• 자율형보다 많은 자원들에 쉽게 접근할 수 있다(만남 장소, 자금, 행정적 지원). • 전문가, 종사자 등으로부터 잘 훈련된 옹호기술을 지원받을 수 있다.	• 자기옹호자와 전문가(종사자)의 요구 사이에 잠재적인 '이해관계의 충돌'이 발생할 수 있다. • 기관에 소속된 전문가(종사자)와 자기옹호자간 어떠한 권력 관계를 형성하느냐에 따라 지나치게 종속적이거나 자율적일 수 있다.
연합형: **연합 모델** • 더 큰 장애인 단체 또는 또 다른 소수자 그룹과의 연계와 협력을 통해 운영 • 예를 들면, 일본과 미국의 피플 퍼스트 일부, 우리나라의 장애인 자립생활센터와 연계한 모델	• 다른 장애인과 함께 연합하여 자기옹호 그룹의 힘을 증대시키고, 더 큰 장애인 운동을 만드는 데 기여할 수 있다. • 강력하고 긍정적인 장애인 정체성이 권장된다. • 조력자는 훌륭한 자기옹호기술을 가진 장애인일 수도 있다. • 모임의 적법성을 갖추고, 추가하고 정치적 힘을 증대시키며 자금을 모을 수 있는 능력을 향상시키는 역할을 수행할 수 있다.	• 더 분명한 의사 표현을 하고 정치적으로 강력한 장애인 회원이 주도권을 가질 수 있기 때문에, 자기옹호자가 과도한 권한을 가지거나 소외될 수 있는 위험이 존재한다.

| **초기준비형:**
서비스-시스템 모델

• 서비스 제공기관에서 직접 운영하는 모델
• 예를 들면, 복지관 내, 학교 내, 시설 내의 구성원을 위한 모임 | • 만남 장소가 즉각적으로 제공되기 때문에 회원들을 모집할 필요가 없다.
• 많은 자원들과 공급물품들에 접근할 수 있기 때문에 교통편 문제들이 거의 없다. | • 만약 그룹이 서비스 제공기관의 운영 시스템에 도전한다면 자기옹호자와 서비스 사이에는 상시적인 '이해관계의 충돌' 위협이 존재한다.
• 기존의 교육 활동의 연장 이외에는 아무것도 아닐 수 있으며 '실제' 자기옹호라기보다는 형식적인 제스처가 될 수 있다. |

출처: Goodley, D. (2000). *Self-advocacy in the lives of people with learning disabilities*. Glasgow, England: Open University Press.

29개 자조단체 중 2개 단체(6.9%)만이 당사자가 모든 것을 주도하고 있었고, 17개 단체(58.6%)는 전문가에 의해 주도되는 초기준비형 또는 연합형의 형태로 자조단체를 운영하고 있는 것으로 나타났다.

　자조단체의 주요 활동은 일상적인 회의 진행, 보다 큰 모임의 참여 및 참여 준비, 자기옹호자 발굴 및 육성, 지역사회 일원이 되기 위한 활동, 인간우선 언어(People First Language) 보급 활동(〈표 8-3〉 참조), 지역사회 저명인사 만나기, 취미 또는 여가 활동 기획 및 진행, 멘토와 멘티의 연결 등이다(People First of California, 2013). 최복천 등(2014)은 발달장애인 자조단체의 운영 사례를 분석한 연구에서 자조단체는 주로 출사활동, 캠핑, 문화활동 등을 수행하고 있으며, 필요한 경우 자기결정프로그램, 리더십 교육, 여가활동 프로그램, 권리옹호 프로그램, 사교 모임 등의 활동도 수행하고 있다고 하였다. 그러나 우리나라의 경우 발달장애인 자조단체 활동이 초창기 수준이기 때문에 활동의 범위 또는 기능이 특정한 형태로 고정되어 있지 않다.

　발달장애인들은 이와 같은 자조단체 활동을 통해 자신감을 획득하고, 사회성을 강화시켜나가며, 또래 문화를 향유할 수 있게 되고, 자기옹호자로서의 인식을 증진시키는 데 도움을 받고 있다(최복천 외, 2014). 또한 적극적인 권리옹호자

표 8-3 인간우선 언어의 예시

사용하지 말아야 할 언어	사용하여야 할 언어
They are handicapped or disabled	They are people with disabilities
He is retarded, He is a slow learner.	He is a person with intellectual disabilities or cognitive disabiliies or a learning disability.
She is autistic	My daughter is a person with autism
He's wheelchair Bound	He uses a wheelchair
Handicapped room or parking	Accessible room or accessible parking
She's mute	She is a person who does not speak
She is normal	She is typical

출처: People First of California(2013). People First Manual-Starter.

로서의 활동은 발달장애인에 대한 사회적 편견과 차별, 억압에 대응하고 자신과 동료 발달장애인의 권리를 옹호하며, 지역사회를 변화시켜 나가는 데 기여할 수 있다.

자조단체 활동을 초창기부터 수행해 왔던 스웨덴, 영국, 미국, 일본 및 캐나다는 소규모 자조집단 형식으로 자조단체 활동을 시작했고, 추후 자조단체 조직으로 발전되었다(최복천 외, 2014). 미국의 자기권리옹호자연맹(Self-Advocates Becoming Empowered: SABE), 일본의 'People First Japan' 등이 대표적인 조직이라 할 수 있다. 이들 단체는 지역 또는 전국 차원에서 매년 자조단체 행사를 개최해 오고 있으며, 발달장애인 자기옹호자들의 권익 향상을 위한 다양한 활동을 수행하고 있다.

우리나라도 발달장애인 자조단체 관련 행사를 개최해 왔는데, '더불어 사는 국민'이라는 단체는 2004년 이후부터 매년 지적 장애인의 자기권리주장대회를 개최하였고, 현재는 한국지적발달장애인복지협회의 주관으로 추진되고 있다(김선, 2007). 자조단체들 간의 연합 활동으로 전국장애인부모연대 등이 지원하는 2013년 전국발달장애인자조그룹대회가 매년 열리고 있고, 장애인 복지관 및 장애인 단체 차원에서 별도의 자조그룹 간 연합 행사를 추진하고 있다.

미국이나 일본 등에 비해 우리나라의 발달장애인 자조단체는 시작 단계이므로, 자조단체의 초기 모습이 기관 또는 전문가에 의해 주도되고, 자조단체의 취지에 부합하지 못하는 모습이 발견되고 있기도 하다. 자조단체가 그 취지에 부합하려면 완전자율형의 형태로 운영되는 것이 바람직하지만, 자조단체 리더의 부재, 안정적인 재정 확보의 어려움, 조력자 등의 지원 부재 등의 문제로 인해 자율적으로 운영하는 데 어려움이 있는 것으로 보고되고 있다(최복천 외, 2014). 발달장애인에 의해 자율적으로 운영되는 자조단체가 육성, 발굴되기 위해서는 자조단체의 활동을 촉진할 수 있는 일정 규모 이상의 공간이 지원되어야 하며, 리더를 양성하기 위한 교육이 실시되어야 하고, 조력자에 대한 지원 체계를 구축하여야 하며, 자조단체 운영에 필요한 행·재정적 지원이 확대될 필요가 있다(최복천 외, 2014).

제**9**장
발달장애인 복지지원

1. 발달장애인 복지지원의 유형 및 특성

발달장애인은 생애주기에 따라 다양한 서비스를 필요로 한다. 발달장애 영유아기의 경우 진단과 치료에 대한 서비스를 필요로 하고, 학령기의 경우 특수교육, 방과후교육, 여가문화예술 프로그램 등에 대한 서비스를 요구하고 있으며, 성인기의 경우 거주시설, 직업, 경제적 지원, 후견인 지원 등에 대한 서비스를 필요로 한다.

발달장애인의 생애주기 및 생애주기에 따른 특성과 요구가 모두 개개인별로 다르기 때문에, 일률적인 복지지원만으로는 이들의 복지에 대한 욕구를 충족시키기 어렵다. 따라서 발달장애인 개개인이 필요로 하는 복지지원의 유형을 종합적으로 평가하여 발달장애인의 특성과 요구에 따른 서비스를 적재적소에 제공할 수 있는 시스템이 갖추어질 필요가 있다. 미국의 「발달장애인 지원 및 권리장전법」, 호주와 프랑스의 「장애인서비스법」 등은 장애인의 발달 단계, 장애에 대한 특성, 지역사회의 복지서비스 환경 등을 고려한 종합적인 서비스 사정 및 연계 체계를 갖추고 있다. 반면, 우리나라는 장애인과 관련된 복지서비스에 대한 종합적인 사정 및 연계 체계가 갖추어져 있지 않다.

발달장애인이 지역사회를 통해 이용할 수 있는 각종 복지지원은 지원 주체의 성격에 따라 관련 법령 및 정부 시책에 근거하여 예산을 통해 제공되는 공적 서비스와 장애인 복지관, 장애인 단체 등에서 제공하는 민간서비스로 구분해 볼 수 있다. 공적 서비스로는 주로 「장애인복지법」에 근거하여 보건복지부가 주도하여 제공되는 서비스를 말하는데, 이 서비스는 다시 현금급여와 현물급여로 구분해 볼 수 있다. 현금급여는 장애인 연금, 장애아동 수당 등과 같이 장애로 인해 발생된 추가 비용을 보전해 주거나, 소득활동을 하지 못하게 된 장애인의 생활 안정을 도모하기 위해 현금 형태로 서비스를 제공하는 것을 말한다. 현물급여는 현금이 아닌 상담, 치료, 교육 등과 같은 인적, 물적 자원의 형태로 서비스를 제공하는 것을 말한다.

우리나라의 장애인 복지 정책은 장애성인 당사자 또는 신체적 장애인의 지원에 초점을 맞추고 있기 때문에 장애아동 또는 발달장애인을 위한 복지 정책은 상대적으로 부족한 실정이다. 이런 현실을 고려하여 최근에는 장애아동수당, 장애인 자녀 교육비 지원, 장애인 활동지원 서비스, 장애아가족양육지원 서비스, 장애아 보육료 지원 등의 서비스가 발달장애인들에게 제공되고 있으나, 대다수가 중증장애가 있는 아동이나 소득 수준이 낮은 가족에게 국한되어 서비스를 제공하고 있기 때문에 보편적인 복지서비스라 보기 어려운 제도다. 이는 복지 재정의 부족, 복지서비스 전달 구조의 비효율성 등에 기인한 것이라 볼 수 있지만, 장애인 복지 정책에서 발달장애인이 여전히 주류화되지 못했기 때문일 수 있다. 따라서 발달장애인을 위한 복지서비스는 국가 및 지방자치단체 수준에서 제공되는 서비스보다는 장애인 복지시설, 장애인 단체 및 민간 기업 등에 의해 이루어지는 서비스가 공적 서비스에 비해 많은 비중을 차지하고 있다.

발달장애인 복지지원을 서비스 유형별로 구분해 보면 크게 경제적 지원, 교

육 · 문화 · 여가지원, 의료 · 재활 · 건강지원, 돌봄 · 보호 · 휴식지원 및 심리 ·
사회 · 정서적 지원 등 5개 영역으로 구분하여 제시해 볼 수 있다(백은령, 김기룡,
유영준, 이명희 등, 2011).

서비스 유형별 구체적인 지원 대상, 지원 내용 및 지원 방법은 다음과 같다.

1) 경제적 지원

경제적 지원은 장애로 인해 발생되는 추가 비용을 보전하고, 장애인 가족의 안
정적인 생활을 도모하기 위해 운영되고 있는 제도다. 경제적 지원 제도는 크게
현금지원(현금급여) 제도와 감면 제도로 구분해 볼 수 있다. 현금지원의 경우 대
상자가 되기 위해서는 소득수준(국민기초생활보장 수급자 및 차상위 계층)과 장애
등급 요건을 충족해야 한다. 감면 제도는 일정 수준 이상의 장애등급을 갖고 있
으면 누구나 지원되는 보편적인 장애인 복지서비스 중 하나다. 현금지원 제도
및 감면 제도의 구체적인 내용은 〈표 9-1〉과 같다.

표 9-1　발달장애인을 위한 경제적 지원 관련 복지지원 현황

구분	서비스 종류	지원 대상	지원 내용	신청방법	시행기관
현금 지원	장애인 연금	• 만 18세 이상 등록한 중증장애인 -중중장애인: 1급, 2급, 3급 중복장애 -3급 중복장애: 주장애가 3급이며 다른 유형의 장애가 하나 이상 있는 사람 • 본인과 배우자의 소득인정액이 선정기준액 이하인 자 -소득인정액 = 월소득평가액 + 재산의 소득 환산액 -2014년도 선정기준액 • 단독가구: 680,000원 • 부부가구: 1,088,000원	• 장애인연금 = 기초급여 + 부가급여 〈표〉 장애인연금 지급 금액(월, 단위: 원) 장애인연금 지급표 (아래 표 참조) -개인의 상황에 따라 연금액은 차이가 있을 수 있음	읍 · 면 · 동사무소에 신청	보건복지부

〈표〉 장애인연금 지급 금액(월, 단위: 원)

구분		계	기초급여	부가급여
기초	18~64세	176,800	96,800	80,000
	65세 이상	17,000		17,000
차상위	18~64세	166,800	96,800	70,000
	65세 이상	70,000		70,000
차상위 초과	18~64세	116,800	96,800	20,000
	65세 이상	40,000		40,000

	경중장애 수당	• 「국민기초생활보장법」에 의한 수급자 및 차상위 계 층(120% 이하)의 18세 이상 등록 장애인 중 장애등급이 3~6급인 자	• 경중 장애수당 -기초 및 차상위: 1인당 월 3만 원 -보장시설 수급자: 1인당 월 2만 원		
	장애아동 수당	• 「국민기초생활보장법」에 의한 수급자 및 차상위 계층 (120% 이하)의 18세 미만 장 애아동 -중증장애인: 1급, 2급, 3급 중복장애 -3급 중복장애: 주장애가 3급 이며 다른 유형의 장애가 하 나 이상인 자 -경증장애인: 장애등급이 3~6급인 자	• 장애아동수당 -기초중증: 1인당 월 20만 원 -차상위중증: 1인당 월 15만 원 -기초 및 차상위 경증: 1인당 월 10만 원 -보장시설 중증: 1인당 월 7만 원 -보장시설 경증: 1인당 월 2만 원		
감면 지원	세금 및 보험료 감면 (소득세, 상속세, 증여세, 승용자동차 에 대한 특별 소비세 등)	• 등록장애인 전부 -단, 일부 제도의 경우 장애등 급에 따라 차등 지원(자동차 등록세, 취득세 등)	• 세금 및 보험료 감면 -보건복지부: 건강보험 지역 가입자의 보험료 경감 -기타 중앙행정기관: 승용자동차에 대 한 개별소비세 면제, 차량구입 시 도시 철도채권 구입의무 면제, 소득세 공제 (장애인 1인당 연 200만 원 추가 공제, 장애인 의료비 공제, 상속세 상속 공제, 장애인 특수교육비 소득 공제), 증여세 면제, 장애인 보장구 부가가치세 영세 율 적용, 장애인용 수입 물품 관세 감면 -지방자치단체: 장애인용차량에 대한 등록세 · 취득세 · 자동차세 면제, 차량 구입 시 지역개발공채 구입 면제	지자체 (관할 주민센터) 해당 사업 기관	보건 복지부 기타 중앙 행정기관 지방자치 단체
	요금할인 (철도, 도시철도, 고속도로 통행료, 항공, 여객 운임 등)	• 등록장애인 전부 -단, 일부 제도의 경우 장애등 급에 따라 차등 지원(자동차 등록세, 취득세 등)	• 각종 요금할인 -지방자치단체: 고궁 · 능원, 국공립박 물관 및 미술관, 국공립 공원, 국공립 공연장, 공공체육시설의 요금 감면, 공 영주차장 주차요금 감면 -공공기관 및 민간 기업: 철도, 도시철도 요금 감면, 유선전화요금 할인, 이동통 신 요금 할인, 시청각 장애인 TV 수신 료 면제, 항공요금 할인, 연안여객선 여 객운임 할인, 초고속 인터넷 요금 할인, 고속도로 통행료 50% 할인, 전기요금 할인, 도시가스 요금 할인	지자체 (관할 주민센터) 해당 사업 기관	지방자치단 체, 공공기 관 및 민간 기업

현금지원 제도에는 장애인연금, 경중장애수당 및 장애아동수당이 있고, 장애인의 소득기준에 따라 제한적으로 제공되고 있다. 감면 제도로는 세금 및 보험료 감면, 각종 요금할인 등이 있고, 대다수의 서비스는 소득기준이나 장애등급에 따른 제한이 없지만, 자동차 등록세 및 취득세 감면 제도 등의 경우 장애등급에 따라 제한적으로 운영되고 있고, TV 수신료 면제의 경우 장애유형에 따라 제한적으로 운영되고 있다.

2) 교육 · 문화 · 여가활동 지원

발달장애인은 학교에서뿐만 아니라 지역사회 차원에서도 자기관리, 의사소통, 이동, 자립능력 강화에 필요한 지속적인 교육을 요구하고 있다. 교육 · 문화 · 여가활동 지원은 발달장애인의 지역사회 통합을 촉진하고 자신의 권리를 옹호할 수 있도록 지원하기 위해서는 생애 발달주기에 맞는 적절한 일상생활 및 사회생활 참여 기회를 적극적으로 제공하기 위해 운영되고 있는 제도다. 구체적인 교육 · 문화 · 여가활동 지원의 내용은 〈표 9-2〉와 같다.

교육 · 문화 · 여가 지원 제도의 경우 특수교육 지원, 무상보육료 지원, 장애인 자녀 교육비 지원 및 문화 바우처 등이 있다. 특수교육 지원은 특수교육대상자로 선정된 사람에 대하여 무상의 적절한 공교육을 지원하는 제도이고, 무상보육료 지원은 만 12세 이하의 장애인이면 누구나 종일제 또는 방과후 형태의 보육서비스를 무상으로 제공받을 수 있는 제도다. 장애인 교육비 지원은 장애인이 자녀를 양육하는 경우 필요한 교육비를 일부 지원하는 제도다. 문화 바우처 지원은 장애인 연금 또는 장애아동 수당 등을 지급받는 장애인에게 연간 10만 원 정도 수준의 바우처를 지급하여, 다양한 문화예술활동 프로그램에 참여할 수 있도록 지원하는 사업이다.

| 표 9-2 | 발달장애인을 위한 교육 · 문화 · 여가활동 관련 복지지원 현황 |

서비스 종류	지원 대상	지원 내용	신청방법	시행기관
특수교육 지원	• 특수교육대상자로 선정된 아동	• 특수교육 서비스 제공 －무상교육, 특수교육 관련서비스(가족지원, 치료지원, 통학지원, 보조인력 지원, 보조기구 지원 등)	학교, 특수교육 지원센터	교육부
무상보육료 지원	• 만 12세 이하 장애아동 －장애진단서(만 5세 이하만 해당) 제출자 －발달지체를 보이는 특수교육대상자 진단 · 평가 결과 통지서 제출자(만 3～만 8세까지만 해당)	• 지원단가 －종일반: 39만 4천 원/월 －방과후: 19만 7천 원/월 ※ 가구소득수준과 무관	주민센터에 신청	보건복지부
장애인 자녀 교육비 지원	• 소득인정액 최저생계비 130% 이하인 가구의 1～3급 • 초, 중, 고등학생 장애인 본인 및 1～3급 장애인의 초 · 중 · 고등학생 자녀	• 교육비 지원 내용 －고등학생의 입학금 및 수업료 전액 －고등학생의 교과서대 125,000원(연 1회) －초 · 중학생의 부교재비: 38,700원 －중 · 고등학생의 학용품비: 52,600원		
문화 바우처	• 장애인연금, 장애수당, 장애아동수당 수급자	• 지원 내용 －스포츠, 문화, 예술, 여행 프로그램 이용에 대한 비용 지원 －세대당 연간 10만 원 한도 내에서 지원	홈페이지 (문화누리 카드) 또는 읍 · 면 · 동사무소에 신청	문화체육 관광부

3) 의료 · 재활 · 건강 지원

의료 · 재활 · 건강 지원 제도는 발달장애인의 재활과 자립생활을 촉진하기 위하여 재활치료, 보장구 구입 및 건강 예방 등과 관련된 서비스를 제공하는 것으로, 구체적인 내용은 〈표 9-3〉과 같다.

의료 · 재활 · 건강 지원 제도에는 장애인 의료비 지원, 건강보험 지역가입자의 보험료 경감, 장애인 등록진단비 지급, 장애검사비 지원, 발달재활서비스, 언어발달 지원, 장애인 보조기구교부, 보장구 건강보험급여(의료급여) 적용, 장애아동 의료재활시설 운영 및 여성장애인 · 출산비용 지원 등이 있다.

| 표 9-3 | 발달장애인을 위한 의료 · 재활 · 건강 지원 관련 복지지원 현황 |

서비스 종류	지원 대상	지원 내용	신청방법	시행기관
장애인 의료비 지원	• 「의료급여법」에 의한 의료급여 · 2종 수급권자인 등록장애인 • 건강보험의 차상위 본인부담 경감 대상자인 등록장애인(만성질환 및 18세 미만 장애인)	• 1차 의료급여기관 –진료 본인부담금 1,500원 중 750원 지원 (원내 직접 조제), 본인부담금 1,000원 중 750원 지원(그 외의 경우) • 2차, 3차 의료급여기관 –진료 의료(요양)급여수가적용 본인부담 진료비 15%(차상위 14%, 암환자 5%, 입 원 10% 등) 전액을 지원하되 본인부담 금 식대는 지원하지 않음 • 의료(요양)급여 적용 보장구 구입 시 기 준액 범위 내에서 본인부담금(15%) 전 액(차상위 본인부담 경감대상 포함)	의료기관	보건복지부
건강보험 지역가입자 의 보험료 경감	• 등록장애인. 일부 지원은 소득 수준 및 장애등급에 따라 지원	• 자동차분 건강보험료 전액 면제 • 생활수준 및 경제활동참가율 등급별 점 수산정 시 특례 적용(기본 구간(1구간) 적용) • 산출보험료 경감: 소득 360만 원 이하, 과표 재산 1억 3천5백만 원 이하인 경우 지원. 장애등급에 따라 10~30% 감면 • 장기요양보험료 경감: 등록장애인 1~ 2급, 장기요양보험료의 30% 감면	국민건강 보험공단 관할 지사	보건복지부
장애인 등록진단비 지급	• 수급자로서 신규 등록 장애인 및 재 판정 시기가 도래한 장애인	• 진단서 발급 비용 지원 –지적 장애 및 자폐성장애: 4만 원 지원 –기타 일반장애: 1만 5천 원 지원 ※ 장애판정을 위한 검사비용은 본인 부담	의료기관 및 읍 · 면 · 동사무소	보건복지부
장애검사비 지원	• 등록장애인 중 장애인연금, 활동지 원 및 중증장애아동 수당 신청 등으 로 재진단을 받아야 하는 기초생활 수급자 및 차상위계층인 자 • 행정청 직권으로 재진단을 받는 자	• 검사 비용 일부 지원 –기초생활수급자: 소요비용 5만 원 이상 초과금액 중 최대 10만 원 범위 내 지원 –차상위계층: 소요비용 10만 원 이상 초 과금액 중 최대 10만 원 범위 내 지원 –재진단 대상: 소요비용과 관계없이 10만 원 이하 범위 내에서 지원	읍 · 면 · 동사무소	보건복지부
발달 재활서비스	• 만 18세 미만의 뇌병변, 지적, 자폐 성, 언어, 청각, 시각장애가 있는 아 동 중 전국가구평균소득 150% 이하 인 자	• 매월 14~22만 원의 재활치료 바우처 지원 • 언어 · 청능, 미술 · 음악, 행동 · 놀이, 심리, 감각 · 운동 등 발달재활서비스 선택하여 이용	읍 · 면 · 동사무소	보건복지부

언어발달 지원	• 연령기준: 만 10세 미만 비장애아동 (양쪽 부모가 시각 · 청각 · 언어 · 지적 · 뇌병변 자폐성 등록장애인) • 소득기준: 전국가구평균소득 100% 이하	• 매월 16~22만 원의 언어치료 등 바우 처 지원 • 언어발달진단서비스, 언어 · 청능 등 언 어재활서비스, 독서지도, 수화지도	읍 · 면 · 동사무소	보건복지부
장애인 보조기구 교부	• 등록장애인 중 「국민기초생활보장 법」상의 수급자 및 차상위계층	• 대상 품목 -욕창방지용 방석 및 커버, 와상용 욕창 예방 보조기구, 목욕의자: 1~2급 지체 · 뇌병변 · 심장장애인 -음성유도장치, 음성시계, 영상확대 비디 오(독서확대기), 인쇄물 음성변환 출력 기, 녹음 및 재상장치: 시각장애인 -시각신호표시기, 진동시계, 헤드폰(청 취증폭기): 청각장애인 -양팔 조작형 보행용 보조기구, 기립훈련 기, 음식 및 음료 섭취용 보조기구 5종: 뇌병변장애인, 근육병 등 지체장애인 1, 2급	읍 · 면 · 동사무소	보건복지부
보장구 건강보험급여 (의료급여) 적용	• 등록장애인	• 건강보험대상자: 적용대상 품목의 기준 액 범위 내에서 구입비용의 80%를 공단 에서 부담 -전동휠체어 · 전동스쿠터 · 자세보조용 구는 기준액 · 고시액 · 실구입가액 중 낮은금액의 80%를 공단이 부담 -의료급여수급권자: 적용 대상 품목의 기 준액 범위 내에서 전부(1종) 또는 85% (2종)를 기금에서 부담	국민건강 보험공단 관할 지사	보건복지부
장애아동 의료재활 시설 운영	• 등록장애인	• 지원내용 -장애의 진단 및 치료, 보장구 제작 및 수 리, 장애인 의료재활상담 • 의료급여수급권자 및 시 · 군 · 구청장 의 무료진료추천자는 무료, 그 외의 자 는 실비부담	관할 의료 재활시설	보건복지부
여성장애인 · 출산비용 지원	• 장애등급 1~3급으로 등록한 여성장 애인 중 출산한 여성장애인(2014년 1월 1일 이후 출산한 경우, 임신기간 4개월 이상 태아 유산 · 사산의 경우 포함)	• 출산(유산, 사산 포함) 태아 1인 기준 1백만 원 지급	읍 · 면 · 동사무소	보건복지부

4) 돌봄·보호·휴식 지원

발달장애인을 양육하는 가족은 자녀의 발달과 성장에 따라 일반아동 가족이
직면하는 것보다 더 많은 돌봄 부담과 스트레스를 반복적으로 경험하게 된다.
돌봄·보호·휴식 지원은 가족의 지속적인 돌봄에 대한 부담을 해소하기 위해
운영되는 제도로서, 그 구체적인 내용은 〈표 9-4〉와 같다.

발달장애인을 위한 **돌봄·보호·휴식 지원**은 장애인활동지원 사업, 장애아가
족양육지원 사업, 지방자치단체 지원 돌봄 지원 사업 및 주간보호사업 등이 있
다. 이 중 장애인활동지원 사업은 2급 이상의 중증장애인을 위한 돌봄 지원 사
업으로 주로 장애성인의 자립생활을 지원하기 위해 추진되는 사업이지만, 장애
아동의 경우에도 기준에 해당되면 이용할 수 있는 돌봄 사업 중 하나다. 장애아
가족양육지원사업과 지방자치단체가 지원하는 돌봄 지원 사업은 소득기준 등

표 9-4 발달장애인을 위한 돌봄·보호·휴식 지원 관련 복지지원 현황

서비스 종류	지원 대상	지원 내용	신청방법	시행기관
장애인활동 지원사업	• 만 6세~만 64세의 『장애인복지법』상 등록 1~2급 장애인 중 활동 지원 인정 조사표에 의한 방문조사 결과 220점 이상인 자 -장애등급심사를 거친 후 국민연금공 단에서 방문조사를 실시하고 시· 군·구에서 수급자격 심의위원회를 거쳐 활동 지원 등급 최종결정	• 급여내용 -활동보조(신체활동 지원, 가사활동 지 원, 사회활동 지원 등), 방문간호, 방문 목욕, 긴급활동 지원 • 월 한도액 -기본급여: 등급별 월 41~101만 원 -추가급여: 독거 여부, 출산 여부, 취업 및 취학 여부 등의 생활환경에 따라 월 8.6~2,341천 원 추가급여 제공 • 본인부담금 -기초: 면제 -차상위: 2만 원 -가구별 소득수준에 따라 기본급여의 6~15% + 추가급여의 2~5% 차등 부담 • 기본급여(1~4등급): 24.6~94.5천 원(장 애인연금 기초급여액으로 상한 설정) • 추가급여(독거, 출산, 학교·직장생활 등): 1.7~117천 원	읍·면· 동사무소, 국민연금 공단 관할 지사	보건복지부

장애아가족 양육지원 사업	• 연령기준: 만 18세 미만 중증장애 아동 • 장애유형: 「장애인복지법」에 근거한 1급, 2급, 3급 장애아동 • 소득기준: 전국가구평균소득 100% 이하	• 양육지원 사업 -1아동당 연 480시간 범위 내 지원 -아동의 가정 또는 돌보미 가정에서 돌봄 서비스 제공(장애아동 보호 및 휴식 지원) • 휴식 지원 사업 -장애아가족양육지원사업 중 가족휴식 지원의 일환으로 전국의 1,376개 가정에 1회 20만 원 상당의 가족단위 휴식 지원 프로그램 제공	읍 · 면 · 동사무소	보건복지부
지자체 지원 돌봄 지원 사업	• 등록장애인 -지자체별로 다름	• 경남, 제주 등 일부 지자체에서 장애아 동을 위한 별도의 도우미(돌봄) 서비스 를 제공하고 있음 -경남의 경우 장애아동 · 청소년에게 월 40시간 범위 내에서 활동 지원, 가사지 원, 간병 지원, 외출 지원, 위탁가정 등 의 지원을 제공하고 있음 -제주의 경우 중증장애아동 가정을 대상 으로 으로 가정에 도우미를 파견하는 서 비스 별도 제공	돌봄 서비스 제공기관	지방자치 단체
주간보호 사업	• 등록장애인	• 낮동안 장애인을 보호하는 프로그램 운영	관할 지역 주간보호 시설	지방자치 단체

에 따라 차등을 두고 있는 제한적인 돌봄 사업이다. 이외에도 지역별로 설치 · 운영되고 있는 주간보호센터를 통해 장애아동을 위한 돌봄 서비스를 이용할 수 있다.

5) 심리 · 사회 · 정서적 지원

심리 · 사회 · 정서적 지원 제도는 발달장애인의 돌봄 또는 보호로 인한 심리적, 사회적 및 정서적 어려움을 지원하기 위해 운영되는 제도로서, 그 구체적인 내용은 〈표 9-5〉와 같다.

표 9-5 발달장애인 가족을 위한 심리 · 사회 · 정서적 지원 관련 복지지원 현황

서비스 종류	지원 대상	지원 내용	신청방법	시행기관
발달장애인 부모 심리상담 서비스	• 지적, 자폐성장애인 자녀의 부모 중 전국가구평균소득 100% 이하인 경우	• 장애인 복지관, 사설치료실 등 시 · 군 · 구의 지정을 받은 심리상담 서비스 제공기관으로부터 월 최대 20만 원 상당의 심리상담 서비스 제공	읍 · 면 · 동사무소	보건복지부
장애인 복지 시설 등에서의 가족상담, 가족치료, 교육 프로그램	• 장애자녀 부모, 장애인 가족	• 지원 현황 −전국의 160개 장애인 복지시설, 장애인 부모단체 등에서 장애아동 · 청소년 가족을 위한 상담, 치료, 교육 프로그램 제공	서비스 제공기관	지방자치 단체
부모교육 및 양육기술훈련	• 장애자녀를 양육하는 부모	• 6개 장애인 단체에서 전국 규모의 발달장애인 부모교육 사업 실시 −전국장애인부모연대, 한국장애인부모회, 한국지적장애인복지협회, 한국자폐인사랑협회, 이화여자대학교 및 한국성서대학교에 위탁하여 운영 • 장애인 복지시설, 가족지원센터, 장애인부모단체 등에서 다양한 부모교육 및 양육기술훈련 등의 프로그램 제공	부모교육 운영 단체	보건복지부 및 지방자치단체
무료 법률상담 및 소송 지원	• 등록장애인 −법률구조공단에서 심의하여 무료 법률 구조를 결정한 사건에 한함	• 소송 시 법원에 소요되는 일체의 비용(인지대, 송달료, 변호사 비용)을 무료로 지원 −무료 법률 상담 −무료 민사 · 가사사건 소송 대리(승소가액이 2억 원 초과 시 소송 비용 상환) −무료 형사 변호(단, 보석보증금 또는 보석보증보험수수료 본인 부담)	대한법률구조공단의 관할 지부 또는 상담 전화(132)	대한법률 구조공단

심리 · 사회 · 정서적 지원 제도에는 발달장애인 부모 심리상담 서비스, 가족상담, 가족치료, 교육 프로그램, 부모교육 및 양육기술훈련 및 무료 법률상담 · 소송 지원 등이 있다.

2. 발달장애인을 위한 복지시설

발달장애인을 위한 복지시설은 「장애인복지법」 제56조의 규정에 따라 크게 장애인 거주시설, 장애인 지역사회 재활시설, 장애인 직업재활시설, 장애인 의료재활시설, 장애인 생산품 판매시설 등으로 구분되는데, 그 구체적인 내용은 〈표 9-6〉과 같다.

장애인 거주시설은 장애유형별 거주시설, 중증장애인 거주시설, 장애영유아 거주시설, 장애인 단기거주시설, 장애인 공동생활가정으로 구분되어 있으며, 장애인 지역사회 재활시설은 장애인 복지관, 장애인 주간보호시설, 장애인 체육시설, 장애인 수련시설, 장애인 심부름센터, 수화통역센터, 점자도서관, 점자도서 및 녹음서 출판시설, 장애인 재활치료시설이 있고, 장애인 직업재활시설은 장애인 보호작업장과 장애인 근로사업장으로 구분하고 있으며 그 외 장애인 의료재활시설과 장애인 생산품 판매시설이 있다.

표 9-6 발달장애인을 위한 복지시설의 유형 및 기능

유형	시설명	시설의 기능
장애인 거주시설	장애유형별 거주시설	장애유형이 같거나 유사한 장애를 가진 사람들을 이용하게 하여 그들의 장애유형에 적합한 주거 지원·일상생활 지원·지역사회생활 지원 등의 서비스를 제공하는 시설
	중증장애인 거주시설	장애의 정도가 심하여 항상 도움이 필요한 장애인에게 주거 지원·일상생활 지원·지역사회생활 지원·요양 서비스를 제공하는 시설
	장애 영유아 거주시설	6세 미만의 장애 영유아를 보호하고 재활에 필요한 주거 지원·일상생활지원·지역사회생활 지원·요양 서비스를 제공하는 시설
	장애인 단기거주 시설	보호자의 일시적 부재 등으로 도움이 필요한 장애인에게 단기간 주거 서비스, 일상생활 지원 서비스, 지역사회생활 서비스를 제공하는 시설
	장애인 공동생활 가정	장애인들이 스스로 사회에 적응하기 위하여 전문인력의 지도를 받으며 공동으로 생활하는 지역사회 내의 소규모 주거시설

	장애인 복지관	장애인에 대한 각종 상담 및 사회심리·교육·직업·의료재활 등 장애인의 지역사회생활에 필요한 종합적인 재활서비스를 제공하고 장애에 대한 사회적 인식 개선사업을 수행하는 시설
장애인 지역사회 재활시설	장애인 주간보호시설	장애인을 주간에 일시 보호하여 장애인에게 필요한 재활서비스를 제공하는 시설
	장애인 체육시설	장애인의 체력증진 또는 신체기능 회복활동을 지원하고 이와 관련된 편의를 제공하는 시설
	장애인 수련시설	장애인의 문화·취미·오락활동 등을 통한 심신수련을 조장·지원하고 이와 관련된 편의를 제공하는 시설
	장애인 심부름센터	이동에 상당한 제약이 있는 장애인에게 차량 운행을 통한 직장 출퇴근 및 외출 보조나 그 밖의 이동서비스를 제공하는 시설
	수화통역센터	의사소통에 지장이 있는 청각·언어장애인에게 수화통역 및 상담서비스를 제공하는 시설
	점자도서관	시각장애인에게 점자간행물 및 녹음서를 열람하게 하는 시설
	점자도서 및 녹음서 출판시설	시각장애인을 위한 점자간행물 및 녹음서를 출판하는 시설
장애인 직업재활시설	장애인 보호작업장	직업능력이 낮은 장애인에게 직업적응능력 및 직무기능 향상 훈련 등 직업재활훈련 프로그램을 제공하고, 보호가 가능한 조건에서 근로의 기회를 제공하며, 이에 상응하는 노동의 대가로 임금을 지급하며, 장애인 근로사업장이나 그 밖의 경쟁적인 고용시장으로 옮겨 갈 수 있도록 돕는 역할을 하는 시설
	장애인 근로사업장	직업능력은 있으나 이동 및 접근성이나 사회적 제약 등으로 취업이 어려운 장애인에게 근로의 기회를 제공하고, 최저임금 이상의 임금을 지급하며, 경쟁적인 고용시장으로 옮겨 갈 수 있도록 돕는 역할을 하는 시설
장애인 의료재활시설		장애인을 입원 또는 통원하게 하여 상담, 진단·판정, 치료 등 의료재활서비스를 제공하는 시설
장애인 생산품판매시설		장애인 생산품의 판매활동 및 유통을 대행하고, 장애인 생산품이나 서비스·용역에 관한 상담, 홍보, 판로 개척 및 정보제공 등 마케팅을 지원하는 시설

출처: 「장애인복지법」 시행규칙 [별표 4]

2014년 말 현재 **장애인 복지시설**은 3,242개소가 있으며, 장애인 거주시설 713개소, 장애인 지역사회 재활시설 1,455개소, 장애인 지역사회 재활시설 1,213개소,

장애인 직업재활시설 539개소, 장애인 의료재활시설 18개소, 장애인 생산품 판매시설 17개소 등이 있다(보건복지부, 2015).

다양한 장애인 복지시설이 설치 · 운영되고 있으나, 이용 희망 욕구에 비해 실제 이용률은 낮은 것으로 보고되고 있다. 〈표 9-7〉은 발달장애인의 주요 장애인 복지시설의 이용 희망률과 이용 경험률을 비교한 것이다.

〈표 9-7〉에서 볼 수 있는 바와 같이 지적 장애인 중 25.9%, 자폐성장애인 중 43.7%가 장애인 주간보호시설 이용을 희망하고 있었으나, 실제로는 지적 장애인의 6.1%, 자폐성장애인의 16.1%만이 이와 같은 시설을 이용한 경험이 있는 것으로 나타났다. 장애인 직업재활시설, 장애인 복지관 및 장애인 의료시설 등도 지적 장애인과 자폐성장애인의 이용 희망률은 높았으나 장애인 복지관을 제외하고는 대체로 이용 경험률이 낮은 것으로 나타났다.

이와 같은 이용 경험률과 이용 희망률의 차이는 발달장애인을 위한 복지시설에 대한 공급이 복지시설에 대한 이용 수요를 따라가지 못하기 때문이다. 따라서 발달장애인을 위한 복지시설이 확충될 필요가 있다.

표 9-7 발달장애인의 주요 장애인 복지시설 이용 희망률과 이용 경험률 비교

구분	지적 장애인		자폐성장애인	
	이용 희망률	이용 경험률	이용 희망률	이용 경험률
장애인 주간보호시설	25.9	6.1	43.7	16.1
장애인 직업재활시설	32.0	16.1	45.9	15.6
장애인 복지관	40.7	32.1	55.2	42.2
장애인 의료재활시설	27.9	3.5	38.0	10.2

출처: 김성희, 이연희, 황주희, 오미애 등(2015). 2014년 장애인 실태조사. 세종: 보건복지부. 표 재구성.

3. 복지지원 제도의 활용

발달장애인이 이용할 수 있는 지역사회 서비스는 다양하지만, 이들 서비스를 발달장애인 또는 그 가족이 모두 파악하여 필요할 때마다 신청하는 것은 현실적으로 어렵다. 따라서 이러한 서비스를 보다 효과적으로 이용할 수 있는 방법이 필요한데, 이 경우 발달장애인지원센터, 보건복지콜센터, 장애인 복지관 및 장애인 단체를 활용해 볼 수 있다.

1) 발달장애인지원센터

발달장애인지원센터는 「발달장애인법」에 의해 설치·운영되는 발달장애인 서비스의 출입문의 기능을 담당하는 기관이다. 「발달장애인법」이 시행되기 전인 지난 2013년에 중앙장애아동·발달장애인지원센터가 한국장애인개발원 내에 설치된 바 있으며, 지난 2016년 2월 1일에는 전국에서 처음으로 대구에서 지역발달장애인지원센터가 설치되었다. 보건복지부는 2016년까지 전국 17개 시·도 지역 1개소 이상의 지역발달장애인지원센터를 설치·운영할 계획을 갖고 있고, 향후에는 시·군·구 단위에도 확대 설치할 계획이다.

전술한 바와 같이 발달장애인지원센터는 중앙과 지역에 각각 설치된다. **중앙발달장애인지원센터**는 지역(광역)발달장애인지원센터를 지원하는 기능을 담당하며, **지역발달장애인지원센터**가 발달장애인을 위한 서비스 지원 계획을 수립하고, 관련 정보를 제공하며, 서비스 기관을 연계하는 현장 지원 업무를 담당하게 된다(김기룡, 2015)([그림 9–1] 참조).

따라서 지역발달장애인지원센터는 지역의 모든 발달장애인 관련 복지지원 자원을 하나로 집적시킬 것으로 예상되며, 발달장애인은 이 기관을 통해 지역사회의 모든 서비스를 신청하고, 관련 정보를 제공받게 되며, 원하는 서비스 기관

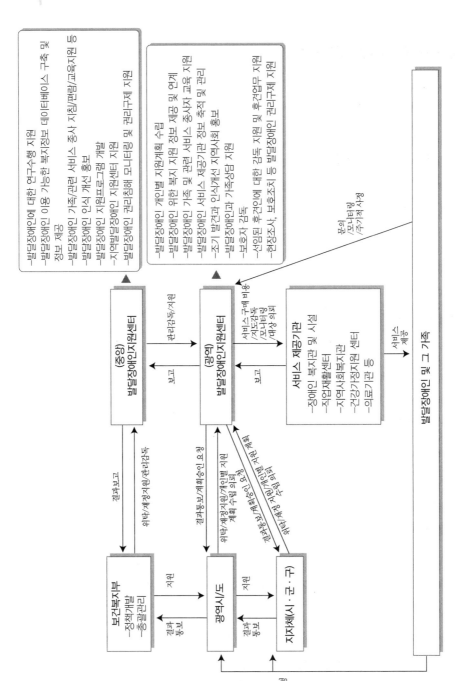

[그림 9-1] 중앙 및 지역 발달장애인지원센터의 관계 모형

출처: 김진우(2014). 발달장애인 개인별지원계획 수립 방안 연구. 세종: 보건복지부.

을 연계받을 수 있다.

2) 보건복지콜센터

보건복지콜센터는 보건복지부가 운영하는 콜센터 운영 사업으로 전 국민을 대상으로 실시되는 사업이다. 전국 어디서나 국번 없이 129번으로 전화하면 이용할 수 있다. 평일 오전 9시부터 오후 6시까지 상담원과 연결하여 상담이 가능하며 업무시간 중 전화 연결이 안 될 경우나 업무시간 이후에 상담예약을 하면 업무시간 중 연락을 해 준다. 실명 인증 또는 아이핀(i-PIN) 인증 후에 인터넷 채팅으로도 상담이 가능하고, 모바일 앱을 다운로드받아 스마트폰 상에서도 상담이 가능하다(http://www.129.go.kr).

보건복지콜센터에서는 보건의료, 사회복지, 인구 정책 및 위기 대응 등의 분야에 관해 다양한 정보를 제공받을 수 있고 필요한 경우 상담도 받을 수 있다. 특히 장애인 등록 방법, 장애인 연금 등 복지서비스 신청 방법, 가까운 곳에 위치한 장애인 복지시설 현황 등에 대한 정보를 제공받을 수 있다.

보건복지콜센터 이외에도 정부가 시행하는 각종 복지서비스를 집약해 놓은 홈페이지인 '복지로'를 이용하여 장애인 복지와 관련된 정보를 편리하게 수집할 수 있다(http://www.bokjiro.go.kr). 이 홈페이지에는 생애주기, 서비스 대상 또는 가구, 상황에 따른 복지서비스를 살펴볼 수 있고, 필요한 경우 맞춤검색 메뉴를 활용하여 개인에게 맞는 서비스를 찾아볼 수 있다.

3) 장애인 복지관

장애인 복지관은 「장애인복지법」 제58조, 제59조 및 동법 시행규칙 제41조, 제42조에 의해 설치된 기관으로 지역사회 가정 내에서 생활하고 있는 장애인을 대상으로 장애의 사정과 평가(진단판정), 사회심리, 직업 재활, 교육재활, 의료재활, 재가복지 서비스 등 장애인의 지역사회 생활에 필요한 종합적인 재활서비스를 제공하고 장애인에 대한 인식개선사업을 수행하고 있으며 2012년 9월 17일 현재 188개소가 운영되고 있다. 정부 지원으로 운영되는 기관으로 정보제공 상담을 받을 수 있다. 거주지 인근 복지관 이용을 원할 경우 한국장애인복지관협회 사이트에 접속하여 '복지관 소개'를 클릭하면 된다(http://www.hinet.or.kr).

4) 장애인 단체

장애인 단체는 장애인의 권익을 옹호하기 위해 장애인을 회원으로 하는 집단을 일컫는다. 우리나라에는 약 1천여 개 이상의 장애인 단체가 활동하고 있는 것으로 추정되고 있다. 장애인 단체 중에서 보건복지부에 등록된 법인 단체는 34개 단체인데, 이들 단체의 경우 보건복지부의 지원을 받아 정보제공 및 상담, 서비스 연계, 직접 프로그램 수행 등의 사업을 담당하고 있다. 이 중 장애아동 또는 그 부모를 지원하기 위해 조직된 장애인 단체는 4개 단체가 있는데, 이들 단체는 모두 지역별로 사무실을 두고 있어, 자신이 거주하는 지역과 가까운 지역 사무소를 통해 필요한 정보를 제공받을 수 있다. 이와 같은 장애인 단체를 간략히 소개하면 다음과 같다.

(1) 한국지적장애인복지협회

한국지적장애인복지협회는 지적 장애인의 권익옹호와 복지증진에 기여함을 목적으로 1968년 7월 4일 설립되어 지적 장애인들이 지역사회에서 의미 있는 삶을 살아갈 수 있도록 지원해 왔다. 현재 전국에 15개의 시도협회와 89개 지부가 있으며, 서울시립지적장애인복지관 외에 장애인 자립지원센터 27개소, 공동생활가정 22개소, 주간보호센터 27개소, 단기보호센터 13개소가 운영되고 있다. 주요 사업으로는 자녀교육의 지식을 습득할 수 있는 기회를 제공하는 부모교육 사업, 지적 장애인 스스로 사회의 동등한 주체로서 자기 권리를 행사할 수 있는 능동성을 배양하고자 하는 자기권리주장대회, 장애인의 직업기술을 향상시키고 취업의 기회를 제공하는 직업재활사업과 전국지적장애인 기능경진대회, 아시아 지적장애인대회 참가 및 개최 등 국제교류사업, 지적 장애인의 자립생활능력 향상 및 사회참여 확대를 지원하는 자립지원센터 운영 등을 하고 있다.

(2) 한국장애인부모회

한국장애인부모회는 '적극적으로 참여하는 장애인 가족, 베푸는 장애인 가족' 미션을 가지고, 1985년에 창립되었다. 현재 65개 지회 또는 지회를 운영하고 있으며, 장애인 주·단기 보호시설, 공동생활가정, 직업재활시설 및 장애인 가족지원센터 등 다양한 복지 사업을 운영하고 있다. 주요 사업으로는 정책 개발, 인식개선, 부모 역량 강화, 후견인 양성, 가족지원 사업 등이 있다.

(3) 전국장애인부모연대

전국장애인부모연대는 장애인과 그 가족의 인간답게 살 권리를 보장하기 위한 제도적 환경을 구현하는 것을 목표로 지난 2008년에 설립되었다. 현재 17개 시도 지부, 120개 시·군·구 지회를 운영하고 있으며, 권리 옹호 활동 이외에, 장애인가족지원센터(41개소), 직업재활시설·장애인 복지관·사설치료실 등 지역사회 이용 시설(20개소), 장애인식개선센터(10개소) 등 별도의 이용 시설을 운영하고 있다. 주요 사업으로는 발달장애인 권리 옹호 지원, 장애인 가족을 위한 교육 및 상담, 장애인과 가족의 인권 및 복지 향상을 위한 정책 개발·연구, 가족지원, 재활치료, 직업재활 및 평생교육과 관련된 사업 운영, 국내외 장애인 부모단체와의 교류 사업 등이 있다.

(4) 한국자폐인사랑협회

한국자폐인사랑협회는 자폐인의 자립과 사회통합을 도모하기 위한 각종 사업을 수행함으로써 자폐성장애인의 복지를 증진하고 자폐인과 그 가족들이 인간다운 삶을 영위할 수 있도록 하기 위하여 2006년에 12월에 설립되었다. 현재 전국에 7개의 지부를 두고 있다. 한국자폐인사랑협회는 자폐성장애인의 역량강화와 가족캠프 등의 직접 서비스 지원 사업을 비롯하여 자폐성장애인의 권리옹호및 인식개선사업을 실시하고 있다. 또한 각종 정책 및 제도개선사업을 실시하고있으며, 소식지와 통합정보관 운영을 포함한 자폐 관련 종합정보지원과 교육·연구사업 등을 실시하고 있다.

| 참고문헌 |

강성구, 강종구, 김두영, 김라경, 김영석, 오유정, 정소영(2015). 발달장애성인 평생교육 프로그램 개발 연구. 안산: 국립특수교육원.

강희설(2010). 사회복지사의 지적 장애인 자기옹호 지원 과정. 성공회대학교 미간행 박사학위논문.

곽정란, 김병하(2004). 장애담론의 정치적 이해: 장애인당사자주의를 중심으로. 특수교육 저널: 이론과 실천, 5(3), 249-263.

교육부(2015). 특수교육 연차보고서. 세종: 저자.

국립특수교육원(2009). 특수교육학 용어사전. 서울: 하우.

국립특수교육원(2011). 특수학교 기반 발달장애성인 평생교육 지원 모형 개발.

기획재정부(2013). 정부조직 개편에 따른 공공기관의 변동 현황 보도 참고자료. 서울: 저자.

김경중, 류왕효, 류인숙, 박은준, 신화식, 유구종, 정갑순, 조경미, 조희숙, 주리분(1998). 아동발달심리(개정판). 서울: 학지사.

김기룡(2014). 발달장애학생의 자기옹호 측정 문항 개발 및 타당화. 공주대학교 대학원 박사학위논문.

김기룡(2015). 발달장애인법 제정의 의의 및 주요 내용. 대구재활연구, 34, 1-25.

김도현(2007). 한국장애인 운동 20년: 차별에 저항하라. 서울: 박종철출판사.

김삼섭 역(1996). 중증장애인의 교육과 재활. 서울: 이화여자대학교 출판부.

김삼섭(2010). 특수교육의 심리학적 기초. 서울: 시그마프레스.

김삼섭(2016). 특수교육심리학. 서울: 시그마프레스.

김선(2007). 발달지체인 자기권리주장운동의 발달과정 연구. 대구대학교 교육대학원 석
　　사학위논문.

김성희, 변용찬, 손창균, 이연희, 이민경, 이송희, 강동욱, 권선진, 오혜경, 윤상용, 이선
　　우(2011). 2011년 장애인 실태조사. 서울: 한국보건사회연구원.

김성희, 이연희, 황주희, 오미애, 이민경, 이난희, 강동욱, 권선진, 오혜경, 윤상용, 이선
　　우(2014). 2014년 장애인 실태조사. 세종: 한국보건사회연구원.

김유리(2010). 장애아동 학대의 원인과 학교의 예방적 역할. 특수교육, 9(3), 71-89.

김진숙(2015). 발달장애자녀 어머니의 양육경험: 질적 메타종합연구. 한국심리학회지: 상
　　담 및 심리치료, 27(2), p. 471.

김진우(2014). 발달장애인 개인별지원계획 수립 방안 연구. 세종: 보건복지부.

김혜경(2002). 발달지체인 자기권리주장운동, 인권실행, 새로운 사회운동. 지적장애연구,
　　4, 233-253.

명경미, 김다현, 민병란, 서현석, 이현수, 임소인, 임수진, 한은정, 한은주, 황정현(2013).
　　장애학생 인권침해 예방을 위한 교사용 지침서(고등학교). 충남: 국립특수교육원.

박재국, 김혜리, 정희정 공역(2014). 발달장애아동의 마음 읽기. 서울: 시그마프레스.

발달장애인법제정추진연대(2015. 5. 19.). 발달장애인 권리보장 및 지원에 관한 법률 제
　　정보고대회 자료집.

방명애(2006). 역할놀이 중심의 자기결정 활동프로그램의 적용이 정신지체 학생의 자기
　　결정기술과 적응행동에 미치는 영향. 특수교육연구, 13(1), 179-200.

백은령, 김기룡, 유영준, 이명희, 전혜인, 최복천(2013). 발달장애인의 자립생활 증진을 위
　　한 부모교육 매뉴얼 개발. 서울: 보건복지부.

백은령, 김기룡, 유영준, 이명희, 최복천(2011). 장애인 가족지원. 경기: 양서원.

백종남, 김삼섭(2010). 발달장애학생의 다중지능 발달 특성. 중복·지체부자유연구, 53(1),
　　217-240.

보건복지부(2012). 발달장애인지원계획. 국가정책조정회의 자료(2012년 7월 4일). 미간
　　행 자료.

보건복지부(2015). 등록장애인 현황 자료. http://www.mohw.go.kr. 2016년 2월 11일 검색.

송소현, 김영미, 김영표, 나홍주, 박재국, 정해동(2011). 특수학교 기반 발달장애성인 평생교
　　육 지원 모형 개발. 아산: 국립특수교육원.

엄미선(2003). 자기옹호(self-advocacy) 집단 프로그램을 통한 도시빈민의 임파워먼트 연구. 가톨릭대학교 대학원 박사학위논문.

유동철(2004). 장애운동의 성과와 과제. 비판과 대안을 위한 사회복지학회 학술대회 발표 논문집(pp. 155-195). 비판과 대안을 위한 사회복지학회.

유동철, 김명연, 박숙경, 김정하, 임소연, 박영희, 이윤경(2014). 장애인 복지시설 인권교육 교재: 장애인 인권 길라잡이. 서울: 국가인권위원회.

이명희, 유영준, 백은령, 전혜인, 최복천, 김기룡(2012). 발달장애인 부모교육과정 개발을 위한 연구. 서울: 보건복지부.

이숙향(2009). 장애학생의 자기결정에 대한 인식 및 성인기 전환과 관련된 자기결정 개념의 실제 적용에 관한 질적 연구. 특수교육학연구, 43(4), 47-74.

이재섭, 이재욱, 최승숙(2011). 자기주장훈련 중재프로그램이 경도지적 장애학생의 자기인식과 자기옹호에 미치는 효과. 특수교육저널: 이론과 실천, 12(4), 113-136.

이현수, 김다현(2012). 특수아동의 학교폭력 실태 및 해결방안과 법·인권교육의 방향. 한국위기관리논집, 8(4), 143-156.

전국장애인부모연대(2009). 전국장애인부모활동가대회 자료집. 미간행 자료. 서울: 저자.

전국장애인부모연대(2015). 발달장애인 자조단체 운영 현황 분석 자료. 미간행 자료. 서울: 저자.

정종화(2009). 장애인 자립생활의 역량강화: 이론과 실제. 서울: 삼육대학교 출판부.

정호경(2011). 공법: 국가인권위원회 진정제도에 관한 고찰—행정소송, 행정심판, 심사청구 제도와의 비교를 중심으로. 법학논총, 28(3), 57-80.

정희승, 박승희(2011). 인문계 고등학교 통합 환경의 지적 장애 학생을 위한 역할극 활용 자기옹호교수의 효과. 특수교육학연구, 46(3), 47-78.

조윤경, 김치훈, 김강원, 고명균(2015). 지역발달장애인지원센터 운영 매뉴얼 개발 연구. 서울: 한국장애인개발원.

조인수(2006). 발달장애학생의 자기결정력 강화를 위한 자기옹호와 리더십 기술 증진방안 고찰. 정신지체연구, 8(3), 1-37.

조흥식, 박희찬, 이준영, 강상경, 김진우, 김용득, 윤민석(2012). 발달장애인 활동지원 등을 위한 욕구조사 및 정책과제 수립 연구. 서울대학교 산학협력단. 서울: 보건복지부.

최복천, 조윤경, 이미정, 성명진(2014). 발달장애인 자조집단 사례 분석 연구. 서울: 한국장애인개발원.

하인숙(2004). 상황이야기 중재가 정신지체 고등학생의 자기옹호 행동에 미치는 영향. 이화여자대학교 교육대학원 석사학위논문.

한국교육심리학회(2013). 교육심리학 용어사전. 서울: 학지사.

한국특수교육학회(2008). 특수교육대상자 개념 및 선별기준. 공주: 저자.

保積功一(2007). 知的障害者の本人活動の歷史的 發展と機能について. 吉備國際大學 社會福祉學部硏究紀要, 12, 11-22.

국민권익위원회 〈www.acrc.go.kr〉

서울대학교병원 의학 정보 〈http://www.snuh.org/pub/infomed/sub01/sub01/〉

Advocating Change Together. (2002). *Youth leadership development training. Unpublished grant proposal.* St. Paul, MN: Author.

American Psychiatric Association (2013). *Diagnostic and Statistical Manual of Mental Disorders: DSM 5*(5/E). Washington: Author.

Balcazar, F., Fawcett, S., & Seekins, T. (1991). Teaching people with disabilities to recruit help to attain personal goals. *Rehabilitation Psychology, 36,* 31-41.

Bank-Mikkelsen, N. (1980). Denmark. In R. Flynn & K. Nitsch (Eds.), *Normalization, social integration and community services.* Austin, TX: PRO-ED.

Berk, L. (2003a). *Development through the lifespan.* Boston: Pearson Education, Inc.

Berk, L. (2003b). *Child development* (6th ed.). Needham Heights, MA: Allyn & Bacon.

Bhavnani, K. (1990). What's power got to do with it? Empowerment and social research. In I. Parker & J. Shotter (Eds.), *Deconstructing Social Psychology.* London, England: Routledge.

Bramley, J., & Elkins, J. (1988). Some issues in the development of self-advocacy among persons with intellectual disabilities. *Australia and New Zealand Journal of Developmental Disabilities, 14*(2), 147-157.

Brooks, N. A. (1991). Self-empowerment among adults with severe physical disability: a case study. *Journal of Sociology and Social Welfare, 18*(1), 105-120.

Byrnes, J. P. (2001). *Minds, Brains, and Understanding the psychological and educational relevance of neuroscientific research.* New York: Guildford Press.

California People First (2013). *People First Manual-Starter.* CA: The author.

Crawley, B. (1988). *The Growing Voice: A Survey of Self-advocacy Group in Adult Training Centres and Hospitals in Great Britain.* London, England: Values and into Action.

Cunconan-Lahr, R., & Brotherson, M. J. (1996). Advocacy in disability policy: Parents and consumers as advocates. *Mental Retardation, 34,* 352-358.

Daniels, H. (2001). *Vygotsky and pedagogy.* London: Routledge Falmer.

Dennis, W. (1951). A further analysis of reports of wild children. *Children Development, 22,* 153-158.

Doll, E. (1962). A historical survey of research and management of mental retardation in the United States. In E. Trap & P. Himmelstein (Eds.), *Readings on the exceptional child: Research and theory.* New York: Appleton-Century-Crofts.

Durant, W. (1944). *Caesar and Christ.* New York: Simon & Schuster.

Durant, W. (1966). *The life of Greece.* New York: Simon & Schuster.

Dybward, G. (1996). Setting the stage historically. In G. Dybwad & H. Bresani (Eds.), *New Voices: self-advocacy by people with disabilities.* Cambridge, MA: Brookline Books.

Eggen, P. D., & Kauchak, D. (2004). *Educational psychology: Windows on classrooms* (6th ed.). Upper Saddle River, NJ: Prentice Hall.

Eisenman, L., & Tascione, L. (2002). "How come nobody told me?" Fostering self-realization through a high school English curriculum. *Learning Disabilities Research & Practice, 17,* 35-46.

English, K. M. (1997). *Self-advocacy for students who are deaf or hard of hearing.* Austin, TX: PRO-ED.

Fiedler, C. R., & Danneker, J. E. (2007). Bridging the research to practice gap. *Focus on Autism and Other Developmental Disabilities, 39*(8), 1-20.

Fiedler, C. R., & Danneker, J. E. (2007). Self-advocacy instruction: Bridging the research-to-practice gap. *Focus on Exceptional Children, 39*(8), 1-20.

Field, S. (1996). Self-determination instructional strategies for youth with learning disabilities. *Journal of Learning Disabilities, 29*, 40-52.

Furman, B. (1996). The history of people first of washington state. In G. Dybead & H. Bersani (Eds.), *New Voices: self-advocacy by people with disabilities*. Cambridge, MA: Brookline Books.

Furney, K. S., Carlson, N., Lisi, D., & Yuan, S. (1993). *Speak up for yourself and your future: A curriculum for building self-advocacy and self-determination skills*. Burlington, VT: Enabling Futures Project, University of Vermont.

Gallagher, J. (1975). *Teaching the gifted child* (2nd ed.). Boston: Allyn & Bacon.

Gallagher, J., Forsythe, P., Ringelheim, D., & Weintraub, F. (1975). Federal and state funding patterns for programs for the handicapped. In N. Hobbs (Ed.), *Issues in the classification of children* (Vol. 2). San Francisco: Jossey-Bass.

Goodley, D. (2000). *Self-advocacy in the lives of people with learning disabilities*. Glasgow, England: Open University Press.

Goodley, D. (2005). Empowerment, self-advocacy and resilience. *Journal of Intellectual Disabilities, 9*(4), 333-343.

Hartman, R. C. (1993). Transition to higher education. In S. Kroeger & J. Schuck (Eds.), *New Directions for Student Services. Responding to Disability Issues in Student Affairs* (Vol. 64, p. 37). San Francisco, CA: Jossey-Bass.

Hersov, J. (1996). The rise of self-advocay in great britain. In G. Dybead & H. Bersani (Eds.), *New Voices: self-advocacy by people with disabilities*. Cambridge, MA: Brookline Books.

Hewett, F., & Forness, S. (1977) *Education of exceptional learners* (2nd ed.). Boston: Allyn & Bacon.

Karvonen, M., Test, D. W., Wood, W. M., Browder, D., & Algoozzine, B. (2004). Putting self-determination into practice. *Exceptional Children, 71*(1), 23-41.

Kirk, S., & Johnson, G. (1951) *Educating the retarded child*. Cambridge, MA: Riverside

Press.

Kirtley, D. (1975) *The psychology of blindness*. Chicago: Nelson-Hall.

Lancaster, P. E., Schumaker, J. B., & Deshler, D. D. (2002). The development and validation of an interactive hypermedia program for teaching a self-advocacy strategy to students with disabilities. *Learning Disability Quarterly, 25,* 277-302.

Longhurst, N. A. (1994). *The self-advocacy movement by people with developmental disabilities.* 김혜경 역(1998). 발달지체인의 자기권리주장 운동. 서울: 한국정신지체인애호협회.

Martin, J., Huber-Marshall, L., & Maxson, L. (1993). Transition policy: Infusing self-determination and self-advocacy into transition programs. *Career Development for Exceptional Individuals, 16,* 53-61.

Mason, C., Field, S., & Sawilowsky, S. (2004). Implementation of self determination activities and student participation in IEPs. *Exceptional Children, 70,* 441-451.

Merchant, D., & Gajar, A. (1997). A review of the literature on self-advocacy components in transition programs for students with learning disabilities. *Journal of Vocational Rehabilitation, 8,* 223-231.

Nirge, B. (1969). The normalization principle and its human management implications. In R. Kugel & W. Wolfensberger (Eds.), *Changing patterns in residential services for the mentally retarded.* Washington, DC: President's Committee on Mental Retardation.

Nirje, B. (1980). The normalization principle. In R. J. Flynn & K. E. Nitsch (Eds.), *Normalization, Social Integration and Community Services.* Baltimore: University Park Press.

People First Liverpool (1996). *Annual Report.* Liverpool, England: Liverpool People First, Merseyside Trade Union and Unemployment Resources Centre.

People First of California (2013). People First of Manual-Starter.

Perske, R. (1996). Self-advocate on the move. In G. Dybead & H. Bersani (Eds.), *New Voices: self-advocacy by people with disabilities.* Cambridge, MA: Brookline Books.

Piaget, J. (1970). *Structuralism.* New York: Basic Books.

Piaget, J. (1972). Intellectual evolution from adolescence to adulthood. *Human Develop-*

ment, 15, 1-12.

Rosenshine, B., & Meister, C. (1992). The use of scaffolds for teaching high cognitive strategies. *Educational Leadership, 49*(7), 26-33.

SABE (2010). *Self-Advocacy Nation By Self-Advocates Becoming Empowered.* 20th Anniversary Issue, September, 2010. Kansas, MO: Author.

Serpell, R. (2000). Intelligence and culture. In R. J. Sternberg (Ed.), *Handbook of intelligence* (pp. 549-577). New York: Cambridge University Press.

Shoultz, B. (1997). *The self-advocacy movement.* The Center on Human Policy, Syracuse University, New York, From http://www.soeweb.syr.edu.

Siegler, R. S. (1998). *Children's thinking.* Upper Saddle River, NJ: Prentice Hall.

Sievert, A. L., Cuvo, A. J., & Davis, K. A. (1988). Training self-advocacy skills to adults with mild handicaps. *Journal of Applied Behavior Analysis, 21,* 299-309.

Simons, K. (1992). *'Sticking up for yourself': self-advocacy and people with learning difficulties.* York: Joseph Rowntree Foundation.

Smith, C. L., & Tobin, S. L. (1989). Tissue-specific expression of the 79B actin gene during Drosophila development. *Developmental Biology, 133*(2), 313-321.

Stang, K. K., Carter, E. W., Lane, K. L., & Pierson, M. R. (2009). Perspectives of general and special educators on fostering self-determination in elementary and middle schools. *The Journal of Special Education, 43*(2), 94-106.

Stodden, R. A. (2000). *Postsecondary education and employment for students with disabilities: Executive summary.* Honolulu, HI: University of Hawaii, National Center for the Study of Postsecondary Educational Supports.

Sutcliffe, J., & Simons, K. (1993). *Self-advocacy and Adults with Learning Difficulties: Contexts and Debates.* Leicester, England: National Institute of Adult Continuing Education.

Test, D. W., Fowler, C. H., Wood, W. M., Brewer, D. M., & Eddy, S. (2005). A conceptual framework of self-advocacy for students with disabilities. *Remedial and Special Education, 26*(1), 43-54.

VanReusen, A. K., Bos, C. S., Schumaker, J. B., & Deshler, D. D. (1994). *The self-advocacy strategy for education and transition planning.* Lawrence, KS: Edge.

Wallin, J. (1955). *Education of mentally retarded children.* New York: Harper & Row.

Wehmeyer, M. (1992). Self-determination: Critical skills for outcomeoriented transition services: Steps in transition that lead to selfdetermination. *The Journal for Vocational Special Needs Education, 15,* 3-7.

Wehmeyer, M. L., & Schalock, R. L. (2001). Self-determination and quality of life: Implications for special education services and supports. *Focus on Exceptional Children, 33*(8), 1-13,

Wehmeyer, M. L., & Schwartz, M. (1997). Self-determination and positive adult outcomes: A follow-up study of youth with mental retardation or learning disabilities. *Exceptional Children, 63,* 245-255.

Williams, P., & Shoultz, B. (1982). *We can speak for ourselves: Self-advocacy by mentally handicapped people.* Bloomington, IN: Indiana University Press.

Wolfensberger, W. (1980). A Brief overview of the principle of normalization. In R. Flynn & K. Nitsch (Eds.), *Normalization, social integration, and community services.* Austin, TX: PRO-ED.

World Health Organization (2011). *World report on disability 2011.* Switzerland, Geneva: Auther.

Zilboorg, G., & Henry, G. (1941). *A history of medical psychology.* New York: W. W. Norton.

| 찾아보기 |

내 용

저자 소개

⊙ 김삼섭(金參燮, Kim Sam-Seop)

  중부대학교 교육대학원 특수교육과 교수

  중부대학교 인문산업대학원 발달장애지원학과 학과장

⊙ 나경은(羅璟恩, Na Kyong-Eun)

  중부대학교 중등특수교육과 교수

  중부대학교 현장실습지원센터장

⊙ 김기룡(金紀龍, Kim Ki-Ryong)

  사단법인 전국장애인부모연대 사무총장/전국장애인교육권연대 사무처장

  중부대학교 인문산업대학원 발달장애지원학과 겸임교수

발달장애 이해
Understanding Developmental Disability

2016년 2월 15일 1판 1쇄 인쇄
2016년 2월 20일 1판 1쇄 발행

지은이 • 김삼섭 · 나경은 · 김기룡
펴낸이 • 김진환
펴낸곳 • (주) **학지사**

        04031 서울특별시 마포구 양화로 15길 20 마인드월드빌딩
대표전화 • 02-330-5114   팩스 • 02-324-2345
등록번호 • 제313-2006-000265호

홈페이지 • http://www.hakjisa.co.kr
페이스북 • https://www.facebook.com/hakjisa

ISBN 978-89-997-0940-1 93370
정가 16,000원

이 도서의 국립중앙도서관 출판시도서목록(CIP)은 서지정보유통지원
시스템 홈페이지(http://seoji.nl.go.kr)와 국가자료공동목록시스템
(http://www.nl.go.kr/kolisnet)에서 이용하실 수 있습니다.
(CIP 제어번호: CIP2016009543)

••••••••••••••• 교육문화출판미디어그룹 **학지사** •••••••••••••••

심리검사연구소 **인싸이트** www.inpsyt.co.kr
원격교육연수원 **카운피아** www.counpia.com
학술논문서비스 **뉴논문** www.newnonmun.com

특수교육학개론
-장애 · 영재아동의 이해-

김동일 · 손승현 · 전병운 · 한경근 공저

2010년
사륙배판 · 양장 · 432면 · 19,000원
ISBN 978-89-6330-342-0 93370

특수교육학개론

김희규 · 강정숙 · 김은영 · 김주영 · 김형일 · 박계신 · 오세철 · 옥정달 · 정동일 · 정동훈 · 채희태 · 홍은숙 · 황복선 공저

2010년
사륙배판 · 양장 · 456면 · 19,000원
ISBN 978-89-6330-394-9 93370

특수교육학개론

강종구 · 김미경 · 김영한 · 옥정달 · 이정규 · 이태훈 · 이한우 · 정주영 · 한석실 · 한은미 · 허명진 공저

2010년
크라운판 · 양장 · 432면 · 18,000원
ISBN 978-89-6330-383-3 93370

특수교육개론

Michael S. Rosenberg · David L. Westling · James McLeskey 공저
박현옥 · 이정은 · 노진아 · 권현수 · 서선진 · 윤현숙 공역

2010년
사륙배판 · 반양장 · 752면 · 22,000원
ISBN 978-89-6330-509-7 93370

3판
통합학급 교사들을 위한
특수교육 지침서
특수아동교육

이화여자대학교 이소현 · 박은혜 공저

2011년
사륙배판 · 양장 · 624면 · 22,000원
ISBN 978-89-6330-609-4 93370

2판
특수교육학개론

권요한 · 김수진 · 김요섭 · 박중휘 · 이상훈 · 이순복 · 정은희 · 정진자 · 정희섭 공저

2015년
사륙배판 · 양장 · 608면 · 20,000원
ISBN 978-89-997-0615-8 93370

다문화 특수교육
-다문화 사회의 장애 · 영재학생 통합교육-

Gwendolyn Cartledge · Ralph Gardner, III · Donna Y. Ford 공저
김동일 역

2012년
사륙배판변형 · 반양장 · 576면 · 23,000원
ISBN 978-89-6330-797-8 93370

장애관련종사자의 특수교육 입문

박승희 · 장혜성 · 나수현 · 신소니아 공저

2007년
사륙배판변형 · 양장 · 448면 · 18,000원
ISBN 978-89-5891-480-8 93370

특수교육 교육과정론

권요한 · 윤광보 · 이만영 · 정희섭 · 김원경 · 정은희 · 김요섭 공저

2011년
사륙배판 · 양장 · 496면 · 19,000원
ISBN 978-89-6330-624-7 93370

2판
교사를 위한 특수교육입문
통합교육

한국통합교육학회 편
강영심 · 구효진 · 김경숙 · 김동일 · 김성애 · 김용욱 · 김윤옥 · 김종현 · 박재국 · 신현기 · 이대식 · 이신동 · 전병운 · 정대영 · 정정진 · 조용태 · 최종근 공저

2009년
사륙배판 · 양장 · 584면 · 20,000원
ISBN 978-89-6330-168-6 93370

장애학생의 일반교육과정 접근

Victor Nolet · Margaret J. McLaughlin 공저
박승희 · 최재완 · 홍정아 · 김은하 공역

2014년
사륙배판변형 · 양장 · 240면 · 18,000원
ISBN 978-89-997-0258-7 93370

개별화 교육과정
-장애 유아를 위한 일반 교육과정 기반의 교수적 접근-

이소현 저

2011년
사륙배판변형 · 반양장 · 400면 · 22,000원
ISBN 978-89-6330-690-2 93370

학지사는 깨끗한 마음을 드립니다

2판
정서 및 행동장애

이성봉 · 방명애 ·
김은경 · 박지연 공저

2014년
사륙배판 · 양장 · 488면 · 20,000원
ISBN 978-89-997-0399-7 93370

2판
정서 및
행동장애아 교육

윤점룡 · 이상훈 · 문현미 ·
서은정 · 김민동 · 문장원 ·
이효신 · 윤치연 · 김미경 ·
정대영 · 조재규 · 박계신 공저

2013년
사륙배판 · 양장 · 432면 · 18,000원
ISBN 978-89-997-0068-2 93370

자폐장애

조수철 외 공저

2011년
사륙배판변형 · 양장 · 384면 · 25,000원
ISBN 978-89-6330-772-5 93370

자폐아동을 위한
행동중재전략

Beth Fouse ·
Maria Wheeler 공저
곽승철 · 임경원 공역

2006년
크라운판 · 반양장 · 352면 · 14,000원
ISBN 978-89-5891-225-5 93370

자폐성
장애아동 교육
－교사를 위한 단계별 지침서－

Roger Pierangelo ·
George Giuliani 공저
곽승철 · 강민채 ·
금미숙 · 편도원 공역

2010년
크라운판 · 반양장 · 280면 · 14,000원
ISBN 978-89-6330-352-9 93370

자폐 스펙트럼
장애교육
－현장 지침서－

Martin Hanbury 저
곽승철 · 전선옥 · 강민채 ·
박명숙 · 이옥인 · 임인진 ·
정은영 · 홍재영 공역

2008년
사륙배판변형 · 반양장 · 224면 · 14,000원
ISBN 978-89-5891-900-1 93370

2판
지적장애아교육

송준만 · 강경숙 · 김미선 ·
김은주 · 김정효 · 김현진 ·
이경순 · 이금진 · 이정은 ·
정귀순 공저

2016년
사륙배판 · 양장 · 552면 · 21,000원
ISBN 978-89-997-0893-0 93370

지적장애 학생의
이해와 교육

김형일 저

2014년
사륙배판변형 · 양장 · 424면 · 18,000원
ISBN 978-89-997-0438-3 93370

지적장애학생을 위한
전환교육의 실제
원서 2판

John McDonnell ·
Michael L. Hardman 공저
이정은 역

2015년
사륙배판 · 반양장 · 464면 · 22,000원
ISBN 978-89-997-0715-5 93370

학습장애
－이론과 실제－

김애화 · 김의정 ·
김자경 · 최승숙 공저

2012년
사륙배판 · 양장 · 448면 · 19,000원
ISBN 978-89-6330-859-3 93370

3판
DSM-5에 기반한
학습장애아동의
이해와 교육

김동일 · 이대식 · 신종호 공저

2016년
사륙배판 · 양장 · 448면 · 20,000원
ISBN 978-89-997-0897-8 93370

학습장애
－특성 판별 및 교수전략－

William N. Bender 저
권현수 · 서선진 · 최승숙 공역

2011년
사륙배판 · 반양장 · 616면 · 22,000원
ISBN 978-89-6330-610-0 93370